5급 배정한자

어문회

ㄱ	家 집 가	歌 노래 가	價 값 가	可 옳을 가	加 더할 가	角 뿔 각	各 각각 각	間 사이 간	感 느낄 감	江 강 강
強 강할 강	開 열 개	改 고칠 개	客 손 객	車 수레 거	擧 들 거	去 갈 거	建 세울 건	件 물건 건	健 굳셀 건	格 격식 격
見 볼 견	決 결단할 결	結 맺을 결	京 서울 경	敬 공경 경	景 볕 경	輕 가벼울 경	競 다툴 경	界 지경 계	計 셀 계	高 높을 고
苦 쓸 고	古 예 고	告 고할 고	考 생각할 고	固 굳을 고	曲 굽을 곡	工 장인 공	空 빌 공	公 공평할 공	功 공 공	共 한가지 공
科 과목 과	果 실과 과	課 공부할 과	過 지날 과	關 관계할 관	觀 볼 관	光 빛 광	廣 넓을 광	校 학교 교	敎 가르칠 교	交 사귈 교
橋 다리 교	九 아홉 구	口 입 구	球 공 구	區 구분할 구	舊 예 구	具 갖출 구	救 구원할 구	國 나라 국	局 판 국	軍 군사 군
郡 고을 군	貴 귀할 귀	規 법 규	根 뿌리 근	近 가까울 근	金 쇠 금	今 이제 금	急 급할 급	級 등급 급	給 줄 급	氣 기운 기
記 기록할 기	旗 기 기	己 몸 기	基 터 기	技 재주 기	汽 물끓는김 기	期 기약할 기	吉 길할 길	ㄴ	南 남녘 남	男 사내 남
內 안 내	女 계집 녀	年 해 년	念 생각 념	農 농사 농	能 능할 능	ㄷ	多 많을 다	短 짧을 단	團 둥글 단	壇 단 단
談 말씀 담	答 대답 답	堂 집 당	當 마땅 당	大 큰 대	代 대신할 대	對 대할 대	待 기다릴 대	德 큰 덕	道 길 도	圖 그림 도
度 법도 도	到 이를 도	島 섬 도	都 도읍 도	讀 읽을 독	獨 홀로 독	東 동녘 동	動 움직일 동	洞 골 동	同 한가지 동	冬 겨울 동
童 아이 동	頭 머리 두	登 오를 등	等 무리 등	ㄹ	樂 즐길 락	落 떨어질 락	朗 밝을 랑	來 올 래	冷 찰 랭	良 어질 량

量	旅	力	歷	練	領	令	例	禮	老	路
헤아릴 량	나그네 려	힘 력	지날 력	익힐 련	거느릴 령	하여금 령	법식 례	예도 례	늙을 로	길 로
勞	綠	料	類	流	六	陸	里	理	利	李
일할 로	푸를 록	헤아릴 료	무리 류	흐를 류	여섯 륙	뭍 륙	마을 리	다스릴 리	이할 리	오얏 리
林	立	口	馬	萬	末	望	亡	每	賣	買
수풀 림	설 립		말 마	일만 만	끝 말	바랄 망	망할 망	매양 매	팔 매	살 매
面	名	命	明	母	木	目	無	門	文	問
낯 면	이름 명	목숨 명	밝을 명	어미 모	나무 목	눈 목	없을 무	문 문	글월 문	물을 문
聞	物	米	美	民	日	朴	反	半	班	發
들을 문	물건 물	쌀 미	아름다울 미	백성 민		성 박	돌이킬 반	반 반	나눌 반	필 발
方	放	倍	白	百	番	法	變	別	病	兵
모 방	놓을 방	곱 배	흰 백	일백 백	차례 번	법 법	변할 변	다를 별	병 병	병사 병
服	福	本	奉	父	夫	部	北	分	不	比
옷 복	복 복	근본 본	받들 봉	아비 부	지아비 부	떼 부	북녘 북	나눌 분	아닐 불	견줄 비
鼻	費	氷	入	四	事	社	使	死	仕	士
코 비	쓸 비	얼음 빙		넉 사	일 사	모일 사	하여금 사	죽을 사	섬길 사	선비 사
史	思	寫	査	山	算	産	三	上	相	商
사기 사	생각 사	베낄 사	조사할 사	메 산	셈 산	낳을 산	석 삼	윗 상	서로 상	장사 상
賞	色	生	西	書	序	夕	石	席	先	線
상줄 상	빛 색	날 생	서녘 서	글 서	차례 서	저녁 석	돌 석	자리 석	먼저 선	줄 선
仙	鮮	善	船	選	雪	說	姓	成	省	性
신선 선	고울 선	착할 선	배 선	가릴 선	눈 설	말씀 설	성 성	이룰 성	살필 성	성품 성
世	歲	洗	小	少	所	消	速	束	孫	水
인간 세	해 세	씻을 세	작을 소	적을 소	바 소	사라질 소	빠를 속	묶을 속	손자 손	물 수
手	數	樹	首	宿	順	術	習	勝	市	時
손 수	셈 수	나무 수	머리 수	잘 숙	순할 순	재주 술	익힐 습	이길 승	저자 시	때 시

始	示	食	植	式	識	信	身	新	神	臣
비로소 시	보일 시	밥 식	심을 식	법 식	알 식	믿을 신	몸 신	새 신	귀신 신	신하 신
室	失	實	心	十	ㅇ	兒	惡	安	案	愛
집 실	잃을 실	열매 실	마음 심	열 십		아이 아	악할 악	편안 안	책상 안	사랑 애
野	夜	弱	藥	約	洋	陽	養	語	魚	漁
들 야	밤 야	약할 약	약 약	맺을 약	큰바다 양	볕 양	기를 양	말씀 어	고기 어	고기잡을 어
億	言	業	然	熱	葉	英	永	五	午	屋
억 억	말씀 언	업 업	그럴 연	더울 열	잎 엽	꽃부리 영	길 영	다섯 오	낮 오	집 옥
溫	完	王	外	要	曜	浴	勇	用	右	雨
따뜻할 온	완전할 완	임금 왕	바깥 외	요긴할 요	빛날 요	목욕할 욕	날랠 용	쓸 용	오른(쪽) 우	비 우
友	牛	運	雲	雄	園	遠	元	願	原	院
벗 우	소 우	옮길 운	구름 운	수컷 웅	동산 원	멀 원	으뜸 원	원할 원	언덕 원	집 원
月	偉	位	有	由	油	育	銀	音	飮	邑
달 월	클 위	자리 위	있을 유	말미암을 유	기름 유	기를 육	은 은	소리 음	마실 음	고을 읍
意	醫	衣	二	以	耳	人	因	一	日	任
뜻 의	의원 의	옷 의	두 이	써 이	귀 이	사람 인	인할 인	한 일	날 일	맡길 임
入	ㅈ	自	子	字	者	昨	作	長	場	章
들 입		스스로 자	아들 자	글자 자	놈 자	어제 작	지을 작	긴 장	마당 장	글 장
才	在	財	材	災	再	爭	貯	的	赤	電
재주 재	있을 재	재물 재	재목 재	재앙 재	두 재	다툴 쟁	쌓을 저	과녁 적	붉을 적	번개 전
全	前	戰	典	傳	展	節	絕	店	正	庭
온전 전	앞 전	싸움 전	법 전	전할 전	펼 전	마디 절	끊을 절	가게 점	바를 정	뜰 정
定	情	停	弟	第	題	祖	朝	調	操	足
정할 정	뜻 정	머무를 정	아우 제	차례 제	제목 제	할아비 조	아침 조	고를 조	잡을 조	발 족
族	卒	種	終	左	罪	主	住	注	晝	週
겨레 족	마칠 졸	씨 종	마칠 종	왼 좌	허물 죄	주인 주	살 주	부을 주	낮 주	주일 주

州	中	重	紙	地	知	止	直	質	集	ㅊ
고을 주	가운데 중	무거울 중	종이 지	땅 지	알 지	그칠 지	곧을 직	바탕 질	모을 집	
着	參	窓	唱	責	川	千	天	鐵	靑	淸
붙을 착	참여할 참	창 창	부를 창	꾸짖을 책	내 천	일천 천	하늘 천	쇠 철	푸를 청	맑을 청
體	草	初	寸	村	最	秋	祝	春	出	充
몸 체	풀 초	처음 초	마디 촌	마을 촌	가장 최	가을 추	빌 축	봄 춘	날 출	채울 충
致	則	親	七	ㅌ	打	他	卓	炭	太	宅
이를 치	법칙 칙	친할 친	일곱 칠		칠 타	다를 타	높을 탁	숯 탄	클 태	집 택
土	通	特	ㅍ	板	八	敗	便	平	表	品
흙 토	통할 통	특별할 특		널 판	여덟 팔	패할 패	편할 편	평평할 평	겉 표	물건 품
風	必	筆	ㅎ	下	夏	河	學	韓	漢	寒
바람 풍	반드시 필	붓 필		아래 하	여름 하	물 하	배울 학	한국 한	한수 한	찰 한
合	海	害	幸	行	向	許	現	兄	形	號
합할 합	바다 해	해할 해	다행 행	다닐 행	향할 향	허락할 허	나타날 현	형 형	모양 형	이름 호
湖	火	話	花	和	畫	化	患	活	黃	會
호수 호	불 화	말씀 화	꽃 화	화할 화	그림 화	될 화	근심 환	살 활	누를 황	모일 회
孝	效	後	訓	休	凶	黑				
효도 효	본받을 효	뒤 후	가르칠 훈	쉴 휴	흉할 흉	검을 흑				

진흥회, 검정회

巾	犬	刀	毛	步	詩	央	羊	玉	肉	田
수건 건	개 견	칼 도	터럭 모	걸음 보	시 시	가운데 앙	양 양	구슬 옥	고기 육	밭 전
竹	貝	血								
대 죽	조개 패	피 혈								

한자능력
검정시험

5급

한자능력 검정시험 5급

漢字

저자 강태립(姜泰立)
- 원광대 중어중문학과 졸업
- 공주대학교 교육대학원 중국어전공 교육학 석사
- 전문 한자지도자 연수 강사
- 한국 한자급수검정회 이사
- 한국 한문교육연구원 경기도 본부장
- 다중지능연구소 일산센터장
- 웅산서당 훈장

감수 강태권(康泰權)
- 前) 국민대 중어중문학과 교수

이병관(李炳官)
- 연세대 중어중문학과 졸업
- 문학박사
- 대만 동해대학 중문연구소 주법고(周法高) 교수 문하에서 수학
- 현 공주대학교 중어중문학 교수

머리말

사용의 편리함만을 추구하여 한자 교육을 포기했던 결과로, 학력 저하가 심각해지고 우리가 우리말의 뜻도 제대로 알지 못하는 지경에 이르렀습니다. 이런 분위기 속에서 한자능력검정시험이 생겨 그나마 한자 교육에 대한 인식이 달라지고, 한자의 중요성을 깨닫게 되어 참으로 다행한 일입니다.

우리말은 70% 이상이 한자어로 이루어져 있습니다. 특히, 중·고등학교나 대학에서 배우는 중요한 전문 용어가 그렇습니다. 한자를 알면 원리를 알아 쉽게 이해할 수 있는데 어렵게 뜻만 외우는 형편이니 이 얼마나 안타까운 일입니까?
「국가공인 한자능력검정시험 5급」에서는 한자의 변천 과정과 생성 원리를 설명함으로써 쉽게 익힐 수 있게 했을 뿐만 아니라, 한자의 활용을 첨가하여 가장 효율적으로 공부할 수 있도록 하였습니다.

이 책으로 시험을 준비하는 독자 여러분에게 좋은 결과가 있기를 바라며, 한자 교육에 앞장서는 어시스트하모니(주) 사장님 이하 출판진에게 감사의 인사를 전합니다.

– 지은이

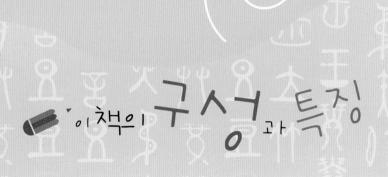

하나 본문 활용하기

1단계 배정 한자 20자 익히기

한자의 생성 원리, 한자를 연상시키는 그림과 고문을 곁들여 한자를 쉽고 재미있게 익힐 수 있습니다.

2단계 배정 한자 20자 100% 활용하기

앞에서 익힌 20자를 실생활에서 사용하는 한자어로 다양하게 활용하여 한자를 100% 내 것으로 만들 수 있습니다.

3단계 확인 · 정리하기

실전 시험 형식의 확인 학습을 통해 스스로 자신의 학습 상태를 확인 · 정리할 수 있습니다.

4단계 한자 재미붙이기

사자성어와 유익한 고사성어 이야기를 통해 좀 더 재미있게 한자 학습을 할 수 있습니다.

- 서당 현장 교육을 통해 얻은 가장 효과적인 학습 방법을 토대로 내용을 구성하였습니다.
- 각 단원마다 큰 그림 속에 20자의 한자를 넣어, 그 한자의 의미를 유추해 볼 수 있도록 구성하였습니다.
- 한자 학습에 꼭 필요한 기본적인 내용을 부록으로 실었습니다.
- 한자를 직접 쓰면서 익힐 수 있도록 쓰기 노트를 별도로 만들었습니다. (필순 문제 대비)

둘 부록 활용하기

1. 5급 배정 한자 쓰기

－쓰기 노트를 통해 5급의 배정 한자를 모두 익힐 수 있도록 학습의 편의를 극대화 하였습니다.

2. 한자의 생성 원리를 통해 체계적으로 한자 이해하기

－한자의 3요소와 육서
－한자어의 짜임과 한자의 필순
－부수

3. 5급 배정 한자 폭넓게 활용하기

－유의자와 반대자
－읽기 어려운 한자
－약자·속자
－낱말 사전
－색인

4. 한자능력검정시험 철저 대비

－급수별 고유 한자 정리
－최근 출제 경향에 맞춘 총 4회의 예상 모의고사 수록

5. 진흥회, 검정회 추가 한자 익히기

－어문회, 진흥회, 검정회 한자 학습을 이 책 한 권으로 공부할 수 있도록 만들었습니다.

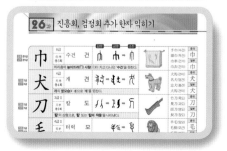

이 책의 차례

次例

한자능력검정시험 안내

1 한자능력검정시험이란?

사단법인 한국어문회가 주관하고 한국한자능력검정회가 시행하는 한자능력검정시험은 초·중·고·대학생, 직장인, 주부, 일반인 등을 대상으로 한자의 이해 및 활용 능력을 평가하는 제도입니다.

한자능력검정시험의 목적

한자 급수제를 통해 한자의 학습 의욕을 고취시키고, 개인별 한자 능력에 대한 객관적인 급수 부여와 사회적으로 한자 능력이 우수한 인재 양성을 목적으로 합니다.

한자능력검정시험의 취지

우리말 중 약 70%는 한자어로 이루어져 있습니다. 따라서, 한자를 알면 우리말을 좀더 쉽게 이해할 수 있을 뿐만 아니라 효과적인 의사 전달을 할 수 있습니다. 한자 교육은 미래에 대한 확실한 투자이며, 정보화 시대를 대응하고 진학·취업 대비를 위한 평생 학습의 하나로 반드시 필요합니다. 그래서 한자 능력을 객관적으로 평가·인정받을 수 있는 길을 마련하여 공공 기관이나 기업체의 채용 시험, 인사 고과 또는 각종 시험 등에 활용할 수 있도록 하는 데 있습니다.

한자능력급수 취득자에 대한 혜택

1 국가 자격 취득자와 동등한 대우와 혜택

사단법인 한국어문회가 주관하는 검정급수 중 공인급수는 특급·특급Ⅱ·1급·2급·3급·3급Ⅱ이며(특급, 특급Ⅱ는 제 54회부터), 교육급수는 4급·4급Ⅱ·5급·5급Ⅱ·6급·6급Ⅱ·7급·7급Ⅱ·8급입니다.
자격기본법 제 27조에 의거 국가자격 취득자와 동등한 대우 및 혜택을 받습니다.

2 대학 입학시 다양한 혜택

2005학년도 대학수학능력시험부터 '漢文'이 선택과목으로 채택되었습니다.
(대입 전형과 관련된 세부사항은 해당 학교 홈페이지, 또는 입학담당부서를 통하여 다시 한 번 확인하여 주시길 바랍니다.)
※ 한국한자능력검정회 홈페이지(www.hanja.re.kr)를 참고하세요.

3 대학 학점에 반영되거나 졸업시 필요

자격증 취득을 학점에 반영해 주거나 졸업을 하기 위해서는 반드시 몇 급 이상을 취득하도록 의무화 시킨 대학들도 있습니다.

4 입사시 유리하게 작용

(1) 경제 5단체, 신입사원 채용 때 전국한자능력검정시험 응시 권고(3급 응시요건, 3급 이상 가산점)하고 있습니다.
(2) 경기도교육청 유치원, 초등학교, 특수학교(유치원·초등)교사 임용시험 가산점 반영하고 있습니다.

5 인사 고과에 반영

　육군간부 승진 고과에 반영됩니다.(대위-대령/군무원 2급-5급 : 3급 이상, 준·부사관/군무원 6급-8급 : 4급 이상)

2 한자능력검정시험 응시 방법 및 시험 내용

시험 일시

자세한 시험 일정은 한국한자능력검정회 홈페이지(www.hanja.re.kr)에서 확인할 수 있습니다.

접수 방법

1 방문 접수

　(1) 응시 급수 : 모든 급수
　(2) 접수처 : 각 고사장 지정 접수처
　(3) 접수 방법

01 응시급수 선택	→	**02** 준비물 확인	→	**03** 원서작성 및 접수	→	**04** 수험표 확인
급수배정을 참고하여, 응시자의 실력에 알맞는 급수를 선택합니다.		반명함판사진 2매 (3×4cm·무배경·탈모) 급수증 수령주소 응시자 주민번호 응시자 이름(한글·한자) 응시료		응시원서를 작성한 후, 접수처에 응시료와 함께 접수합니다.		접수완료 후 받으신 수험표로 수험장소, 수험일시, 응시지를 확인하세요.

2 인터넷 접수

　(1) 접수급수 : 모든 급수
　(2) 접수처 : www.hangum.re.kr
　(3) 접수 방법 : 인터넷접수처 게시

접수처

한국한자능력검정회 홈페이지 www.hanja.re.kr에서 전국의 각 지역별 접수처와 응시처를 약도와 함께 안내받으실 수 있습니다.

검정료

(1) 창구 접수 검정료는 원서 접수일로부터 마감시까지 해당 접수처 창구에서 받습니다.
(2) 인터넷으로 접수하실 때 검정료 이외의 별도 수수료가 부과되지 않습니다.

특급·특급Ⅱ·1급	2급·3급·3급Ⅱ	4급·4급Ⅱ·5급·5급Ⅱ·6급·6급Ⅱ·7급·7급Ⅱ·8급
45,000	25,000	20,000

한자능력검정시험 급수 배정

급수	읽기	쓰기	수준 및 특성	권장 대상
특급	5,978	3,500	국한혼용 고전을 불편 없이 읽고, 연구할 수 있는 수준 고급 (한중 고전 추출한자 도합 5978자, 쓰기 3500자)	대학생·일반인
특급Ⅱ	4,918	2,355	국한혼용 고전을 불편 없이 읽고, 연구할 수 있는 수준 중급 (KSX1001 한자 4888자 포함, 전체 4918자, 쓰기 2355자)	대학생·일반인
1급	3,500	2,005	국한혼용 고전을 불편 없이 읽고, 연구할 수 있는 수준 초급 (상용한자+준상용한자 도합 3500자, 쓰기 2005자)	대학생·일반인
2급	2,355	1,817	상용한자를 활용하는 것은 물론 인명지명용 기초한자 활용 단계 (상용한자+인명지명용 한자 도합 2355자, 쓰기 1817자)	대학생·일반인
3급	1,817	1,000	고급 상용한자 활용의 중급 단계 (상용한자 1817자 - 교육부 1800자 모두 포함, 쓰기 1000자)	고등학생
3급Ⅱ	1,500	750	고급 상용한자 활용의 초급 단계(상용한자 1500자, 쓰기 750자)	중학생
4급	1,000	500	중급 상용한자 활용의 고급 단계(상용한자 1000자, 쓰기 500자)	초등학생
4급Ⅱ	750	400	중급 상용한자 활용의 중급 단계(상용한자 750자, 쓰기 400자)	초등학생
5급	500	300	중급 상용한자 활용의 초급 단계(상용한자 500자, 쓰기 300자)	초등학생
5급Ⅱ	400	225	중급 상용한자 활용의 초급 단계(상용한자 400자, 쓰기 225자)	초등학생
6급	300	150	기초 상용한자 활용의 고급 단계(상용한자 300자, 쓰기 150자)	초등학생
6급Ⅱ	225	50	기초 상용한자 활용의 중급 단계(상용한자 225자, 쓰기 50자)	초등학생
7급	150	-	기초 상용한자 활용의 초급 단계(상용한자 150자)	초등학생
7급Ⅱ	100	-	기초 상용한자 활용의 초급 단계(상용한자 100자)	초등학생
8급	50	-	한자 학습 동기 부여를 위한 급수(상용한자 50자)	초등학생

※ 상위 급수 한자는 하위 급수 한자를 모두 포함하고 있습니다.
※ 쓰기 배정 한자는 한두 급수 아래의 읽기 배정 한자이거나 그 범위 내에 있습니다.
※ 초등학생은 4급, 중·고등학생은 3급, 대학생은 2급과 1급 취득에 목표를 두고, 학습하시기를 권해 드립니다.

한자능력검정시험 문제 유형

1 讀音(독음) : 한자의 소리를 묻는 문제입니다. 독음은 두음 법칙, 속음 현상, 장단음과도 관련이 있습니다.

2 訓音(훈음) : 한자의 뜻과 소리를 동시에 묻는 문제입니다. 특히 대표 훈음을 익히시기 바랍니다.

3 長短音(장단음) : 한자 단어의 첫소리 발음이 길고 짧음을 구분하고 있는가를 묻는 문제입니다. 4급 이상에서만 출제됩니다.

4 反義語/反意語(반의어)·相對語(상대어) : 어떤 글자(단어)와 반대 또는 상대되는 글자(단어)를 알고 있는가를 묻는 문제입니다.

5 完成型(완성형) : 고사성어나 단어의 빈칸을 채우도록 하여 단어와 성어의 이해력 및 조어력을 묻는 문제입니다.

6 部首(부수) : 한자의 부수를 묻는 문제입니다. 부수는 한자의 뜻을 짐작할 수 있는 중요한 부분입니다.

7 同義語/同意語(동의어)·類義語(유의어) : 어떤 글자(단어)와 뜻이 같거나 유사한 글자(단어)를 알고 있는가를 묻는 문제입니다.

8 同音異義語(동음이의어) : 소리는 같고 뜻은 다른 단어를 알고 있는가를 묻는 문제입니다.

9 뜻풀이 : 고사성어나 단어의 뜻을 제대로 알고 있는가를 묻는 문제입니다.

10 略字(약자) : 한자의 획을 줄여서 만든 略字(약자)를 알고 있는가를 묻는 문제입니다.

11 漢字(한자) 쓰기 : 제시된 뜻, 소리, 단어 등에 해당하는 한자를 쓸 수 있는가를 확인하는 문제입니다.

12 筆順(필순) : 한 획 한 획의 쓰는 순서를 알고 있는가를 묻는 문제입니다. 글자를 바르게 쓰기 위해 필요합니다.

13 漢文(한문) : 한문 문장을 제시하고 뜻풀이, 독음, 문장의 이해, 한문법의 이해 등을 측정하는 문제입니다.

한자능력검정시험 급수별 출제 기준

급수	특급	특급II	1급	2급	3급	3급II	4급	4급II	5급	5급II	6급	6급II	7급	7급II	8급
讀音(독음)	45	45	50	45	45	45	32	35	35	35	33	32	32	22	24
訓音(훈음)	27	27	32	27	27	27	22	22	23	23	22	29	30	30	24
長短音(장단음)	10	10	10	5	5	5	3	0	0	0	0	0	0	0	0
反義語(반의어)	10	10	10	10	10	10	3	3	3	3	3	2	2	2	0
完成型(완성형)	10	10	15	10	10	10	5	5	4	4	3	2	2	2	0
部首(부수)	10	10	10	5	5	5	3	3	0	0	0	0	0	0	0
同義語(동의어)	10	10	10	5	5	5	3	3	3	3	2	0	0	0	0
同音異義語(동음이의어)	10	10	10	5	5	5	3	3	3	3	2	0	0	0	0
뜻풀이	5	5	10	5	5	5	3	3	3	3	2	2	2	2	0
略字(약자)	3	3	3	3	3	3	3	3	3	3	0	0	0	0	0
漢字(한자) 쓰기	40	40	40	30	30	30	20	20	20	20	20	10	0	0	0
筆順(필순)	0	0	0	0	0	0	0	0	3	3	3	3	2	2	2
漢文(한문)	20	20	0	0	0	0	0	0	0	0	0	0	0	0	0
출제 문항수	200	200	200	150	150	150	100	100	100	100	90	80	70	60	50

※ 출제 기준표는 기본 지침 자료로서, 출제자의 의도에 따라 차이가 있을 수 있습니다.

한자능력검정시험 시험 시간과 합격 기준

1 시험 시간

특급·특급II	1급	2급·3급·3급II	4급·4급II·5급·5급II·6급·6급II·7급·7급II·8급
100분	90분	60분	50분

2 합격 기준

급수	특급·특급II·1급	2급·3급·3급II	4급·4급II·5급·5급II	6급	6급II	7급	7급II	8급
출제 문항수	200	150	100	90	80	70	60	50
합격 문항수	160	105	70	63	56	49	42	35

※ 특급, 특급II, 1급은 출제 문항수의 80% 이상, 2급~8급은 70% 이상 득점하면 합격입니다.
※ 1문항 당 1점으로 급수별 만점은 출제 문항수이며, 백분율 환산 점수를 사용하지 않습니다.
※ 합격 발표시 제공되는 점수는 응시 급수의 총 출제 문항수와 합격자의 득점 문항수입니다.

5급

한자익히기

		갑문 금문 소전		중국/일본
停	5급 人부 총11획	머무를 정	停年(정년) 停車(정차) 停電(정전) 停止(정지)	중국 停 일본 停
	사람(亻)이 길가의 높은(高=亯) 정자(亭)에 '머무름'을 뜻한다.			
貯	5급 貝부 총12획	쌓을 저:	貯金(저금) 貯水(저수) 貯炭(저탄) 貯油(저유)	중국 貯 일본 貯
	돈(貝)을 집(宀)안에 단단히(丁) 잘 '쌓아놓음'을 뜻한다.			
打	5급 手부 총5획	칠 타:	打字(타자) 安打(안타) 打算(타산) 打作(타작)	중국 打 일본 打
	손(扌=手)으로 못(丁)의 머리를 '쳐서' 박음을 뜻한다.			
可	5급 口부 총5획	옳을 가:	可能(가능) 可望(가망) 可決(가결) 許可(허가)	중국 可 일본 可
	굽은 연장(フ=丁)을 들고 입(口)으로 '옳은' 일을 도움을 뜻한다.			
歌	7급 欠부 총14획	노래 가	歌曲(가곡) 歌手(가수) 校歌(교가) 祝歌(축가)	중국 歌 일본 歌
	옳고(可) 옳은(可) '노래(哥)'를 입을 벌려(欠) '노래'함을 뜻한다.			
河	5급 水부 총8획	물 하	河川(하천) 河口(하구) 河海(하해) 河上(하상)	중국 河 일본 河
	물(氵)이 옳게(可) 농작물을 돕고 흐르는 '강'에서 '물'을 뜻한다.			
力	7급 力부 총2획	힘 력	力士(역사) 力道(역도) 入力(입력) 風力(풍력)	중국 力 일본 力
	땅을 파는 농기구의 모양으로, 힘쓰는 일에 쓰여 '힘'을 뜻한다.			
加	5급 力부 총5획	더할 가	加工(가공) 加速(가속) 加熱(가열) 加重(가중)	중국 加 일본 加
	남을 위해 힘(力)써 말을(口) '더함'을 뜻한다.			
初	5급 刀부 총7획	처음 초	初面(초면) 始初(시초) 初級(초급) 初代(초대)	중국 初 일본 初
	옷(衣=衤)을 지을 때 처음 칼(刀)을 대는 곳에서 '처음'을 뜻한다.			
別	6급 刀부 총7획	다를 별	別名(별명) 分別(분별) 特別(특별) 別種(별종)	중국 別 일본 別
	뼈(骨)를 바르는(冎=月) 칼(刂)로, 살과 '다른', 뼈를 '나눔'.			

진흥 준5급 / 검정 5급 (歌)
진흥 7급 / 검정 준5급 (力)
진흥 5급 / 검정 5급 (別)

				갑문 → 금문 → 소전			중국 / 일본
흥 8급 정 8급	土	8급 土부 총3획	흙 **토**	土地(토지) 土質(토질) 土種(토종) 土民(토민)	중국 土 일본 土
	陸	5급 阜부 총11획	뭍 **륙**	陸地(육지) 大陸(대륙) 陸路(육로) 陸軍(육군)	중국 陆 일본 陸
	熱	5급 火부 총15획	더울 **열**	熱氣(열기) 熱中(열중) 地熱(지열) 熱望(열망)	중국 热 일본 熱
흥 준5급 정 준5급	士	5급 士부 총3획	선비 **사:**	士兵(사병) 名士(명사) 士氣(사기) 士林(사림)	중국 士 일본 士
	仕	5급 人부 총5획	섬길 **사(:)** 벼슬 **사(:)**	出仕(출사) 給仕(급사) 仕路(사로) 奉仕(봉사)	중국 仕 일본 仕
검정 5급	社	6급 示부 총8획	모일 **사**	社長(사장) 社訓(사훈) 社交(사교) 社會(사회)	중국 社 일본 社
	吉	5급 口부 총6획	길할 **길**	吉凶(길흉) 吉日(길일) 不吉(불길) 吉相(길상)	중국 吉 일본 吉
	結	5급 糸부 총12획	맺을 **결**	結果(결과) 結合(결합) 結末(결말) 結實(결실)	중국 结 일본 結
	任	5급 人부 총6획	맡길 **임:**	任用(임용) 任期(임기) 責任(책임) 放任(방임)	중국 任 일본 任
	庭	6급 广부 총10획	뜰 **정**	庭園(정원) 親庭(친정) 家庭(가정) 校庭(교정)	중국 庭 일본 庭

흙덩이 모양으로 원시사회 때 제단의 신성한 '**흙**'을 뜻한다.

언덕(阝)과 흙이 **쌓인 땅(坴)**에서 크고 높은 '**뭍**'을 뜻한다.

흙을 **쌓은(坴) 둥근(丸)** 화덕에 **불(灬)**을 지핌에서 '**더움**'을 뜻함.

도끼 모양(士)으로 '**무사·군사**'를 뜻하며, 후에 '**선비**'로도 쓰임.

사람(人=亻)이 '**벼슬**'하여 **선비(士)**가 되고 임금을 '**섬김**'.

신(示)이 있는 **땅(土)**에 함께 '**모여**' 제사를 올림을 뜻한다.

도끼(士)가 **받침대(口)**에 있어 평화롭고 '**길함**' '**좋음**'을 뜻한다.

실(糸)로 **실한(吉)** 섯끼리 '**붉거나**' 관계를 잘 '**맺음**'을 뜻한다.

사람(亻)에게 **실패(壬)**에 실을 감아놓듯 '**짐**'을 '**맡김**'을 뜻한다.

집(广)안이 **우뚝(壬) 길게(廴)** 늘어선 '**조정(廷)**' 같은 넓은 '**뜰**'.

한자어 익히기

- 停電 (정전)　전기가 한때 끊어짐.
- 打算 (타산)　이해 관계를 따져 셈하여 봄.
- 打作 (타작)　곡식의 이삭을 떨어 알곡을 거두는 일.
- 可望 (가망)　바랄 수 있는 희망.
- 河口 (하구)　강의 어귀.
- 加速 (가속)　속도를 더함.
- 分別 (분별)　사물을 종류에 따라 나누어 가름.
- 土質 (토질)　토지의 성질. 흙바탕.
- 出仕 (출사)　벼슬하여 관아에 나아감.
- 奉仕 (봉사)　자신의 이해를 돌보지 않고 몸과 마음을 다해 일함.
- 放任 (방임)　간섭하지 아니하고 내버려 둠.
- 親庭 (친정)　시집간 여자의 본집.

유의자

停 (머무를 정) = 止 (그칠 지)	始 (처음 시) = 初 (처음 초)
정지 : 멈추어 서 있음.	시초 : 맨 처음.
可 (옳을 가) = 能 (능할 능)	土 (흙 토) = 地 (따/땅 지)
가능 : 할 수 있음. 될 수 있음.	토지 : 땅. 흙.
歌 (노래 가) = 唱 (부를 창)	兵 (병사 병) = 士 (선비 사)
가창 : 노래. 노래를 부름.	병사 : 군사.

반대자·상대자

山河 (산하)	山 (메 산) ↔ 河 (물 하)	산과 물.
陸海 (육해)	陸 (뭍 륙) ↔ 海 (바다 해)	육지와 바다.
吉凶 (길흉)	吉 (길할 길) ↔ 凶 (흉할 흉)	좋은 일과 나쁜 일.

1 다음 漢字의 訓과 音을 쓰세요.

(1) 別 〔　　　〕 　(2) 加 〔　　　〕 　(3) 河 〔　　　〕

(4) 可 〔　　　〕 　(5) 貯 〔　　　〕 　(6) 庭 〔　　　〕

(7) 結 〔　　　〕 　(8) 社 〔　　　〕 　(9) 士 〔　　　〕

(10) 陸 〔　　　〕 　(11) 停 〔　　　〕 　(12) 打 〔　　　〕

(13) 歌 〔　　　〕 　(14) 力 〔　　　〕 　(15) 初 〔　　　〕

(16) 土 〔　　　〕 　(17) 熱 〔　　　〕 　(18) 仕 〔　　　〕

(19) 吉 〔　　　〕 　(20) 任 〔　　　〕

2 다음 漢字語의 讀音을 쓰세요.

(1) 停車 〔　　〕 　(2) 貯金 〔　　〕 　(3) 可望 〔　　〕

(4) 歌曲 〔　　〕 　(5) 河海 〔　　〕 　(6) 力道 〔　　〕

(7) 加速 〔　　〕 　(8) 加重 〔　　〕 　(9) 始初 〔　　〕

(10) 別名 〔　　〕 　(11) 土質 〔　　〕 　(12) 大陸 〔　　〕

(13) 熱氣 〔　　〕 　(14) 士兵 〔　　〕 　(15) 出仕 〔　　〕

(16) 社會 〔　　〕 　(17) 吉日 〔　　〕 　(18) 結合 〔　　〕

(19) 任期 〔　　〕 　(20) 家庭 〔　　〕 　(21) 陸地 〔　　〕

(22) 百年河淸 〔　　　　〕 　　　(23) 特別活動 〔　　　　〕

3 다음 漢字의 筆順을 밝히세요.

(1) 可자의 ㅣ획은 몇 번째에 쓰는 지 번호로 답하세요. 　　난이도 ▩▩▩▩　（　　　）

(2) 加자의 삐침(ノ)은 몇 번째로 쓰는 지 번호로 답하세요. 　난이도 ▩▩▩▩　（　　　）

4 다음 訓과 音에 맞는 漢字를 쓰세요.

(1) 뜰 정 ☐　　(2) 다를 별 ☐　　(3) 맡길 임 ☐

(4) 처음 초 ☐　　(5) 맺을 결 ☐　　(6) 더할 가 ☐

(7) 길할 길 ☐　　(8) 힘 력 ☐　　(9) 모일 사 ☐

(10) 물 하 ☐　　(11) 섬길 사 ☐　　(12) 노래 가 ☐

(13) 선비 사 ☐　　(14) 옳을 가 ☐　　(15) 더울 열 ☐

(16) 칠 타 ☐　　(17) 뭍 륙 ☐　　(18) 쌓을 저 ☐

(19) 흙 토 ☐　　(20) 머무를 정 ☐

5 다음 밑줄 친 漢字語를 큰 소리로 읽고 漢字로 써 보세요. (01과 활용 단어)

(1) 밤에 바람이 심하여 <u>정전</u>이 되었다. ······························· (　　　)

(2) 용돈이 생기면 나는 <u>저금</u>하러 은행에 간다. ·················· (　　　)

(3) 무슨 일이든 <u>가능</u>하다고 여기면 일이 잘 된다. ·············· (　　　)

(4) 월요일 조회 때마다 <u>교가</u>를 부른다. ··························· (　　　)

(5) 내 친구 <u>별명</u>은 키다리다. ·· (　　　)

(6) 우리 나라는 바다가 <u>육지</u>보다 넓다. ··························· (　　　)

貯金　校歌　停電　陸地　可能　別名

6 다음 漢字와 뜻이 같거나 비슷한 漢字를 쓰세요.

(1) ☐ ＝ 止　　　　　(2) ☐ ＝ 能

(3) ☐ ＝ 唱　　　　　(4) 始 ＝ ☐

7 다음 漢字와 뜻이 상대 또는 반대되는 漢字를 쓰세요.

(1) 山 ↔ ☐　　　　　(2) ☐ ↔ 海

(3) ☐ ↔ 凶

사자성어

❖ **不可思議** (불가사의) : 상식으로 생각할 수 없는 이치. *議(의논할 의)→4급Ⅱ

❖ **不問可知** (불문가지) : 묻지 않아도 알 수 있음.

❖ **百年河淸** (백년하청) : 아무리 오래 기다려도 어떤 일이 이루어지기 어려움을 이름.

❖ **特別活動** (특별활동) : 학교 교육 과정에서 교과 학습 이외의 교육활동.

❖ **身土不二** (신토불이) : 몸과 땅이 둘이 아니라는 뜻으로, 우리 땅에서 나는 농산물이 우리
몸에 좋다는 말.

고사성어

刻舟求劍 (각주구검)　　刻(새길 각) 舟(배 주) 求(구할 구) 劍(칼 검)

✛ 강에 빠뜨린 칼의 위치를 배에 새기고 칼을 찾는다는 뜻으로, 상황의 변화에 적절히 대응하지 못하는 미련함을 비유하는 말.

　전국시대 때 어떤 초나라 사람이 배를 타고 양자강을 건너다가 소중히
지니고 있던 칼을 강물 속에 빠뜨리고 말았다. 그러자 얼른 자신의 단검을 꺼
내더니 검을 떨어뜨린 뱃전에다 표시를 해 놓고는 이렇게 중얼거렸다.
　"검이 떨어진 곳은 여기였으니……."
　이윽고 배가 나루터에 도착했다. 그는 자신이 표시해 놓은 뱃전 밑 강물 속
으로 들어가 칼을 찾았지만 검을 찾을 수가 없었다. 그는 칼이 떨어진 곳에서
배가 계속 이동하였다는 사실을 깨닫지 못하였기 때문이었다.
　그는 이 일로 칼을 찾을 수 없었을 뿐더러 사람들의 웃음거리만 되었다.

출전「여씨춘추(呂氏春秋)〈찰금편(察今篇)〉」

갑문	금문	소전		

活

진흥 5급 / 검정 5급

| 7급 水부 총9획 | 살 활 | | 活力(활력) 活字(활자) 死活(사활) 活氣(활기) | 중국 活 / 일본 活 |

물(氵)이 막힌(氏=舌) 틈에서 다시 '살아'나듯 흘러나옴.

話

진흥 5급 / 검정 5급

| 7급 言부 총13획 | 말씀 화 | | 話法(화법) 電話(전화) 童話(동화) 會話(회화) | 중국 话 / 일본 話 |

말(言)로 남의 잘못된 말을 막는(氏=舌) 좋은 '말씀'을 뜻한다.

宅

| 5급 宀부 총6획 | 집 택 / 집 댁 | | 家宅(가택) 自宅(자택) 宅地(택지) 宅內(댁내) | 중국 宅 / 일본 宅 |

사람이 집(宀)에 의지하여(乇) 사는 데서 '집'을 뜻한다.

半

진흥 5급 / 검정 5급

| 6급 十부 총5획 | 반 반: | | 半島(반도) 半球(반구) 半信(반신) 半身(반신) | 중국 半 / 일본 半 |

반으로 나눈(八) 소(牛=牜)에서 '반쪽' '반' '중간'을 뜻한다.

午

진흥 준5급 / 검정 5급

| 7급 十부 총4획 | 낮 오 | | 午前(오전) 午後(오후) 正午(정오) 午時(오시) | 중국 午 / 일본 午 |

해시계의 절굿공이 杵(공이 저)자의 본자로 '낮'을 뜻한다.

許

| 5급 言부 총11획 | 허락할 허 | | 許可(허가) 許多(허다) 特許(특허) 許心(허심) | 중국 许 / 일본 許 |

말(言)로 절구질(午)의 일을 돕는 데서 '허락'을 뜻한다.

年

진흥 6급 / 검정 7급

| 8급 干부 총6획 | 해 년 | | 昨年(작년) 年金(연금) 學年(학년) 年中(연중) | 중국 年 / 일본 年 |

벼(禾)를 짊어진 사람(人=千)인 秊(해년)자가 변형된 글자.

牛

진흥 준5급 / 검정 6급

| 5급 牛부 총4획 | 소 우 | | 牛角(우각) 牛黃(우황) 韓牛(한우) 九牛(구우) | 중국 牛 / 일본 牛 |

소뿔과 귀 등 소머리의 특징을 그려 '소'를 뜻한다.

件

| 5급 人부 총6획 | 물건 건 | | 物件(물건) 事件(사건) 用件(용건) 文件(문건) | 중국 件 / 일본 件 |

사람(亻)이 소(牛)를 잡아 '나눔'. 나뉜 각각의 '물건'을 뜻함.

告

| 5급 口부 총7획 | 고할 고 / 청할 곡 | | 告白(고백) 告發(고발) 告示(고시) 廣告(광고) | 중국 告 / 일본 告 |

소머리(牛)를 걸어 두어 함정(口)을 '알림' '고하다'를 뜻한다.

	갑문	금문	소전	

高

진흥 5급 / 검정 5급

| 6급 | 높을 고 | | 高空(고공) | 중국 高 |
| 高부 총10획 | | | 高地(고지) / 高貴(고귀) / 高級(고급) | 일본 高 |

지붕(亠)·구조물(口)·누대(冂)·출입구(口)가 있는 '높은' 집.

橋

| 5급 | 다리 교 | | 大橋(대교) | 중국 桥 |
| 木부 총16획 | | | 鐵橋(철교) / 陸橋(육교) / 石橋(석교) | 일본 橋 |

나무(木)를 걸쳐 놓은 높고(喬;높을 교) 굽은 '다리'를 뜻한다.

大

진흥 준5급 / 검정 7급

| 8급 | 큰 대(ː) | | 大小(대소) | 중국 大 |
| 大부 총3획 | | | 偉大(위대) / 大望(대망) / 大賞(대상) | 일본 大 |

양팔(一)을 벌리고 우뚝 선 사람(人)에서 '크다'란 뜻이 된다.

太

진흥 5급 / 검정 5급

| 6급 | 클 태 / 처음 태 | | 太初(태초) | 중국 太 |
| 大부 총4획 | | | 太陽(태양) / 太白山(태백산) / 太平洋(태평양) | 일본 太 |

큰(大) 사이로 미끄러지듯 빠져나감(丶)에서 '크다'를 뜻한다.

天

진흥 7급 / 검정 6급

| 7급 | 하늘 천 | | 天氣(천기) | 중국 天 |
| 大부 총4획 | | | 雨天(우천) / 天堂(천당) / 天命(천명) | 일본 天 |

사람(大) 머리(口=一) 꼭대기에서 '하늘'을 뜻한다.

夫

진흥 6급 / 검정 준5급

| 7급 | 지아비 부 / 사나이 부 | | 夫人(부인) | 중국 夫 |
| 大부 총4획 | | | 漁夫(어부) / 農夫(농부) / 村夫(촌부) | 일본 夫 |

동곳(一)을 꽂은 성인(大)에서 '사내 '지아비'를 뜻한다.

失

진흥 5급

| 6급 | 잃을 실 | | 失望(실망) | 중국 失 |
| 大부 총5획 | | | 失手(실수) / 過失(과실) / 失敗(실패) | 일본 失 |

손(手=扌)에서 물건이 빠지는 모양(乀)에서 '잃어버림'을 뜻함.

知

| 5급 | 알 지 | | 知性(지성) | 중국 知 |
| 矢부 총8획 | | | 知能(지능) / 知人(지인) / 知識(지식) | 일본 知 |

화살(矢)이나 입(口)으로 공격을 알림에서 '알다'를 뜻함.

短

진흥 5급 / 검정 5급

| 6급 | 짧을 단(ː) | | 短命(단명) | 중국 短 |
| 矢부 총12획 | | | 短歌(단가) / 最短(최단) / 長短(장단) | 일본 短 |

화살(矢)로 재는데 제기(豆)는 그 길이가 '짧음'을 뜻한다.

果

진흥 5급

| 6급 | 실과 과ː | | 果實(과실) | 중국 果 |
| 木부 총8획 | | | 結果(결과) / 果樹(과수) / 成果(성과) | 일본 果 |

과일(田)이 나무(木)에 열린 데서 '실과' '과일' '결과'를 뜻한다.

한자어 익히기

- **死活**(사활)　죽기와 살기라는 뜻으로, 어떤 중대한 문제를 비유적으로 이르는 말.
- **宅地**(택지)　집터.
- **午時**(오시)　십이시의 일곱째 시. 오전 11시부터 오후 1시까지의 동안.
- **許可**(허가)　행동이나 일을 하도록 허용함.
- **牛黃**(우황)　소의 쓸개에 병으로 생긴 덩어리.
- **告發**(고발)　피해자가 아닌 사람이 범죄 사실을 신고하는 일.
- **高貴**(고귀)　지위가 높고 귀함.
- **天氣**(천기)　하늘에 나타난 조짐.
- **村夫**(촌부)　시골에 사는 남자.
- **短命**(단명)　명이 짧음.
- **成果**(성과)　이루어진 결과.

유의자

家(집 가) ＝ 宅(집 택)	年(해 년) ＝ 歲(해 세)
가택 : 사람이 사는 집.	연세 : 나이의 높임말.
太(처음 / 클 태) ＝ 初(처음 초)	告(고할 고) ＝ 白(말할/흰 백)
태초 : 천지가 창조된 때.	고백 : 마음 속에 숨기고 있던 것을 털어 놓음.
果(실과 과) ＝ 實(열매 실)	
과실 : 열매.	

반대자 · 상대자

長短(장단)	長(긴 장) ↔ 短(짧을 단)	길고 짧음.
大小(대소)	大(큰 대) ↔ 小(작을 소)	크고 작음.
天地(천지)	天(하늘 천) ↔ 地(따/땅 지)	하늘과 땅.

1 다음 漢字의 訓과 音을 쓰세요.

(1) 件 ☐　　　　(2) 大 ☐　　　　(3) 活 ☐

(4) 告 ☐　　　　(5) 果 ☐　　　　(6) 話 ☐

(7) 橋 ☐　　　　(8) 半 ☐　　　　(9) 高 ☐

(10) 知 ☐　　　(11) 夫 ☐　　　　(12) 宅 ☐

(13) 午 ☐　　　(14) 太 ☐　　　　(15) 牛 ☐

(16) 失 ☐　　　(17) 許 ☐　　　　(18) 短 ☐

(19) 年 ☐　　　(20) 天 ☐

2 다음 漢字語의 讀音을 쓰세요.

(1) 活力 ☐☐　　　(2) 宅地 ☐☐　　　(3) 許家 ☐☐

(4) 童話 ☐☐　　　(5) 午後 ☐☐　　　(6) 牛角 ☐☐

(7) 用件 ☐☐　　　(8) 告白 ☐☐　　　(9) 高空 ☐☐

(10) 陸橋 ☐☐　　(11) 偉大 ☐☐　　　(12) 雨天 ☐☐

(13) 失望 ☐☐　　(14) 夫人 ☐☐　　　(15) 知能 ☐☐

(16) 失敗 ☐☐　　(17) 長短 ☐☐　　　(18) 結果 ☐☐

(19) 天命 ☐☐　　(20) 半島 ☐☐　　　(21) 告示 ☐☐

(22) 知行合一 ☐☐☐☐　　　　(23) 青天白日 ☐☐☐☐

3 다음 漢字의 筆順을 밝히세요.

(1) 果 자의 삐침(丿)은 몇 번째에 쓰는 지 번호로 답하세요.　　난이도 ▪▪▫▫▫　　(　　　)

(2) 牛 자에서 2번 획은 몇 번째로 쓰는 지 답하세요.　　난이도 ▪▪▪▫▫　　(　　　)

4 다음 訓과 音에 맞는 漢字를 쓰세요.

(1) 말씀 화		(2) 짧을 단		(3) 높을 고	
(4) 실과 과		(5) 고할 고		(6) 살 활	
(7) 다리 교		(8) 소 우		(9) 물건 건	
(10) 알 지		(11) 큰 대		(12) 반 반	
(13) 잃을 실		(14) 낮 오		(15) 지아비 부	
(16) 허락할 허		(17) 해 년		(18) 클 태	
(19) 집 택		(20) 하늘 천			

5 다음 밑줄 친 漢字語를 큰 소리로 읽고 漢字로 써 보세요. (02과 활용 단어)

(1) 각자 자기 <u>물건</u>을 잃어버리지 않도록 해라. ·················· (   )

(2) 길을 건널 때에는 꼭 <u>육교</u>나 횡단보도로 건넙시다. ········· (   )

(3) 토요일은 <u>오전</u> 수업만 한다. ·································· (   )

(4) 이번 영어 <u>회화</u> 시험에는 꼭 합격해야지. ·················· (   )

(5) <u>실망</u>하지 않고 계속 노력하면 좋은 결과가 있을 것이다. ····· (   )

(6) 때로는 <u>결과</u>보다 과정이 중요할 수도 있다. ·················· (   )

> 會話　失望　結果　陸橋　午前　物件

6 다음 漢字와 뜻이 같거나 비슷한 漢字를 쓰세요.

(1) 家 = [   ]   (2) [   ] = 歲

(3) [   ] = 實   (4) [   ] = 白

7 다음 漢字語의 뜻을 쓰세요.

(1) 高貴 : (   )

(2) 成果 : (   )

(3) 死活 : (   )

📘 사자성어

❀ **天高馬肥**(천고마비) : 하늘은 높고 말은 살찐다는 뜻으로, 가을날의 맑고 풍성함을 이르는
말. *肥(살찔 비)→3급Ⅱ

❀ **大同小異**(대동소이) : 작은 부분에서만 다르고 전체적으로 거의 같음. *異(다를 이)→4급

❀ **富貴在天**(부귀재천) : 부귀는 하늘이 주는 것이지, 사람의 힘으로 어찌할 수 있는 것이 아니
라는 뜻. *富(부자 부)→4급Ⅱ

❀ **知行合一** (지행합일) : 지식과 행동이 서로 맞음.

❀ **靑天白日** (청천백일) : 하늘이 맑게 갠 대낮.

📚 고사성어

結草報恩(결초보은)　結(맺을 결) 草(풀 초) 報(갚을 보) 恩(은혜 은)

＋풀을 엮어서 은혜를 갚는다는 뜻으로, 죽어 혼령이 되어서도 은혜를 잊지 않고 갚는다는 말.

　춘추시대 때 진나라의 위무자에게 사랑하는 첩이 있었는데, 그녀
에겐 아들이 없었다. 위무자가 병이 들어 위독하자 그는 본처의
아들인 위과에게 분부했다.

　"내가 죽거든 사랑하는 첩을 다른 사람에게 시집 보내거라."

　그런데 임종할 무렵이 되자 위무자는 다시 아들을 불러, "내가 죽거
든 사랑하는 첩을 나와 함께 묻어다오."라고 유언했다.

　위무자가 죽자 위과는 아버지의 뜻을 따르지 않고 첩을 개가시키면서 이렇게 말했다.

　"사람이 위독해지면 마음이 흐트러집니다. 그렇기에 저는 아버님이 조금이라도 올바른 정신 상태에서 하신
말씀을 따르기로 했습니다."

　그 뒤 진(秦)나라 환공이 진(晉)나라를 공격했다. 전쟁에 나간 위과는 크게 패하여 적장 두회에게 쫓기게 되었는데,
한 노인이 길가의 풀과 풀을 엮어 매듭을 만들고 있는 모습이 보였다. 위과가 그 곳을 지나가자 뒤따라오던 두회의 말
이 그 매듭에 걸려 넘어지는 것이었다. 때를 놓칠세라 위과는 그를 사로잡아 전쟁에서 이길 수 있었다.

　그 날 밤 위과의 꿈 속에 풀을 묶어 매듭을 만들던 노인이 나타나서 공손히 인사하며 이렇게 말했다.

　"나는 당신이 개가시켜 준 첩의 아비오. 당신이 내 딸을 죽이지 않고 개가시켜 주었기에 내가 오늘 풀을 엮어
은혜를 갚은 것입니다."

출전「춘추좌씨전(春秋左氏傳)」

한자		급수/부수	뜻·음	갑문 금문 소전	그림	예	중국/일본
課		5급 / 言부 총15획	과정 과 / 공부할 과	誅 ➡ 課		課外 (과외) / 日課 (일과) / 課長 (과장) / 課題 (과제)	중국 课 / 일본 課
			말(言)로 공부의 **결과(果)**를 물어봄에서 '**공부함**'을 뜻한다.				
末	진흥 준5급 / 검정 준5급	5급 / 木부 총5획	끝 말	朩 ➡ 末		末年 (말년) / 末世 (말세) / 結末 (결말) / 月末 (월말)	중국 末 / 일본 末
			긴 가지 **하나(一)**를 나무(木) 위에 더해 사물의 '**끝**'을 뜻한다.				
木	진흥 8급 / 검정 8급	8급 / 木부 총4획	나무 목	朩 ➡ 朩 ➡ 木		木手 (목수) / 木工 (목공) / 木馬 (목마) / 古木 (고목)	중국 木 / 일본 木
			나무의 가지와 **뿌리(朩·朩)**를 나타낸 글자로 '**나무**'를 뜻한다.				
本	진흥 준5급 / 검정 준5급	6급 / 木부 총5획	근본 본	朩 ➡ 末 ➡ 本		本性 (본성) / 本國 (본국) / 本人 (본인) / 見本 (견본)	중국 本 / 일본 本
			나무(木)의 뿌리 부분을 **가리켜(一)** '**근본**'을 나타낸다.				
李	진흥 5급	6급 / 木부 총7획	오얏 리:	朩 ➡ 杢 ➡ 李		李花 (이화) / 行李 (행리) / 李白 (이백)	중국 李 / 일본 李
			나무(木) 중에 **열매(子)**가 많이 열리는 '**오얏(자두)**'을 뜻한다.				
林	진흥 준5급 / 검정 6급	7급 / 木부 총8획	수풀 림	林 ➡ 林 ➡ 林		林野 (임야) / 林業 (임업) / 山林 (산림) / 花林 (화림)	중국 林 / 일본 林
			나무(木)와 **나무(木)**가 많은 '**수풀**' 또는 '**숲**'을 뜻한다.				
相		5급 / 目부 총9획	서로 상	相 ➡ 相 ➡ 相		相生 (상생) / 相談 (상담) / 相通 (상통) / 相反 (상반)	중국 相 / 일본 相
			나무(木)를 **눈(目)**으로 살펴보는 데서 '**서로**' '**돕다**'로 쓰인다.				
來	진흥 준5급 / 검정 5급	7급 / 人부 총8획	올 래(:)	來 ➡ 來 ➡ 來		來日 (내일) / 來世 (내세) / 去來 (거래) / 來年 (내년)	중국 来 / 일본 来
			'**보리**' 모양이나 '**오다**'로 쓰임. **나무(木)** 옆에 **사람들이(朩)** '**옴**'.				
束		5급 / 木부 총7획	묶을 속	束 ➡ 束 ➡ 束		約束 (약속) / 結束 (결속) / 束手 (속수) / 團束 (단속)	중국 束 / 일본 束
			나무(木)를 모아 **둥글게(○=口)** 묶은(束) 데서 '**묶다**'를 뜻한다.				
速	진흥 5급	6급 / 辶부 총11획	빠를 속	速 ➡ 速		速度 (속도) / 速成 (속성) / 速球 (속구) / 速決 (속결)	중국 速 / 일본 速
			다발로 **묶어(束)** 한 번에 **가니(辶)** '**빠름**'을 뜻한다.				

		갑문	금문	소전			중국/일본

<table>
<tr><td rowspan="2">흥 6급
정 8급</td><td rowspan="2">東</td><td>8급
—
木부
총8획</td><td>동녘　동</td><td colspan="3">갑문 → 금문 → 소전</td><td>東海(동해)
東洋(동양)
東風(동풍)
東方(동방)</td><td>중국
东
일본
東</td></tr>
<tr><td colspan="5">양 끝을 묶은 자루모양(束)으로, 나무(木)에 해(日) 모습인 '동쪽'.</td></tr>
</table>

8급 木부 총8획 — 동녘 동
양 끝을 묶은 **자루모양(束)**으로, **나무(木)**에 **해(日)** 모습인 '**동쪽**'.
東海(동해) 東洋(동양) 東風(동풍) 東方(동방) / 중국 东 / 일본 東

흥 6급 / 정 8급 — 東

5급 糸부 총15획 — 익힐 련:
실(糸)을 삶을 때 '익숙하게' 분별(束)함에서 '**익히다**'로 쓰인다.
練習(연습) 洗練(세련) 練兵(연병) 訓練(훈련) / 중국 练 / 일본 練

練

흥 준5급 / 정 준5급 — 車

7급 車부 총7획 — 수레 거 / 수레 차
전차(戰車)로 사용되던 '**마차**'로, '**수레**' '**마차**'를 뜻한다.
人力車(인력거) 停車場(정거장) 車道(차도) 風車(풍차) / 중국 车 / 일본 車

흥 준5급 / 정 5급 — 軍

8급 車부 총9획 — 군사 군
둘러싸고(勹=冖) 수레(車)를 호위하는 '**군사**' '**군대**'를 뜻한다.
軍士(군사) 軍人(군인) 行軍(행군) 陸軍(육군) / 중국 军 / 일본 軍

진흥 5급 — 運

6급 辵부 총13획 — 옮길 운:
군대(軍)의 보급품을 이동(辶)하며 '**옮김**'을 뜻한다.
運動(운동) 不運(불운) 幸運(행운) 運命(운명) / 중국 运 / 일본 運

흥 준5급 / 정 5급 — 家

7급 宀부 총10획 — 집 가
집(宀)아래 돼지(豕)를 기르던 옛날 '**집**'의 모습이다.
家訓(가훈) 家庭(가정) 作家(작가) 畫家(화가) / 중국 家 / 일본 家

5급 尸부 총9획 — 집 옥
몸(尸)이 이르러(至) 쉬는 '**집**'으로, '**지붕**' 모양의 변형이다.
家屋(가옥) 屋上(옥상) 草屋(초옥) 韓屋(한옥) / 중국 屋 / 일본 屋

屋

5급 尸부 총7획 — 판 국
몸(尸) 밑부(乀=丿)가 일정한 구역(口)에 제한받는 '**판**'을 뜻한다.
當局(당국) 形局(형국) 藥局(약국) 開局(개국) / 중국 局 / 일본 局

局

진흥 5급 / 검정 5급 — 形

6급 彡부 총7획 — 모양 형
모양을 나란히(幵=开) 똑같이 그린(彡) 데서 '**모양**'을 뜻한다.
形式(형식) 形便(형편) 形質(형질) 變形(변형) / 중국 形 / 일본 形

5급 尸부 총10획 — 펼 전:
몸(尸)에 붉은 비단옷(襄=衺)을 펼쳐 입은 데서 '**펴다**'를 뜻한다.
展開(전개) 發展(발전) 展望(전망) 展示(전시) / 중국 展 / 일본 展

展

한자어 익히기

- 課題 (과제) 부과된 문제. 제목.
- 結末 (결말) 일을 맺는 끝. 끝장.
- 見本 (견본) 전체 상품의 품질, 효용 등을 알리기 위한 소량의 본보기 상품.
- 李花 (이화) 자두나무의 꽃.
- 林野 (임야) 숲과 들을 아울러 이르는 말.
- 相通 (상통) 서로 막힘없이 길이 트임. 서로 마음과 뜻이 통함.
- 結束 (결속) 덩이가 되게 묶음. 뜻이 같은 사람이 서로 결합함.
- 速成 (속성) 빨리 이룸.
- 洗練 (세련) 글이나 교양, 인품 등을 갈고 다듬어 우아하고 고상하게 함.
- 家訓 (가훈) 가정의 교훈.
- 韓屋 (한옥) 한국 건축 양식으로 지은 집.
- 形局 (형국) 형세와 국면.
- 形質 (형질) 형태와 성질. 생긴 모양과 그 바탕.
- 展望 (전망) 멀리 바라봄.

유의자

家(집 가) = 屋(집 옥)	展(펼 전) = 開(열 개)
가옥 : 사람이 사는 집.	전개 : 넓게 펼쳐짐.
練(익힐 련) = 習(익힐 습)	樹(나무 수) = 木(나무 목)
연습 : 학문이나 기예 따위를 되풀이하며 익힘.	수목 : 살아 있는 나무.

반대자 · 상대자

本末(본말)	本(근본 본) ↔ 末(끝 말)	일의 처음과 끝.
東西(동서)	東(동녘 동) ↔ 西(서녘 서)	동쪽과 서쪽.

1 다음 漢字의 訓과 音을 쓰세요.

(1) 東　　　　　(2) 相　　　　　(3) 末

(4) 展　　　　　(5) 家　　　　　(6) 速

(7) 車　　　　　(8) 屋　　　　　(9) 林

(10) 課　　　　(11) 練　　　　(12) 本

(13) 來　　　　(14) 運　　　　(15) 束

(16) 局　　　　(17) 形　　　　(18) 木

(19) 李　　　　(20) 軍

2 다음 漢字語의 讀音을 쓰세요.

(1) 運動　　　　(2) 來世　　　　(3) 課外

(4) 形式　　　　(5) 陸軍　　　　(6) 速度

(7) 東洋　　　　(8) 練習　　　　(9) 木手

(10) 李花　　　(11) 車道　　　(12) 約束

(13) 畫家　　　(14) 發展　　　(15) 相反

(16) 末年　　　(17) 本性　　　(18) 林野

(19) 去來　　　(20) 家庭　　　(21) 藥局

(41) 東問西答　　　　　(23) 馬耳東風

3 다음 漢字의 筆順을 밝히세요.

(1) 束 자에서 삐침(丿)은 몇 번째에 쓰는 지 번호로 답하세요. (　　　　)

(2) 局 자를 필순대로 구별하여 쓰세요. (　　　　　　　　)

4 다음 訓과 音에 맞는 漢字를 쓰세요.

(1) 모양 형 ☐   (2) 군사 군 ☐   (3) 서로 상 ☐

(4) 집 옥 ☐   (5) 공부할 과 ☐   (6) 펼 전 ☐

(7) 오얏 리 ☐   (8) 동녘 동 ☐   (9) 판 국 ☐

(10) 끝 말 ☐   (11) 빠를 속 ☐   (12) 익힐 련 ☐

(13) 올 래 ☐   (14) 집 가 ☐   (15) 나무 목 ☐

(16) 근본 본 ☐   (17) 옮길 운 ☐   (18) 수풀 림 ☐

(19) 묶을 속 ☐   (20) 수레 거 ☐

5 다음 밑줄 친 漢字語를 큰 소리로 읽고 漢字로 써 보세요. (03과 활용 단어)

(1) 내년에는 공부를 더욱 열심히 해야지. ·················· (   )

(2) 차도로 길을 건너면 위험하다. ························· (   )

(3) 그 사업은 전망이 밝다. ····························· (   )

(4) 결말이 좋으면 그 과정도 좋은 평가를 얻는다. ·········· (   )

(5) 상담을 통해 고민을 해결하는 것도 좋은 방법이다. ········ (   )

(6) 어서 그 일을 속결해라. ····························· (   )

> 展望 相談 來年 結末 車道 速決

6 다음 漢字와 뜻이 상대 또는 반대되는 漢字를 쓰세요.

(1) 東 ↔ ☐   (2) ☐ ↔ 末

7 다음 漢字語의 뜻을 쓰세요.

(1) 車道 : (   )

(2) 速成 : (   )

(3) 家訓 : (   )

📖 사자성어

❖ **張三李四** (장삼이사) : 장씨의 셋째 아들과 이씨의 넷째 아들이라는 뜻으로, 특별하지 않은 평범한 사람들을 이르는 말. *張(베풀 장)→4급

❖ **束手無策** (속수무책) : 손이 묶인 듯이 어찌할 수 없어 꼼짝 못함. *策(꾀 책)→3급Ⅱ

❖ **魚東肉西** (어동육서) : 생선은 동쪽에 놓고 고기는 서쪽에 놓는 제사상을 차리는 원칙을 일컬음. *肉(고기 육)→4급Ⅱ

❖ **東問西答** (동문서답) : 묻는 말에 전혀 딴 말을 함.

❖ **馬耳東風** (마이동풍) : 남의 말을 귀담아 듣지 않고 흘려버림.

📚 고사성어

傾國之色 (경국지색)　　傾(기울 경)⁴급　國(나라 국)　之(갈 지)³급Ⅱ　色(빛 색)

✛ 나라를 위태롭게 할 만한 미모라는 뜻으로, 빼어난 미인을 가리킬 때 쓰는 말.

　이연년은 한나라 무제 때 음악을 맡은 관리였다. 그에겐 누이동생이 한 명 있었는데, 그녀는 더없이 예뻤고 춤에도 능숙했다. 그는 무제에게 누이동생을 소개하면서 그 아름다움을 다음과 같은 시로써 노래했다.

　북방의 아름다운 미인이 있는데
　절세의 미인으로 홀로 서 있네
　한 번 돌아보면 남의 성을 기울게 하고
　두 번 돌아보면 남의 나라를 위태롭게 할 정도네
　어찌 성을 기울게 하고 나라를 위태롭게 함을 모르겠는가 만은
　아름다운 여인은 다시 얻기 어려운 것이네

　당시 무제는 나이 오십 고개를 넘긴 만년의 나이로 쓸쓸한 생활을 보내고 있었다. 그는 즉시 이연년의 누이동생에게 완전히 사로잡히고 말았다. 이 여인이 바로 무제의 총애를 한몸에 받은 이부인(李夫人)이었다.

출전 「한서(漢書) 〈이부인전(李夫人傳)〉」

			갑문	금문	소전			
진흥 7급 검정 7급	出	7급 凵부 총5획	날 출				 出席(출석) 出力(출력) 出動(출동) 出入(출입)	중국 出 일본 出
		움집(凵)에서 발(止=屮)이 나가는 데서 '나옴' '나감'을 뜻한다.						
	典	5급 八부 총8획	법 전:				古典(고전) 法典(법전) 字典(자전) 原典(원전)	중국 典 일본 典
		경전인 책(冊)을 두 손(廾=六)으로 잡고 있는 데서 '법'을 뜻한다.						
진흥 5급 검정 5급	各	6급 口부 총6획	각각 각				 各自(각자) 各別(각별) 各種(각종) 各界(각계)	중국 各 일본 各
		각자 돌아가(夂) 움집(口)으로 가는 데서 '각각' '따로'가 된다.						
	格	5급 木부 총10획	격식 격				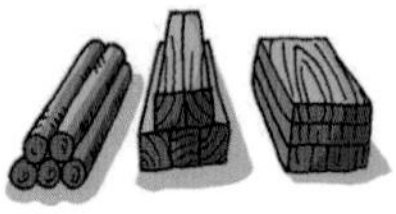 合格(합격) 格言(격언) 格式(격식) 格調(격조)	중국 格 일본 格
		나무(木)로 각각(各) 법식에 맞게 짠 틀에서 '격식'을 뜻한다.						
	落	5급 艸부 총13획	떨어질 락				 落書(낙서) 落水(낙수) 當落(당락) 落下(낙하)	중국 落 일본 落
		초목(艹)이나 물(氵)방울이 각각(各) 시들어 '떨어짐'을 뜻한다.						
	客	5급 宀부 총9획	손 객				 客地(객지) 客室(객실) 旅客(여객) 客觀(객관)	중국 客 일본 客
		집(宀)에 각각(各) 이른 '손님'을 뜻한다.						
진흥 5급	路	6급 足부 총13획	길 로:				行路(행로) 路面(노면) 路線(노선) 道路(도로)	중국 路 일본 路
		발(足)로 각각(各) 자기 뜻대로 다니는 '길'을 뜻한다.						
진흥 6급 검정 준5급	夕	7급 夕부 총3획	저녁 석				 夕陽(석양) 秋夕(추석) 夕食(석식) 朝夕(조석)	중국 夕 일본 夕
		달(�½)을 보고 만든 글자로 '저녁'이나 '밤'을 뜻한다.						
진흥 6급 검정 6급	名	7급 口부 총6획	이름 명				 名曲(명곡) 名言(명언) 名物(명물) 名門(명문)	중국 名 일본 名
		저녁(夕)에 보이지 않아 입(口)으로 '이름'을 부름을 뜻한다.						
진흥 5급 검정 5급	夜	6급 夕부 총8획	밤 야:				夜間(야간) 夜景(야경) 夜學(야학) 夜行(야행)	중국 夜 일본 夜
		겨드랑이(亦)와 달(夕), 사람(大) 그림자와 달(夕)로 '밤'을 뜻한다.						

		갑문 — 금문 — 소전			중국
多	6급 夕부 총6획	많을 다	丸多 → 昮昮 → 多	多少 (다소) 多福 (다복) 多能 (다능) 多幸 (다행)	多 일본 多
	제육(肉=月=夕)을 많이 쌓아 놓은 모습으로 '많다'를 뜻한다.				
例	6급 人부 총8획	법식 례: 본보기 례:		例文 (예문) 例外 (예외) 事例 (사례) 比例 (비례)	중국 例 일본 例
	사람(亻)이 물건을 벌려(列)놓은 데서 '본보기' '법식'을 뜻한다.				
死	6급 歹부 총6획	죽을 사:	劦䏍 → 劧䏍 → 胏	死亡 (사망) 死別 (사별) 戰死 (전사) 死因 (사인)	중국 死 일본 死
	죽은 사람의 뼈(歹)를 수습하는 사람(亻=匕)에서 '죽다'가 된다.				
的	5급 白부 총8획	과녁 적	昁	的中 (적중) 目的 (목적) 法的 (법적) 公的 (공적)	중국 的 일본 的
	해(日)처럼 밝고, 감싼(勹) 물건(丶)처럼 둥근 '과녁'을 뜻한다.				
約	5급 糸부 총9획	맺을 약	紂 → 紂	約束 (약속) 節約 (절약) 約數 (약수) 約定 (약정)	중국 约 일본 約
	실(糸)로 감싸(勹) 물건(丶)을 묶듯, 서로 '약속' '맺음'을 뜻한다.				
獨	5급 犬부 총16획	홀로 독	獨 → 獨	獨立 (독립) 獨身 (독신) 獨子 (독자) 獨食 (독식)	중국 独 일본 独
	개(犭)가 사냥감을 벌레(蜀)처럼 홀로 먹는 데서 '홀로'를 뜻함.				
口	7급 口부 총3획	입 구(:)	凵凵 → 凵凵 → 凵	入口 (입구) 人口 (인구) 口頭 (구두) 河口 (하구)	중국 口 일본 口
	'입' 모양(凵)으로 '먹는 일' '소리', 사람 단위나 '구멍'을 뜻한다.				
敬	5급 攴부 총13획	공경 경:	茍 → 敬 → 敬	敬老 (경로) 敬語 (경어) 敬禮 (경례) 敬愛 (경애)	중국 敬 일본 敬
	제사장(茍)이 조심히 경계하고(茍) 다스려(攵) '공경'함을 뜻한다.				
圖	6급 口부 총14획	그림 도	圖圖 → 圖	圖面 (도면) 地圖 (지도) 圖案 (도안) 圖書 (도서)	중국 图 일본 図
	사각형(口) 넓은 곳에 마을(啚)을 그린 '지도'를 뜻한다.				
因	5급 口부 총6획	인할 인	困因 → 因 → 因	原因 (원인) 因習 (인습) 要因 (요인) 因果 (인과)	중국 因 일본 因
	사각형(口) 자리에 누운 사람(大)으로, '인하다'를 뜻한다.				

한자어 익히기

- 出席 (출석) 어떤 모임에 나가 참여함.
- 各別 (각별) 종류가 다름. 특별함.
- 格式 (격식) 격에 맞는 법식.
- 名物 (명물) 유명한 사물, 그 지방 특유의 이름난 물건.
- 夜景 (야경) 밤의 경치.
- 多福 (다복) 복이 많음.
- 例文 (예문) 설명을 위한 본보기나 용례가 되는 문장.
- 死別 (사별) 죽어서 이별함.
- 約數 (약수) 어떤 정수나 정식을 나누어 떨어지게 할 수 있는 정수나 정식.
- 敬語 (경어) 공경하는 뜻을 나타내는 말. 높임말.
- 圖案 (도안) 미술·공예 작품을 만들 때, 그 형상이나 모양·색채·배치 등에 관한 것을 그림으로 나타낸 것.

유의자

道(길 도)　＝　路(길 로)	圖(그림 도)　＝　畫(그림 화)
도로 : 사람이나 차들이 다니는 큰 길.	도화 : 도면과 그림.
死(죽을 사)　＝　亡(망할 망)	
사망 : 죽음.	

반대자 · 상대자

名實(명실)	名 (이름 명) ⟷ 實 (열매 실)	이름과 실상. 소문과 실제.
出入(출입)	出 (날 출) ⟷ 入 (들 입)	나가고 들어옴.
多少(다소)	多 (많을 다) ⟷ 少 (적을 소)	많고 적음.
因果(인과)	因 (인할 인) ⟷ 果 (결과/실과 과)	원인과 결과.

1 다음 漢字의 訓과 音을 쓰세요.

(1) 名 [　　　]   (2) 敬 [　　　]   (3) 出 [　　　]

(4) 例 [　　　]   (5) 典 [　　　]   (6) 夜 [　　　]

(7) 多 [　　　]   (8) 因 [　　　]   (9) 夕 [　　　]

(10) 客 [　　　]   (11) 死 [　　　]   (12) 口 [　　　]

(13) 各 [　　　]   (14) 路 [　　　]   (15) 約 [　　　]

(16) 的 [　　　]   (17) 落 [　　　]   (18) 獨 [　　　]

(19) 圖 [　　　]   (20) 格 [　　　]

2 다음 漢字語의 讀音을 쓰세요.

(1) 路面 [　　]   (2) 出動 [　　]   (3) 原因 [　　]

(4) 約定 [　　]   (5) 事例 [　　]   (6) 落水 [　　]

(7) 秋夕 [　　]   (8) 夜間 [　　]   (9) 因習 [　　]

(10) 死亡 [　　]   (11) 河口 [　　]   (12) 名曲 [　　]

(13) 古典 [　　]   (14) 合格 [　　]   (15) 旅客 [　　]

(16) 各鍾 [　　]   (17) 多福 [　　]   (18) 目的 [　　]

(19) 獨身 [　　]   (20) 敬老 [　　]   (21) 要因 [　　]

(22) 有名無實 [　　　　]   (23) 格物致知 [　　　　]

3 다음 漢字의 筆順을 밝히세요.

(1) 出자의 중간의 ㅣ획은 몇 번째로 번호를 쓰는 지 번호를 답하세요. (　　　　　)

(2) 多자를 필순대로 구별하여 쓰세요. (　　　　　　　　　)

4 다음 訓과 音에 맞는 漢字를 쓰세요.

(1) 법식 례		(2) 법 전		(3) 길 로	
(4) 인할 인		(5) 많을 다		(6) 밤 야	
(7) 각각 각		(8) 저녁 석		(9) 죽을 사	
(10) 그림 도		(11) 떨어질 락		(12) 과녁 적	
(13) 손 객		(14) 홀로 독		(15) 입 구	
(16) 날 출		(17) 이름 명		(18) 맺을 약	
(19) 격식 격		(20) 공경 경			

5 다음 밑줄 친 漢字語를 큰 소리로 읽고 漢字로 써 보세요. (04과 활용 단어)

(1) <u>절약</u>하는 습관을 길러라. ·································· ( )

(2) <u>객지</u>에 나오면 고생을 많이 한다. ···················· ( )

(3) 어른에게는 꼭 <u>경어</u>를 사용하여야 한다. ············· ( )

(4) 그 길은 자동차 전용 <u>도로</u>이다. ······················· ( )

(5) 요즈음 <u>독신</u>을 고집하는 젊은이들이 늘어나고 있다. ··· ( )

(6) 남산 위에서 내려다본 서울의 <u>야경</u>은 아름다웠다. ····· ( )

客地　夜景　道路　節約　敬語　獨身

6 다음 漢字와 뜻이 같거나 비슷한 漢字를 쓰세요.

(1) 道 ＝ □ (2) □ ＝ 畫

(3) 死 ＝ □

7 다음 漢字語의 뜻을 쓰세요.

(1) 夜景 : ( )

(2) 名物 : ( )

(3) 獨立 : ( )

사자성어

- ❀ **有名無實** (유명무실) : 명목만 있고 실상은 없음.
- ❀ **晝耕夜讀** (주경야독) : 낮에는 농사일을 하고 밤에는 글을 읽는다는 뜻으로, 어려움 속에서도 꿋꿋이 공부함을 비유하는 말. ＊耕(밭갈 경)→3급Ⅱ
- ❀ **多多益善** (다다익선) : 양이나 수가 많을수록 좋음을 의미함. ＊益(더할 익)→4급Ⅱ
- ❀ **格物致知** (격물치지) : 사물의 이치를 연구하여 자기의 지식을 확고하게 함.
- ❀ **獨不將軍** (독불장군) : 혼자서는 장군이 되지 못한다는 뜻으로, 자기 멋대로 일을 처리하는 사람을 일컫는 말. ＊將(장수 장)→4급Ⅱ

고사성어

過猶不及 (과유불급)　過(지날 과)　猶(오히려 유)³급Ⅱ　不(아닐 불)　及(미칠 급)³급Ⅱ

✚ 지나친 것은 모자란 것과 마찬가지라는 뜻으로, 지나침은 모자람만 못하다는 것을 의미함.

어느 날 자공이 스승 공자에게 물었다.
"자장과 자하, 둘 가운데 누가 더 낫습니까?"
그러자 공자는,
"자장은 지나치고, 자하는 모자란다."
"그렇다면 자장이 더 낫겠네요?"
"지나친 것은 모자란 것과 마찬가지다."
논어 전편을 통해 볼 때 자장과 자하는 대조적인 인물이다. 자장은 매사 활달하고 진보적인 사고의 소유자로 과시욕이 강한 성격이며, 자하는 만사에 신중하고 현실적인 행동을 하는 소극적인 성격임을 알 수 있다.
이렇듯 공자는 이 두 제자의 성격, 즉 자장의 지나침과 자하의 모자람을 잘 알고 있었기에 '지나침은 모자람과 같다'고 하여 중용의 도를 강조했다.

출전 「논어(論語)〈선진편(先進篇)〉」

		급수	훈음	갑문 금문 소전	그림	단어	중국/일본
溫		6급 水부 총13획	따뜻할 온	溫 ➡ 溫		溫順(온순) 溫和(온화) 體溫(체온) 溫情(온정)	중국 溫 일본 温
		물(氵)과 밥을 죄수(囚)의 그릇(皿)에 주는 '따뜻한' 마음.					
品	진흥 5급	5급 口부 총9획	물건 품	밥밥 ➡ 밥밥 ➡ 品		性品(성품) 品目(품목) 物品(물품) 品種(품종)	중국 品 일본 品
		여러 사람의 입(口), 여러 물품 등에서 '물건' '품평'을 뜻한다.					
區	검정 5급	6급 匚부 총11획	구분할 구 지경 구	區區 ➡ 區 ➡ 區		區分(구분) 區別(구별) 地區(지구) 敎區(교구)	중국 区 일본 区
		상자(匚)에 물건(品)을 잘 '구분하여' 둠을 뜻한다.					
操		5급 手부 총16획	잡을 조(:)	操 ➡ 操		操心(조심) 操作(조작) 體操(체조) 操身(조신)	중국 操 일본 操
		손(扌)으로 시끄럽게 우는(喿) 새를 다스림에서 '잡다'를 뜻한다.					
元	진흥 5급 검정 5급	5급 儿부 총4획	으뜸 원	元元 ➡ 元 ➡ 元		元祖(원조) 元來(원래) 元首(원수) 身元(신원)	중국 元 일본 元
		머리(一)가 우뚝(兀) 솟은 사람 옆 모습으로, '으뜸' '처음'을 뜻함.					
完		5급 宀부 총7획	완전할 완	完 ➡ 完		完全(완전) 完成(완성) 完結(완결) 完勝(완승)	중국 完 일본 完
		집(宀)안 으뜸(元)인 방을 잘 갖춘 데서 '완전함' '끝내다'로 쓰임.					
院		5급 阜부 총10획	집 원 병원 원	院 ➡ 院		院長(원장) 病院(병원) 學院(학원) 通院(통원)	중국 院 일본 院
		언덕(阝)같이 완전하게(完) '담'으로 둘러싸인 '집'을 뜻한다.					
光	진흥 5급 검정 5급	6급 儿부 총6획	빛 광	光 ➡ 光 ➡ 光		光明(광명) 夜光(야광) 光景(광경) 光速(광속)	중국 光 일본 光
		불(火)을 머리에 이고 비추는 노예(儿)에서 '빛'을 뜻한다.					
兒		5급 儿부 총8획	아이 아	兒 ➡ 兒 ➡ 兒		育兒(육아) 兒童(아동) 男兒(남아) 小兒(소아)	중국 儿 일본 児
		총각머리(臼)를 묶은 어린아이(儿)에서 '아이'를 뜻한다.					
兄	진흥 7급 검정 8급	8급 儿부 총5획	형 형 만 형	兄 ➡ 兄 ➡ 兄		兄夫(형부) 兄弟(형제) 老兄(노형) 貴兄(귀형)	중국 兄 일본 兄
		입(口)을 벌려 제사를 주관하는 사람(儿)인 '형'을 뜻한다.					

| 갑문 | 금문 | 소전 |

祝	5급 示부 총10획	빌 축	制→福→祝		祝歌(축가) 祝福(축복) 祝典(축전) 祝願(축원)	중국 祝 일본 祝
	제단(示)에 무리의 안녕을 비는 형(兄)에서 '빌다'를 뜻한다.					
競	5급 立부 총20획	다툴 경:	→→		競馬(경마) 競合(경합) 競爭(경쟁) 競賣(경매)	중국 竞 일본 競
	죄인(辛=立)으로 머리(口)에 문신을 당한 사람(儿)이 서로 '다툼'					
說	5급 言부 총14획	말씀 설 달랠 세 기쁠 열	→		說教(설교) 說明(설명) 傳說(전설) 說客(세객)	중국 说 일본 説
	말(言)로 남을 기쁘게(兌)함에서 '말함' '기쁨' '달램'을 뜻한다.					
充	5급 儿부 총6획	채울 충			充分(충분) 充實(충실) 充足(충족) 充當(충당)	중국 充 일본 充
	아이(㐬=去)가 걸을(儿) 만큼 자람에서 '채움' '가득함'을 뜻함.					
流	5급 水부 총10획	흐를 류	→→		流水(유수) 流動(유동) 流行(유행) 寒流(한류)	중국 流 일본 流
	물(氵)에 아이(㐬=去)가 흘러가는(㐬) 모양에서 '흐름'을 뜻한다.					
育	7급 肉부 총8획	기를 육	→→		育兒(육아) 教育(교육) 育成(육성) 發育(발육)	중국 育 일본 育
	거꾸로(去) 낳은 아이의 몸(肉=月)이 자람에서, '기름'을 뜻한다.					
世	7급 一부 총5획	인간 세: 세상 세:	→		世界(세계) 世代(세대) 出世(출세) 世上(세상)	중국 世 일본 世
	세 개의 가지(丨)와 잎(一)으로, '세대' '인간' '세상'으로 쓰인다.					
葉	5급 艸부 총13획	잎 엽	→→		落葉(낙엽) 葉書(엽서) 末葉(말엽) 黃葉(황엽)	중국 叶 일본 葉
	초목(艹)의 잎(世)으로, 나무(木) 위의 '잎'을 나타낸다.					
船	5급 舟부 총11획	배 선	→		船長(선장) 船體(선체) 商船(상선) 船室(선실)	중국 船 일본 船
	배(舟) 중에 늪(㕣)처럼 넓게 만든 '배'를 뜻한다.					
始	6급 女부 총8획	비로소 시	→		始作(시작) 始動(시동) 始初(시초) 開始(개시)	중국 始 일본 始
	여자(女) 몸에 태아가 생긴 기쁨(台)에서 '비로소' '처음'을 뜻함.					

흥 정 준5급 5급

흥 정 준5급 준5급

진흥 5급

한자어 익히기

- 物品 (물품)   쓸 만한 값어치가 있는 물건.
- 區分 (구분)   따로따로 갈라 나눔.
- 操心 (조심)   잘못이나 실수 따위가 없도록 마음을 씀.
- 元首 (원수)   국가의 최고 통치권을 가진 사람. 곧, 임금 또는 대통령.
- 通院 (통원)   병원 등에 치료받으러 다님.
- 光速 (광속)   빛의 속도.
- 競爭 (경쟁)   같은 목적에 관하여 서로 겨루어 다툼.
- 說客 (세객)   능란한 말솜씨로 유세하며 다니는 사람.
- 流行 (유행)   옷, 화장, 사상 등의 양식이 일시적으로 널리 퍼지는 현상.
- 發育 (발육)   발달하여 크게 자람.
- 商船 (상선)   상업상 목적에 쓰이는 선박.
- 始動 (시동)   전동기나 기계 따위가 움직이기 시작함.
- 開始 (개시)   처음으로 시작함.

유의자

兒(아이 아) = 童(아이 동)	充(채울 충) = 實(열매 실)
아동 : 어린아이.	충실 : 잘 갖추어지고 알참.
完(완전할 완) = 全(온전 전)	始(처음 시) = 初(처음 초)
완전 : 필요한 것이 모두 갖추어져 있음.	시초 : 맨 처음.

반대자·상대자

溫冷 (온랭)	溫 (따뜻할 온) ↔ 冷 (찰 랭)	따뜻하고 차가움.
兄弟 (형제)	兄 (형 형) ↔ 弟 (아우 제)	형과 아우.
始終 (시종)	始 (처음 시) ↔ 終 (마칠 종)	처음과 끝.

1 다음 漢字의 訓과 音을 쓰세요.

(1) 品 [ ]   (2) 競 [ ]   (3) 流 [ ]

(4) 兄 [ ]   (5) 區 [ ]   (6) 始 [ ]

(7) 溫 [ ]   (8) 世 [ ]   (9) 院 [ ]

(10) 元 [ ]   (11) 光 [ ]   (12) 祝 [ ]

(13) 充 [ ]   (14) 操 [ ]   (15) 兒 [ ]

(16) 育 [ ]   (17) 完 [ ]   (18) 說 [ ]

(19) 葉 [ ]   (20) 船 [ ]

2 다음 漢字語의 讀音을 쓰세요.

(1) 溫順 [ ][ ]   (2) 船長 [ ][ ]   (3) 元首 [ ][ ]

(4) 兄夫 [ ][ ]   (5) 祝福 [ ][ ]   (6) 世界 [ ][ ]

(7) 品目 [ ][ ]   (8) 流動 [ ][ ]   (9) 競賣 [ ][ ]

(10) 教區 [ ][ ]   (11) 操心 [ ][ ]   (12) 教育 [ ][ ]

(13) 始初 [ ][ ]   (14) 育兒 [ ][ ]   (15) 夜光 [ ][ ]

(16) 落葉 [ ][ ]   (17) 病院 [ ][ ]   (18) 說明 [ ][ ]

(19) 充分 [ ][ ]   (20) 完結 [ ][ ]   (21) 品種 [ ][ ]

(22) 四海兄弟 [ ][ ][ ][ ]   (23) 行雲流水 [ ][ ][ ][ ]

3 다음 漢字의 筆順을 밝히세요.

(1) 元 자의 삐침(丿)은 몇 번째에 쓰는 지 번호로 답하세요. (   )

(2) 兄 자를 필순대로 구별하여 쓰세요. (   )

4 다음 訓과 音에 맞는 漢字를 쓰세요.

(1) 빌 축 ☐　　(2) 형 형 ☐　　(3) 집 원 ☐

(4) 비로소 시 ☐　　(5) 기를 육 ☐　　(6) 물건 품 ☐

(7) 다툴 경 ☐　　(8) 배 선 ☐　　(9) 으뜸 원 ☐

(10) 아이 아 ☐　　(11) 빛 광 ☐　　(12) 채울 충 ☐

(13) 흐를 류 ☐　　(14) 인간 세 ☐　　(15) 구분할 구 ☐

(16) 완전할 완 ☐　　(17) 잎 엽 ☐　　(18) 잡을 조 ☐

(19) 따뜻할 온 ☐　　(20) 말씀 설 ☐

5 다음 밑줄 친 漢字語를 큰 소리로 읽고 漢字로 써 보세요. (05과 활용 단어)

(1) 시작이 반이다. ……………………………… (　　　)

(2) 모든 사람이 모여 축가를 불렀다. ………… (　　　)

(3) 그 사람은 성품이 온순하다. ……………… (　　　)

(4) 신부님의 설교를 들으면 마음이 평온해진다. ……… (　　　)

(5) 가정에 충실한 남자가 모든 일에도 충실하다. ……… (　　　)

(6) 한때의 유행에 너무 민감할 필요는 없다. ……… (　　　)

　說敎　祝歌　始作　性品　流行　充實

6 다음 漢字와 뜻이 상대 또는 반대되는 漢字를 쓰세요.

(1) 溫 ↔ ☐　　　　(2) ☐ ↔ 終

(3) 兄 ↔ ☐

7 다음 漢字語의 뜻을 쓰세요.

(1) 夜光 : (　　　　　　　　　　)

(2) 流水 : (　　　　　　　　　　)

(3) 兄夫 : (　　　　　　　　　　)

사자성어

❖ **溫故知新** (온고지신) : 옛것을 익히고 그것을 미루어서 새 것을 앎. *故(연고 고) → 4급Ⅱ

❖ **四海兄弟** (사해형제) : 온 세상 사람이 모두 형제와 같다는 뜻으로, 친밀함을 이르는 말.

❖ **呼兄呼弟** (호형호제) : 서로 형이니 아우니 하고 부른다는 뜻으로, 가까운 친구 사이를 일컫는 말. *呼(부를 호)→4급Ⅱ

❖ **落花流水** (낙화유수) : 꽃과 흐르는 물, 가는 봄의 경치, 남녀 사이에 서로 그리는 정이 있다는 비유로도 쓰임.

❖ **行雲流水** (행운유수) : 떠 가는 구름과 흐르는 물이란 뜻으로, 일 처리에 막힘이 없거나 마음씨가 시원시원함을 이르는 말.

고사성어

刮目相對 (괄목상대) 　刮(비빌 괄) 目(눈 목) 相(서로 상) 對(대할 대)

＋눈을 비비고 다시 보며 상대를 대한다는 뜻으로, 얼마 동안 못 본 사이에 상대가 깜짝 놀랄 정도로 발전되었음을 이르는 말.

　삼국시대 때, 오나라 손권의 부하 중에 여몽이라는 장수가 있었다. 이 사람은 어려서부터 매우 가난하여 공부를 제대로 하지 못한 까닭에 무식하였지만, 큰 뜻을 품고 열심히 무술을 연마하여 전쟁에 나가 많은 공을 세우자 벼슬이 점점 높아져서 마침내 장군이 되었다.

　어느 날 손권이 그에게 책을 많이 읽어 학식을 쌓으라는 충고를 하였다. 이 때부터 공부를 시작한 여몽은 잠시도 쉬지 않고 글공부를 하였는데, 어찌나 열심히 했던지 전쟁터에서도 책을 손에서 놓지 않았다고 한다. 한번은 역시 손권의 부하인 학식이 뛰어난 노숙이라는 사람이 여몽을 찾아 그와 토론을 하다가 여몽의 학식이 풍부해졌음을 알고 크게 놀랐다.

"난 그대가 무예에만 뛰어난 줄 알았는데, 이렇게 학식이 풍부하다니 놀랍소. 언제 그렇게 공부를 했는가? 이젠 예전의 여몽이 아니네, 그려." 라고 노숙이 칭찬하자 여몽은 이렇게 말했다.

　"선비는 헤어진 지 사흘이 지나면 눈을 비비고 다시 보아야 할 정도로 달라져 있어야 하는 법이라네."

출전「삼국지(三國志)〈오지 여몽전(吳志 呂蒙傳)〉」

			갑문	금문	소전		
진흥 준5급 검정 준5급	古	6급 口부 총5획	예 고:	출토 → 古 → 古		古木(고목) 古物(고물) 古今(고금) 古代(고대)	중국 古 일본 古
		많은(十) '옛' 일이 입(口)을 전해 옮에서, '옛날' '오래'를 뜻한다.					
진흥 5급	苦	6급 艹부 총9획	쓸 고	苦 → 苦		苦生(고생) 苦行(고행) 苦心(고심) 苦樂(고락)	중국 苦 일본 苦
		풀(艹)싹이 오래(古)되어 '씀바귀'처럼 쓴 데서 '쓰다'가 된다.					
진흥 5급	固	5급 口부 총8획	굳을 고	固 → 固		固定(고정) 固着(고착) 固有(고유) 固體(고체)	중국 固 일본 固
		사면(口)을 오래(古)토록 단단히 막음에서 '굳다'가 된다.					
진흥 5급	湖	5급 水부 총12획	호수 호	湖 → 湖		湖水(호수) 江湖(강호) 湖南(호남) 湖西(호서)	중국 湖 일본 湖
		물(氵)이 오래(古)된 소 턱 살(月)처럼 널리 퍼진 '호수'를 뜻한다.					
진흥 5급 검정 5급	頭	6급 頁부 총16획	머리 두	頭 → 頭		頭目(두목) 書頭(서두) 先頭(선두) 頭角(두각)	중국 头 일본 頭
		제기(豆)의 모양 같은 머리(頁)에서 '머리'를 뜻한다.					
진흥 5급	樹	6급 木부 총16획	나무 수	樹 → 樹		樹林(수림) 樹立(수립) 樹木(수목) 果樹(과수)	중국 树 일본 樹
		나무(木)를 세워(尌:세울 주) 심는 데서 '나무' '세우다'를 뜻한다.					
진흥 5급	曲	5급 曰부 총6획	굽을 곡	曲 → 曲 → 曲		曲名(곡명) 歌曲(가곡) 曲直(곡직) 曲線(곡선)	중국 曲 일본 曲
		굽은 자(乚)나, 굽은 대바구니, 굽은 도구에서 '굽다'가 된다.					
진흥 준5급 검정 5급	農	7급 辰부 총13획	농사 농	農 → 農 → 農		農夫(농부) 農業(농업) 農事(농사) 農樂(농악)	중국 农 일본 農
		숲 밭(林+田=曲)에서 조개껍질(辰)을 들고 '농사'함을 뜻한다.					
진흥 5급	禮	6급 示부 총18획	예도 례:	禮 → 禮 → 禮		禮物(예물) 禮節(예절) 禮式(예식) 禮法(예법)	중국 礼 일본 礼
		신(示)에게 예물(豊)을 갖춰 제사함에서 '예절' '예도'를 뜻한다.					
진흥 5급	體	6급 骨부 총23획	몸 체	體 → 體		體育(체육) 體重(체중) 體溫(체온) 體面(체면)	중국 体 일본 体
		근골(骨)이 풍성히(豊) 갖추어진 '몸' 전체부위를 뜻한다.					

		갑문 → 금문 → 소전				중국	

	5급 厶부 총5획	갈 거:	去冬(거동) 過去(과거) 去來(거래) 去頭(거두)	중국 去 일본 去
	사람(大=土)이 거주지(口=厶)를 떠나는 데서 '가다' '버리다'가 됨.			

去

	5급 水부 총8획	법 법	法院(법원) 法學(법학) 民法(민법) 法案(법안)	중국 法 일본 法
	물(氵)이 법칙대로 흘러가는(去) 데서 '법'을 뜻함. (灋=法[옛자]).			

法

	5급 手부 총18획	들 거:	擧手(거수) 擧動(거동) 選擧(선거) 擧事(거사)	중국 举 일본 挙
	서로 더불어(與) 대하고 손(手)으로 드는 데서 '들다'를 뜻한다.			

擧

	8급 子부 총16획	배울 학	學校(학교) 休學(휴학) 學科(학과) 史學(사학)	중국 学 일본 学
	두 손(臼)으로 줄을 엮어(爻) 집(冖=宀) 짓는 법을 아이(子)가 '배움'.			

學

	5급 宀부 총15획	베낄 사	寫本(사본) 寫生(사생) 寫手(사수) 筆寫(필사)	중국 写 일본 写
	집(宀)을 옮기는 까치(舃 : 까치 석/작)에서, '옮김' '베낌'을 뜻함.			

寫

	7급 干부 총5획	평평할 평	平野(평야) 平和(평화) 公平(공평) 平行(평행)	중국 平 일본 平
	방패(干)같은 잎이 사방으로 나뉜(八) '부평초'에서 '평평함'.			

平

	6급 木부 총10획	뿌리 근	根性(근성) 根本(근본) 根葉(근엽) 草根(초근)	중국 根 일본 根
	나무(木)의 땅속으로 거슬러(艮) 자라는 '뿌리'를 뜻한다.			

根

	6급 金부 총14획	은 은	銀魚(은어) 銀行(은행) 水銀(수은) 銀河(은하)	중국 银 일본 銀
	가치가 금(金) 다음에 그친(艮) '은'을 뜻한다.			

銀

	5급 艮부 총7획	어질 량 좋을 량	善良(선량) 良心(양심) 良民(양민) 良藥(양약)	중국 良 일본 良
	복도 같은 통로로, 다니기 '편함'에서 '좋음' '어짊'을 뜻한다.			

良

	5급 月부 총11획	밝을 랑:	朗月(낭월) 明朗(명랑) 朗讀(낭독) 淸朗(청랑)	중국 朗 일본 朗
	보기 좋게(良) 달(月)빛이 환하고 '밝음'을 뜻한다.			

朗

한자어 익히기

- **苦行** (고행)　육신을 괴롭히고 고뇌를 견뎌내는 종교적 수행.
- **固定** (고정)　일정한 곳에 있어 움직이지 않음.
- **江湖** (강호)　강과 호수.
- **頭角** (두각)　머리나 머리 끝. 뛰어난 학식. 재능. 기예.
- **禮物** (예물)　사례의 뜻으로 주는 물건.
- **體面** (체면)　남을 대하기에 번듯한 면목.
- **去冬** (거동)　지난겨울.
- **擧手** (거수)　손을 위로 들어올림.
- **寫生** (사생)　실물이나 실경을 보고 그대로 그림.
- **根性** (근성)　태어날 때부터 지니고 있는 근본적인 성질. 뿌리 깊이 박힌 성질.
- **銀河** (은하)　맑은 날 밤, 흰 구름 모양으로 길게 남북으로 보이는 수많은 행성의 무리.
- **朗讀** (낭독)　소리 내어 읽음.

유의자

公 (공평할 공) = 平 (평평할 평)	善 (착할 선) = 良 (어질 량)
공평 : 어느 한쪽에 치우치지 않고 공정함.	선량 : 착하고 어짊.
根 (뿌리 근) = 本 (근본 본)	樹 (나무 수) = 木 (나무 목)
근본 : 초목의 뿌리.	수목 : 살아 있는 나무.

반대자 · 상대자

古今 (고금)	古 (예 고) ⟷ 今 (이제 금)	옛날과 지금.
苦樂 (고락)	苦 (쓸 고) ⟷ 樂 (즐길 락)	괴로움과 즐거움.
曲直 (곡직)	曲 (굽을 곡) ⟷ 直 (곧을 직)	굽음과 곧음. 사리의 옳고 그름.
都農 (도농)	都 (도읍 도) ⟷ 農 (농사 농)	도시와 농촌.

1 다음 漢字의 訓과 音을 쓰세요.

(1) 頭 [　　　　]　　(2) 禮 [　　　　]　　(3) 銀 [　　　　]

(4) 法 [　　　　]　　(5) 古 [　　　　]　　(6) 平 [　　　　]

(7) 體 [　　　　]　　(8) 朗 [　　　　]　　(9) 良 [　　　　]

(10) 去 [　　　　]　　(11) 擧 [　　　　]　　(12) 苦 [　　　　]

(13) 學 [　　　　]　　(14) 湖 [　　　　]　　(15) 根 [　　　　]

(16) 樹 [　　　　]　　(17) 寫 [　　　　]　　(18) 曲 [　　　　]

(19) 固 [　　　　]　　(20) 農 [　　　　]

2 다음 漢字語의 讀音을 쓰세요.

(1) 過去 [　][　]　　(2) 農樂 [　][　]　　(3) 歌曲 [　][　]

(4) 草根 [　][　]　　(5) 體溫 [　][　]　　(6) 銀行 [　][　]

(7) 樹林 [　][　]　　(8) 法院 [　][　]　　(9) 公平 [　][　]

(10) 古物 [　][　]　　(11) 體育 [　][　]　　(12) 平野 [　][　]

(13) 選擧 [　][　]　　(14) 曲名 [　][　]　　(15) 寫生 [　][　]

(16) 先頭 [　][　]　　(17) 湖水 [　][　]　　(18) 休學 [　][　]

(19) 良心 [　][　]　　(20) 朗讀 [　][　]　　(21) 禮式 [　][　]

(22) 萬古江山 [　][　][　][　]　　　(23) 不問曲直 [　][　][　][　]

3 다음 漢字의 筆順을 밝히세요.

(1) 去자를 필순대로 구별하여 쓰세요. 　난이도 ▪▪▪▪▪ 　(　　　　　　　　　　　　)

(2) 古 자에서 1번 획은 몇 번째로 쓰는 지 답하세요. 　난이도 ▪▪▪▪▪ 　(　　　　　　　)

4 다음 訓과 音에 맞는 漢字를 쓰세요.

(1) 예도 례		(2) 쓸 고		(3) 뿌리 근	
(4) 갈 거		(5) 몸 체		(6) 농사 농	
(7) 밝을 랑		(8) 은 은		(9) 굽을 곡	
(10) 들 거		(11) 호수 호		(12) 머리 두	
(13) 평평할 평		(14) 어질 량		(15) 베낄 사	
(16) 굳을 고		(17) 배울 학		(18) 법 법	
(19) 나무 수		(20) 예 고			

5 다음 밑줄 친 漢字語를 큰 소리로 읽고 漢字로 써 보세요. (06과 활용 단어)

(1) 우리 나라 <u>가곡</u>은 언제 들어도 좋구나. ·············· ( )

(2) 항상 일정한 <u>체중</u>을 유지하는 것이 건강에 좋다. ············ ( )

(3) 항상 자신의 <u>양심</u>의 소리에 귀 기울여라. ·············· ( )

(4) 중요한 서류는 꼭 <u>사본</u>을 만들어서 보관해야 한다. ············ ( )

> 良心　歌曲　體重　寫本

6 다음 漢字와 뜻이 같거나 비슷한 漢字를 쓰세요.

(1) 善 = ☐　　　(2) ☐ = 本

(3) 公 = ☐　　　(4) ☐ = 木

7 다음 漢字와 뜻이 상대 또는 반대되는 漢字를 쓰세요.

(1) 古 ↔ ☐　　　(2) ☐ ↔ 農

(3) ☐ ↔ 樂　　　(4) 曲 ↔ ☐

8 다음 四字成語의 ☐ 안에 알맞은 漢字를 쓰세요.

(1) 萬☐江山　　(2) 不問☐直　　(3) 四海☐弟

(4) 落花☐水　　(5) 行雲流☐

📖 사자성어

♣ **萬古江山** (만고강산) : 오래도록 늘 변함없는 산천을 말함.

♣ **固執不通** (고집불통) : 고집이 세어 조금도 융통성이 없음을 말함. *執(잡을 집)→3급Ⅱ

♣ **一擧兩得** (일거양득) : 한 가지 일로써 두 가지 이득을 얻음.
　　　　　　　　　　　　*得(얻을 득)→4급Ⅱ, 兩(두 량)→4급Ⅱ

♣ **千辛萬苦** (천신만고) : 천 번의 매운 맛과 만 번의 쓴맛이란 뜻으로, 몸과 마음을 여러 가지로
　　　　　　　　　　　　수고롭게 하고 애쓴다는 말. *辛(매울 신)→3급

♣ **不問曲直** (불문곡직) : 옳고 그른 것을 묻지 않고 다짜고짜로.

📚 고사성어

九牛一毛 (구우일모)　　九(아홉 구) 牛(소 우) 一(한 일) 毛(털 모) ⁴급Ⅱ

✚ 소 아홉 마리에서 털 하나를 뽑았다는 뜻으로, 매우 많은 것 가운데 극히 적은 수를 이르는 말.

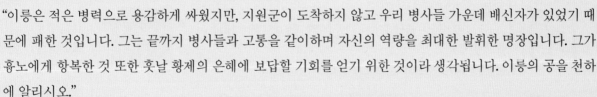

　한무제 때의 명장 가운데 이릉이라는 사람이 있었다. 그는 5천 명의 군사를 이끌고 흉노를 정벌하러 나갔다가 패하고 말았다. 당시 사람들은 이 싸움에서 이릉도 전사한 것으로 알고 있었다. 그런데 그 이듬해 이릉이 흉노에게 항복하여 목숨을 건지고 그 곳에서 호의호식한다는 말이 전해지자 무제는 격분하여 그의 일가족을 모두 죽이라고 명령했다.

　조정의 대신이나 이릉의 옛 친구들은 화가 난 무제가 두려워 아무 말도 못했다. 하지만 당시 사관으로 있던 사마천만은 예외였다.

　"이릉은 적은 병력으로 용감하게 싸웠지만, 지원군이 도착하지 않고 우리 병사들 가운데 배신자가 있었기 때문에 패한 것입니다. 그는 끝까지 병사들과 고통을 같이하며 자신의 역량을 최대한 발휘한 명장입니다. 그가 흉노에게 항복한 것 또한 훗날 황제의 은혜에 보답할 기회를 얻기 위한 것이라 생각됩니다. 이릉의 공을 천하에 알리시오."

　무제는 이릉을 변호하고 나선 사마천 역시 이릉과 똑같은 반역자라며 엄벌에 처했다. 중한 형벌을 받은 사마천은 그 당시의 심정을 '친구 임안(任安)에게 보낸 편지'에서 이렇게 썼다.

　"내가 죽임을 당하더라도 아홉 마리 소 가운데 터럭 하나 없어진 것과 같으니, 땅강아지나 개미와 무엇이 다르랴? 세상 사람들은 가장 수치스러운 일을 당하고도 죽지 못한 나를 졸장부라고 비웃을 것이오."

　사마천은 이렇게 자신의 초라한 처지를 가슴 아파했다.

출전 「漢書(한서)〈보임안서(報任安書)〉」

갑문	금문	소전			

			갑문 → 금문 → 소전		
진흥 7급 검정 7급	**目**	6급 / 目부 / 총5획	눈 목	⟶ 日	目禮(목례) 題目(제목) 品目(품목) 目的(목적) / 중국 目 / 일본 目
		눈동자를 강조한 눈(目)을 본떠 만든 '눈'을 뜻한다.			
진흥 5급 검정 5급	**見**	5급 / 見부 / 총7획	볼 견ː 뵈올 현ː	⟶ 見	見聞(견문) 見本(견본) 見責(견책) 見習(견습) / 중국 见 / 일본 見
		눈(目)으로 자세히 보는 사람(儿)에서 '봄' '감상함'을 뜻한다.			
	現	6급 / 玉부 / 총11획	나타날 현ː	現	現實(현실) 現金(현금) 現代(현대) 表現(표현) / 중국 現 / 일본 現
		옥(玉=王)빛이 아름답게 보임(見)에서 '나타나다'를 뜻한다.			
	規	5급 / 見부 / 총11획	법 규	規 ⟶ 規	規則(규칙) 法規(법규) 例規(예규) 規約(규약) / 중국 規 / 일본 規
		지아비(夫)가 모범을 보이는(見)데서 '법' '그림쇠' '원'을 뜻한다.			
진흥 5급 검정 5급	**親**	6급 / 見부 / 총16획	친할 친	⟶ 親	親舊(친구) 父親(부친) 親善(친선) 親書(친서) / 중국 亲 / 일본 親
		가시(辛=立) 나무(木)가 달라붙듯 서로 보는(見)에서 '친함'을 뜻함.			
진흥 8급 검정 8급	**門**	8급 / 門부 / 총8획	문 문	⟶ 門	門前(문전) 大門(대문) 家門(가문) 水門(수문) / 중국 门 / 일본 門
		한 쌍의 문(門)으로 대부분 '문' '집안'을 뜻한다.			
진흥 준5급 검정 5급	**問**	7급 / 口부 / 총11획	물을 문ː	⟶ 問	質問(질문) 問病(문병) 問答(문답) 問安(문안) / 중국 问 / 일본 問
		문(門) 앞에서 입(口)으로 묻는 데서 '묻다'를 뜻한다.			
진흥 5급 검정 5급	**聞**	6급 / 耳부 / 총14획	들을 문(ː)	⟶ 聞	新聞(신문) 見聞(견문) 風聞(풍문) 初聞(초문) / 중국 闻 / 일본 聞
		문(門) 밖에서 귀로(耳) 들음에서 '듣다'가 뜻이 된다.			
진흥 5급 검정 5급	**開**	6급 / 門부 / 총12획	열 개	⟶ 開	開放(개방) 開校(개교) 開業(개업) 開天(개천) / 중국 开 / 일본 開
		문(門) 빗장(一)을 두 손(廾)으로 여는 데서 '열다'를 뜻한다.			
진흥 준5급 검정 5급	**間**	7급 / 門부 / 총12획	사이 간(ː)	⟶ 間	間食(간식) 時間(시간) 人間(인간) 期間(기간) / 중국 间 / 일본 間
		문(門)틈으로 해(日)나 달(月)빛이 들어오는 '사이'를 뜻한다.			

基	5급 土부 총11획	터 기	갑문 ➡ 금문 ➡ 소전		中国 基 일본 基	基本(기본) 基地(기지) 基金(기금) 基質(기질)
	삼태기(벗)나 키(其)에 흙(土)을 담아 집 지을 '터'를 다짐.					

期	5급 月부 총12획	기약 기			中国 期 일본 期	時期(시기) 學期(학기) 期待(기대) 期間(기간)
	만날 그(其) 기간이나 달(月)을 정해 만남을 '기약함'.					

旗	7급 方부 총14획	기 기 깃발 기			中国 旗 일본 旗	旗手(기수) 國旗(국기) 軍旗(군기) 白旗(백기)
	짐승을 그린 기(㫃)로 일정한 장소(其)에 세워던 군대의 '기'.					

同	7급 口부 총6획	한가지 동			中国 同 일본 同	同字(동자) 同門(동문) 同名(동명) 同感(동감)
	여럿이(凡=月) 우물입구(口)를 덮는 데서 '함께' '한 가지'를 뜻함.					

洞	7급 水부 총9획	골 동ː 밝을 통ː			中国 洞 일본 洞	洞長(동장) 洞里(동리) 洞名(동명) 洞觀(통관)
	물(氵)이 함께(同) 모인 '골짜기'에서 '통하다' '밝다'를 뜻함.					

向	6급 口부 총6획	향할 향			中国 向 일본 向	向上(향상) 動向(동향) 方向(방향) 向學(향학)
	집(宀=亻)벽 창문(口)이 밖을 향하는 데서 '향하다'를 뜻한다.					

賞	5급 貝부 총15획	상줄 상			中国 賞 일본 賞	賞金(상금) 特賞(특상) 賞品(상품) 觀賞(관상)
	높은(尙) 사람이 재물(貝)을 내려주어 '상주다'를 뜻한다.					

堂	6급 土부 총11획	집 당			中国 堂 일본 堂	書堂(서당) 食堂(식당) 草堂(초당) 堂山(당산)
	높게(尙) 흙(土)을 다진 터에 지은 건축물인 '집'을 뜻한다.					

當	5급 田부 총13획	마땅 당			中国 当 일본 当	當然(당연) 當面(당면) 當落(당락) 當選(당선)
	높이(尙) 있는 밭(田)들이 비슷함에서 '맞다' '마땅함'을 뜻한다.					

物	7급 牛부 총8획	물건 물 만물 물			中国 物 일본 物	物件(물건) 萬物(만물) 物品(물품) 物體(물체)
	잡색 소(牛)를 잡아 모든 부정(勿)을 없애 '만물' '물건'을 뜻한다.					

한자어 익히기

- **見聞** (견문) 보고 들음.
- **現金** (현금) 현재 가지고 있는 돈. 통용하는 화폐.
- **法規** (법규) 법률과 규칙.
- **親善** (친선) 친하여 사이가 좋음.
- **開放** (개방) 문 같은 것을 열어 놓음. 숨김없이 터놓음.
- **間食** (간식) 군음식을 먹음, 또는 그 음식.
- **基金** (기금) 어떤 목적을 위하여 모아서 준비해 놓은 자금.
- **同感** (동감) 남과 같게 생각하거나 느낌, 또는 그 생각이나 느낌.
- **洞觀** (통관) 꿰뚫어 봄. 추리나 사고에 의하지 않고 곧바로 진리를 깨닫는 일.
- **向學** (향학) 배움의 뜻을 두고 그 길로 나아감.
- **觀賞** (관상) 취미에 맞는 동식물 따위를 보면서 즐김.
- **當面** (당면) 일이 바로 눈앞에 닥침.
- **萬物** (만물) 온갖 물건. 우주에 존재하는 모든 것.

유의자

規(법 규) = 則(법칙 칙)	基(터 기) = 質(바탕 질)
규칙 : 여럿이 따라 지키기로 약정한 질서나 표준.	기질 : 결합 조직의 기본 물질.
質(바탕 질) = 問(물을 문)	物(물건 물) = 件(물건 건)
질문 : 모르는 것이나 알고 싶은 것을 물음.	물건 : 사고파는 물품.

반대자·상대자

問答(문답)	問(물을 문) ↔ 答(대답 답)	물음과 대답.
當落(당락)	當(마땅 당) ↔ 落(떨어질 락)	당선과 낙선.
物心(물심)	物(물건 물) ↔ 心(마음 심)	물질과 정신.

1 다음 漢字의 訓과 音을 쓰세요.

(1) 現 ☐　　(2) 聞 ☐　　(3) 向 ☐

(4) 見 ☐　　(5) 堂 ☐　　(6) 間 ☐

(7) 基 ☐　　(8) 親 ☐　　(9) 目 ☐

(10) 物 ☐　　(11) 規 ☐　　(12) 賞 ☐

(13) 門 ☐　　(14) 問 ☐　　(15) 期 ☐

(16) 旗 ☐　　(17) 當 ☐　　(18) 開 ☐

(19) 同 ☐　　(20) 洞 ☐

2 다음 漢字語의 讀音을 쓰세요.

(1) 基地 ☐☐　　(2) 問病 ☐☐　　(3) 題目 ☐☐

(4) 時期 ☐☐　　(5) 當然 ☐☐　　(6) 開校 ☐☐

(7) 書堂 ☐☐　　(8) 表現 ☐☐　　(9) 物體 ☐☐

(10) 國旗 ☐☐　　(11) 新聞 ☐☐　　(12) 時間 ☐☐

(13) 洞長 ☐☐　　(14) 門前 ☐☐　　(15) 同感 ☐☐

(16) 親舊 ☐☐　　(17) 見聞 ☐☐　　(18) 現實 ☐☐

(19) 方向 ☐☐　　(20) 特賞 ☐☐　　(21) 當選 ☐☐

(22) 自問自答 ☐☐☐☐　　　　(23) 見物生心 ☐☐☐☐

3 다음 漢字의 筆順을 밝히세요.

난이도 ▰▰□□□
(1) 見 자의 삐침(ノ)은 몇 번째에 쓰는 지 번호로 답하세요. (　　　)

난이도 ▰▰▰□□
(2) 目 자의 쓰는 순서가 올바른 것을 고르세요. (　　　)

㉮ 2-1-4-5-3　　　　　　㉯ 2-3-4-5-1
㉰ 1-2-3-4-5　　　　　　㉱ 1-2-4-5-3

4 다음 訓과 音에 맞는 漢字를 쓰세요.

(1) 상줄 상 □   (2) 친할 친 □   (3) 사이 간 □

(4) 기약 기 □   (5) 열 개 □   (6) 물건 물 □

(7) 법 규 □   (8) 골 동 □   (9) 한가지 동 □

(10) 눈 목 □   (11) 터 기 □   (12) 집 당 □

(13) 들을 문 □   (14) 향할 향 □   (15) 나타날 현 □

(16) 기 기 □   (17) 문 문 □   (18) 마땅 당 □

(19) 물을 문 □   (20) 볼 견 □

5 다음 밑줄 친 漢字語를 큰 소리로 읽고 漢字로 써 보세요. (07과 활용 단어)

(1) 자기 생각을 제대로 <u>표현</u>할 줄 알아야 한다. ·············· (　　　　)

(2) 그 <u>기간</u> 내에 원서를 접수해야 한다. ·············· (　　　　)

(3) 나의 잘못을 지적해 주는 <u>친구</u>가 진실한 친구이다. ·········· (　　　　)

(4) 오늘 <u>신문</u>을 보았니? ·················· (　　　　)

(5) 쓰고 난 <u>물건</u>은 항상 제자리에 놓는 습관을 기르도록 해라. (　　　　)

(6) 새 <u>학년</u>이 되었으니 새 마음으로 열심히 공부 해야겠다. ····· (　　　　)

(7) 오늘 <u>간식</u> 시간에는 무얼 먹을까? ················· (　　　　)

> 物件　表現　期間　學年　親舊　間食　新聞

6 다음 漢字와 뜻이 상대 또는 반대되는 漢字를 쓰세요.

(1) □ ↔ 落   (2) 問 ↔ □

(3) 物 ↔ □

7 다음 漢字語의 뜻을 쓰세요.

(1) 間食 : (　　　　　　　　　　　)

(2) 見聞 : (　　　　　　　　　　　)

(3) 當面 : (　　　　　　　　　　　)

사자성어

❖ 見物生心 (견물생심) : 물건을 보면 그 물건을 가지고 싶은 생각이 듦.

❖ 自問自答 (자문자답) : 스스로 묻고 스스로 대답함.

❖ 聞一知十 (문일지십) : 하나를 들으면 열을 앎.

❖ 與民同樂 (여민동락) : 임금이 백성과 함께 즐김. *與(더불 여)→4급

❖ 論功行賞 (논공행상) : 공이 있고 없음이나 크고 작음을 따져 알맞은 상을 줌. *論(논할 론)→4급Ⅱ

고사성어

捲土重來 (권토중래) 捲(말 권) 土(흙 토) 重(무거울 중) 來(올 래)

+ 흙먼지를 일으키며 다시 돌아온다는 뜻으로, 전쟁에 한 번 패한 사람이 다시 세력을 길러 흙먼지를 일으키면서 재차 공격해 오는 것을 말함.

항우는 해하성 전투에서 유방에게 패하고 오강까지 도망왔다.

이 때 그 곳의 한 관리가 배를 준비해 놓고 항우를 기다리고 있다가 항우에게 말했다.

"강동은 비록 작은 땅이었지만 그래도 수 만 명이 살고 있어서 왕 노릇은 충분히 할 수 있습니다. 자, 빨리 배에 오르십시오. 제가 건너다 드리겠습니다."

"강동은 내가 예전에 군사를 일으킨 고장으로, 그 때는 강동의 젊은이 8천 명과 이 강을 건넜는데, 지금은 한 사람도 같이 돌아갈 수 없게 됐다. 내 무슨 면목으로 강동의 부하들을 볼 수 있겠는가?"

항우는 웃으며 거절했다.

그리고 다시 추격해 온 유방의 군사를 맞아 일대 접전을 벌인 후 스스로 목숨을 끊었다. 항우의 나이 서른한 살이었다. 이로부터 천 년 뒤 당나라의 저명한 시인인 두목이 이 오강을 지나며 다음 시를 지어 항우를 추모했다.

이기고 지는 것은 병가도 기약할 수 없는 것이니

수치를 참을 수 있음이 바로 남아로다

강동 땅 젊은이 중엔 호걸들이 많으니

흙먼지를 일으키며 다시 쳐들어올 지 아직은 모르겠네

출전 「두목(杜牧)의 시 〈제오강정(題烏江亭)〉」

				갑문 → 금문 → 소전			중국/일본

陽

진흥 5급

6급 阜부 총12획	볕 양	太陽(태양) 陽地(양지) 陽性(양성) 漢陽(한양)	중국 阳 / 일본 陽

언덕(阝)에 **햇볕(昜)**이 내리 쪼이는 데서 '**볕**'을 뜻한다.

場

진흥 준5급 / 검정 5급

7급 土부 총12획	마당 장	場所(장소) 市場(시장) 開場(개장) 場面(장면)	중국 场 / 일본 場

땅(土)에 **햇볕(昜)**이 잘 드는 '**마당**'을 뜻한다.

日

진흥 8급 / 검정 8급

8급 日부 총4획	날 일	日記(일기) 日月(일월) 每日(매일) 日本(일본)	중국 日 / 일본 日

밝은 **태양(⊙)**의 모양으로, '**해**' '**날**' '**시간**'과 관계있다.

壇

진흥 5급

5급 土부 총16획	단 단 제터 단	壇上(단상) 敎壇(교단) 花壇(화단) 基壇(기단)	중국 坛 / 일본 壇

흙(土)을 쌓은 **창고(亶)**처럼 '**평평한**' 제단에서 '**단**'을 뜻한다.

草

진흥 준5급 / 검정 5급

7급 艸부 총10획	풀 초	草木(초목) 草原(초원) 草書(초서) 草家(초가)	중국 草 / 일본 草

풀(艹)이 봄에 **일찍(早)** 나옴에서 '**풀**'을 뜻한다.

卓

진흥 5급

5급 十부 총8획	높을 탁 뛰어날 탁	卓見(탁견) 食卓(식탁) 卓上(탁상) 卓球(탁구)	중국 卓 / 일본 卓

새(匕=卜) **그물(网=日)**과 **손잡이(十)**로 '**높이**' 나는 새를 잡음.

唱

진흥 5급

5급 口부 총11획	부를 창:	唱歌(창가) 合唱(합창) 獨唱(독창) 愛唱(애창)	중국 唱 / 일본 唱

입(口)으로 크게(昌) 소리내어 '**노래**' '**부름**'을 뜻한다.

白

진흥 8급 / 검정 7급

8급 白부 총5획	흰 백	白馬(백마) 自白(자백) 白雪(백설) 白米(백미)	중국 白 / 일본 白

흰 '**쌀**'이나 '**엄지손톱**' '**빛**'모양으로, '**희다**' '**깨끗함**'을 뜻한다.

習

진흥 5급

6급 羽부 총11획	익힐 습	自習(자습) 風習(풍습) 實習(실습) 習性(습성)	중국 习 / 일본 習

날개(羽)를 쳐든 솜털이 **하얀(白)** 새가 날개 짓을 '**익힘**'을 뜻한다.

百

진흥 7급 / 검정 6급

7급 白부 총6획	일백 백	百姓(백성) 百萬(백만) 百年(백년) 百果(백과)	중국 百 / 일본 百

한(一) 묶음 단위로 **흰(白)** 쌀을 헤아리던 쌀 '**일백**' 개를 뜻한다.

갑문	금문	소전

宿 — 5급 / 宀부 총11획 / 잘 숙, 별자리 수ː
집(宀)에 사람(亻)이 자리(目=百) 펴고 '자는' 데서 '자다'를 뜻한다.
宿所(숙소), 合宿(합숙), 宿題(숙제), 宿食(숙식)
중국 宿 / 일본 宿

線 — 6급 / 糸부 총15획 / 줄 선
실(糸)이 흐르는 샘물(泉)처럼 길게 이어진 '줄'을 뜻한다.
線路(선로), 光線(광선), 直線(직선), 實線(실선)
중국 线 / 일본 線

原 — 5급 / 厂부 총10획 / 언덕 원
언덕(厂) 아래 샘(泉=泉)이 솟는 물의 '근원'인 '언덕'을 뜻한다.
原因(원인), 高原(고원), 原始(원시), 原理(원리)
중국 原 / 일본 原

願 — 5급 / 頁부 총19획 / 원할 원ː
높은 언덕(原)처럼 생각이 많은 머리(頁)에서 '원함'을 뜻한다.
所願(소원), 念願(염원), 願書(원서), 民願(민원)
중국 愿 / 일본 願

韓 — 8급 / 韋부 총17획 / 한국 한(ː), 나라 한(ː)
뜨는 해에(倝=卓) 감싸인(韋) 동방의 나라인 '한국'을 뜻한다.
韓服(한복), 韓國(한국), 韓食(한식), 韓美(한미)
중국 韩 / 일본 韓

朝 — 6급 / 月부 총12획 / 아침 조
풀 사이 해가 떠오르고(卓) 달(月)이 남은 이른 '아침'을 뜻한다.
朝會(조회), 朝夕(조석), 王朝(왕조), 朝鮮(조선)
중국 朝 / 일본 朝

月 — 8급 / 月부 총4획 / 달 월
둥글지 않은 달(𝔇)의 모습을 나타낸 글자로 '달'을 뜻한다.
日月(일월), 月末(월말), 月光(월광), 月給(월급)
중국 月 / 일본 月

明 — 6급 / 日부 총8획 / 밝을 명
해(日)와 달(月), 또는 창문(尙=𠀐)옆의 달(月)로 '밝음'을 뜻한다.
明白(명백), 分明(분명), 發明(발명), 明年(명년)
중국 明 / 일본 明

比 — 5급 / 比부 총4획 / 견줄 비ː
두 사람(从)이 나란히 있는 모양에서 '견주다'를 뜻한다.
比重(비중), 比等(비등), 對比(대비), 比例(비례)
중국 比 / 일본 比

化 — 5급 / 匕부 총4획 / 될 화(ː)
선 사람(亻)이 거꾸로 선 사람(匕)으로 '변화'함을 뜻한다.
化合(화합), 化石(화석), 開化(개화), 變化(변화)
중국 化 / 일본 化

좌측 급수 표기: 진흥 5급 검정 5급 / 진흥 5급 검정 5급 / 흥 준5급 정 5급 / 진흥 5급 검정 5급 / 진흥 8급 검정 8급 / 진흥 5급 검정 5급

한자어 익히기

- 陽地 (양지) 볕이 바로 드는 땅.
- 陽性 (양성) 본질이나 현상이 양에 속하는 성질. 밝고 적극적인 성질.
- 開場 (개장) 어떤 장소를 공개함.
- 基壇 (기단) 건축물이나 비석 따위의 기초가 되는 단.
- 卓見 (탁견) 뛰어난 의견이나 견해.
- 唱歌 (창가) 곡조에 맞추어 노래를 부름.
- 實習 (실습) 실제로 해보고 익힘.
- 合宿 (합숙) 여럿이 한 곳에서 먹고 자며 지냄.
- 線路 (선로) 열차나 전차의 바퀴가 굴러가는 레일, 궤도.
- 高原 (고원) 높은 산지에 펼쳐진 넓은 벌판.
- 原始 (원시) 처음, 시초. 자연 그대로 아직 진보나 변화가 없는 것.
- 民願 (민원) 주민이 행정 기관에 대하여 어떤 행정 처리를 요구하는 일.
- 明年 (명년) 내년.
- 開化 (개화) 사람의 지혜가 열리고 사상과 풍속이 진보함.

유의자

明 (밝을 명) = 白 (흰 백)	唱 (부를 창) = 歌 (노래 가)
명백 : 분명하고 뚜렷함.	창가 : 개화기에 잠시 유행했던 문학 장르의 한 가지.

반대자 · 상대자

日月 (일월)	日 (날/해 일) ↔ 月 (달 월)	해와 달.
朝夕 (조석)	朝 (아침 조) ↔ 夕 (저녁 석)	아침과 저녁.

1 다음 漢字의 訓과 音을 쓰세요.

(1) 宿 [ ]　(2) 草 [ ]　(3) 百 [ ]

(4) 場 [ ]　(5) 線 [ ]　(6) 唱 [ ]

(7) 願 [ ]　(8) 陽 [ ]　(9) 比 [ ]

(10) 卓 [ ]　(11) 原 [ ]　(12) 日 [ ]

(13) 白 [ ]　(14) 韓 [ ]　(15) 壇 [ ]

(16) 月 [ ]　(17) 化 [ ]　(18) 習 [ ]

(19) 朝 [ ]　(20) 明 [ ]

2 다음 漢字語의 讀音을 쓰세요.

(1) 自白 [ ]　(2) 對比 [ ]　(3) 陽地 [ ]

(4) 敎壇 [ ]　(5) 化合 [ ]　(6) 場所 [ ]

(7) 民願 [ ]　(8) 獨唱 [ ]　(9) 百姓 [ ]

(10) 食卓 [ ]　(11) 月給 [ ]　(12) 習性 [ ]

(13) 朝夕 [ ]　(14) 每日 [ ]　(15) 韓服 [ ]

(16) 草家 [ ]　(17) 宿所 [ ]　(18) 高原 [ ]

(19) 分明 [ ]　(20) 比例 [ ]　(21) 白米 [ ]

(22) 百發百中 [ ]　(23) 白衣民族 [ ]

3 다음 漢字의 筆順을 밝히세요.

(1) 化 자를 필순대로 구별하여 쓰세요. (　　　　　　　　　　　)

(2) 日 자의 중간의 ─ 획은 몇 번째로 쓰는 지 번호로 답하세요. (　　　　　　)

4 다음 訓과 音에 맞는 漢字를 쓰세요.

(1) 될 화 ☐   (2) 단 단 ☐   (3) 흰 백 ☐

(4) 밝을 명 ☐   (5) 높을 탁 ☐   (6) 잘 숙 ☐

(7) 일백 백 ☐   (8) 견줄 비 ☐   (9) 익힐 습 ☐

(10) 줄 선 ☐   (11) 풀 초 ☐   (12) 아침 조 ☐

(13) 부를 창 ☐   (14) 달 월 ☐   (15) 날 일 ☐

(16) 원할 원 ☐   (17) 볕 양 ☐   (18) 한국 한 ☐

(19) 언덕 원 ☐   (20) 마당 장 ☐

5 다음 밑줄 친 漢字語를 큰 소리로 읽고 漢字로 써 보세요. (08과 활용 단어)

(1) 다음 번 모임의 <u>장소</u>를 정하자. ·············· ( )

(2) <u>조회</u> 시간에는 모든 학생들이 참석해야 한다. ·············· ( )

(3) 이곳은 공룡 <u>화석</u>이 제일 많이 발견된 곳이다. ·············· ( )

(4) 나의 꿈은 <u>발명</u>가입니다. ·············· ( )

(5) <u>일기</u>는 매일매일 써야 한다. ·············· ( )

(6) 각 나라의 <u>풍습</u>은 존중되어야 한다. ·············· ( )

> 發明　場所　風習　日記　朝會　化石

6 다음 漢字와 뜻이 같거나 비슷한 漢字를 쓰세요.

(1) 明 = ☐   (2) ☐ = 歌

7 다음 漢字와 뜻이 상대 또는 반대되는 漢字를 쓰세요.

(1) 朝 ↔ ☐   (2) ☐ ↔ 月

8 다음 四字成語의 ☐ 안에 알맞은 漢字를 쓰세요.

(1) ☐衣民族   (2) 百發☐中   (3) 見物☐心

(4) 自☐自答   (5) ☐一知十

사자성어

❖ **日就月將** (일취월장) : 날로 달로 나아가거나 발전함을 의미함.
*就(나아갈 취)→4급, 將(장수 장)→4급Ⅱ

❖ **白面書生** (백면서생) : 글만 읽고 세상물정을 하나도 모르는 사람.

❖ **白衣民族** (백의민족) : 흰옷을 입은 민족이라는 뜻으로, '한민족'을 이르는 말.

❖ **百發百中** (백발백중) : 백 번 쏘아 백 번 맞힌다는 뜻으로, 총이나 활 따위를 쏠 때마다 겨눈 곳에 다 맞음을 이르는 말.

❖ **燈下不明** (등하불명) : 등잔 밑이 어둡다는 뜻으로, 가까이에 있는 것을 오히려 잘 모른다는 말.
*燈(등불 등)→4급Ⅱ

고사성어

内憂外患(내우외환)   内(안 내) 憂(근심 우)〔3급Ⅱ〕 外(바깥 외) 患(근심 환)

✚ 안의 근심과 밖의 재난이란 뜻으로, 근심과 걱정 속에 사는 것을 말함.

춘추시대 중엽, 세력이 강대한 초나라와 진나라가 대립하고 있었다.

진나라 여공이 B.C. 579년에 송나라와 동맹을 맺음으로써 일단 평화가 유지되었지만, 오래 가지 못하고 B.C. 576년에 초나라 공왕이 정나라와 위나라를 침략함으로써 평화가 깨졌다.

다음 해에 초나라와 진나라의 군대가 언릉에서 마주쳤다. 당시에 진나라 내부에서는 극씨(克氏)와 낙씨(樂氏)와 범씨(范氏) 등의 대부들이 정치를 좌지우지하고 있었다. 이보다 앞서 낙씨는 진나라에 항거한 성나라를 치기 위하여 동원령을 내리고 스스로 장군이 되었으며, 범문자는 그 부장군이 되었지만 진나라와 초나라 두 군대가 충돌하자 낙씨는 초나라와 싸울 것을 주장했다.

이에 범문자가 다음과 같이 반대하며 나섰다.

"성인이라면 내부의 근심도, 밖으로부터의 재난에도 흔들리지 않고 견디지만 우리들에게는 밖으로부터의 재난이 없으면, 반드시 내부에서 근심이 생긴다. 초나라와 정나라 등 밖에서 오는 재난은 일단 내버려 두어야 한다."

출전 「국어(國語) 〈진어(晉語)〉」

					갑문 — 금문 — 소전				중국
진흥 5급 / 검정 5급	花	7급 / 艹부 / 총8획	꽃	화	꽃 화 → 꽃		花園(화원) 花壇(화단) 花草(화초) 開花(개화)		花 / 일본 花
		풀(艹)이 자라 변하여(化) '꽃'이 됨. 본래 華(꽃 화)의 초서 모양.							
진흥 6급 / 검정 8급	北	8급 / 匕부 / 총5획	북녘 달아날	북 배	北 → 北北 → 北		北京(북경) 北韓(북한) 北部(북부) 敗北(패배)		北 / 일본 北
		두 사람(北)이 등진 데서, 해를 등진 '북쪽' '달아남'을 뜻한다.							
	節	5급 / 竹부 / 총15획	마디	절	節節 → 節		節約(절약) 節電(절전) 節氣(절기) 禮節(예절)		节 / 일본 節
		대(竹)가 자라 나아가며(卽) 생기는 '마디'를 뜻한다.							
진흥 준5급 / 검정 5급	代	6급 / 弋부 / 총6획	대신할	대:	代 → 代 → 代		代身(대신) 代表(대표) 時代(시대) 交代(교대)		代 / 일본 代
		사람(亻) 일을 주살(弋)이 '대신'함을 뜻한다.							
진흥 5급	式	6급 / 弋부 / 총6획	법	식	式 → 式		方式(방식) 形式(형식) 式順(식순) 式場(식장)		式 / 일본 式
		주살(弋)을 만드는 장인(工)의 '방법'에서 '법'을 뜻한다.							
진흥 준5급 / 검정 5급	國	8급 / 口부 / 총11획	나라	국	國 → 國國 → 國		國家(국가) 國民(국민) 國語(국어) 國會(국회)		国 / 일본 国
		에워(口)싸 창(戈)으로 경계(口)의 땅(一)을 지키는 구역인 '나라'.							
진흥 5급	感	6급 / 心부 / 총13획	느낄	감:	感 → 感		感動(감동) 感情(감정) 感氣(감기) 感電(감전)		感 / 일본 感
		다(咸) 느껴지는 마음(心)의 감동을 뜻하여 '느낌'을 뜻한다.							
진흥 5급 / 검정 5급	成	6급 / 戈부 / 총7획	이룰	성	成 → 成成 → 成		成人(성인) 成長(성장) 大成(대성) 成功(성공)		成 / 일본 成
		무기(戊)를 들고 못(丁)을 박듯, 뜻을 '이룸'을 뜻한다.							
	歲	5급 / 止부 / 총13획	해	세:	歲 → 歲歲 → 歲		歲月(세월) 歲費(세비) 年歲(연세) 萬歲(만세)		岁 / 일본 歳
		창(戌)으로 추수해 한 해가 지나감(步)에서 '해' '나이'를 뜻한다.							
	鐵	5급 / 金부 / 총21획	쇠	철	鐵 → 鐵		鐵工(철공) 鐵道(철도) 鐵人(철인) 鐵則(철칙)		铁 / 일본 鉄
		금속(金) 중에 땅을 가르면(戈) 쉽게 드러나는(呈) '쇠'를 뜻한다.							

		갑문	금문	소전			중국

진흥 5급 검정 5급	神	6급 示부 총10획	귀신 신	갑문 → 금문 → 소전		神仙(신선) 神父(신부) 神童(신동) 神話(신화)	중국 神 일본 神
		신(示)이 **펼쳐(申)** 내리는 번개로, 하늘의 신인 '**귀신**'을 뜻한다.					
	由	6급 田부 총5획	말미암을 유			理由(이유) 由來(유래) 自由(자유) 事由(사유)	중국 由 일본 由
		여러 용도로 쓰이는 대 **삼태기(由)**에서 '**말미암다**'를 뜻한다.					
진흥 5급	油	6급 水부 총8획	기름 유			石油(석유) 油田(유전) 原油(원유) 輕油(경유)	중국 油 일본 油
		물(氵) 같은 액체를 짜내는 **대그릇(由)**에서 '**기름**'을 뜻한다.					
진흥 7급 검정 8급	男	7급 田부 총7획	사내 남			男便(남편) 男兒(남아) 男女(남녀) 善男(선남)	중국 男 일본 男
		밭(田)에 나가 쟁기(力)로 **힘(力)**써 밭을 가는 '**남자**'를 뜻한다.					
진흥 5급	界	6급 田부 총9획	지경 계:			世界(세계) 外界(외계) 學界(학계) 法界(법계)	중국 界 일본 界
		논밭(田) 사이에 **끼어(介)** 있는 경계선인 '**지경**'을 뜻한다.					
흥 준5급 정 5급	里	7급 里부 총7획	마을 리:			里長(이장) 洞里(동리) 千里(천리) 里門(이문)	중국 里 일본 里
		밭(田)과 땅(土)이 있어 사람이 살기 좋은 '**마을**'을 뜻한다.					
진흥 5급 검정 5급	理	6급 玉부 총11획	다스릴 리:			理由(이유) 理致(이치) 理性(이성) 道理(도리)	중국 理 일본 理
		옥(玉=王)을 잘 정리한 **마을(里)**처럼 다듬어 '**다스림**'을 뜻한다.					
	量	5급 里부 총12획	헤아릴 량 수량 량			重量(중량) 質量(질량) 計量(계량) 分量(분량)	중국 量 일본 量
		입(口=日)벌린 **자루(東)** 모양. 말(日)로 한(一) 마을(里)을 '**헤아림**'.					
진흥 5급	童	6급 立부 총12획	아이 동:			兒童(아동) 童心(동심) 學童(학동) 童話(동화)	중국 童 일본 童
		서서(立) 뛰노는 **마을(里)** 입구의 '**아이**'. 고문은 눈을 찔린 노예.					
진흥 5급 검정 5급	重	7급 里부 총9획	무거울 중: 거듭 중:			重要(중요) 輕重(경중) 體重(체중) 所重(소중)	중국 重 일본 重
		사람(亻)이 중요한 **짐(東)**을 지고 있는(𡥉) 데서 '**무거움**' '**중요함**'.					

한자어 익히기

- **花園** (화원) 꽃을 심은 동산.
- **敗北** (패배) 싸움에서 지는 것.
- **形式** (형식) 겉모습. 격식.
- **歲費** (세비) 국가 기관이 한 해 동안 쓰는 비용.
- **鐵則** (철칙) 변경하거나 어길 수 없는 굳은 규칙.
- **神童** (신동) 재주와 슬기가 남달리 뛰어난 아이.
- **事由** (사유) 일의 까닭.
- **原油** (원유) 땅 속에서 나는 그대로의 정제되지 않은 석유.
- **外界** (외계) 바깥 세계.
- **洞里** (동리) 마을.
- **道理** (도리) 사람이 마땅히 지켜야 할 바른 길.
- **計量** (계량) 분량이나 무게 따위를 잼.
- **學童** (학동) 글방에서 글을 배우는 아이.
- **體重** (체중) 몸무게.

유의자

節 (마디 절) = 約 (묶을 약)	成 (이룰 성) = 長 (긴/어른 장)
절약 : 아끼어 씀.	성장 : 생물이 자라남.
重 (무거울 중) = 要 (요긴할 요)	
중요 : 소중하고 요긴한 것.	

반대자 · 상대자

男女 (남녀)	男 (사내 남) ↔ 女 (계집 녀)	남자와 여자.
成敗 (성패)	成 (이룰 성) ↔ 敗 (패할 패)	일의 성공과 실패.

1 다음 漢字의 訓과 音을 쓰세요.

(1) 里 [　　　　]　　(2) 國 [　　　　]　　(3) 花 [　　　　]

(4) 童 [　　　　]　　(5) 式 [　　　　]　　(6) 油 [　　　　]

(7) 北 [　　　　]　　(8) 重 [　　　　]　　(9) 男 [　　　　]

(10) 理 [　　　　]　　(11) 感 [　　　　]　　(12) 成 [　　　　]

(13) 神 [　　　　]　　(14) 鐵 [　　　　]　　(15) 界 [　　　　]

(16) 節 [　　　　]　　(17) 由 [　　　　]　　(18) 歲 [　　　　]

(19) 量 [　　　　]　　(20) 代 [　　　　]

2 다음 漢字語의 讀音을 쓰세요.

(1) 國民 [　　]　　(2) 重量 [　　]　　(3) 男便 [　　]

(4) 神父 [　　]　　(5) 開花 [　　]　　(6) 輕重 [　　]

(7) 感情 [　　]　　(8) 由來 [　　]　　(9) 油田 [　　]

(10) 禮節 [　　]　　(11) 兒童 [　　]　　(12) 歲月 [　　]

(13) 千里 [　　]　　(14) 式順 [　　]　　(15) 道理 [　　]

(16) 鐵道 [　　]　　(17) 成長 [　　]　　(18) 代表 [　　]

(19) 北部 [　　]　　(20) 花草 [　　]　　(21) 世界 [　　]

(22) 自手成家 [　　　　]　　　(23) 門前成市 [　　　　]

3 다음 漢字의 筆順을 밝히세요.

(1) 式 자의 점(ﾞ)은 몇 번째에 쓰는 지 번호로 답하세요.　　(　　　　)

(2) 里 자의 중간의 丨 획은 몇 번째에 쓰는 지 번호로 답하세요. (　　　　)

4 다음 訓과 音에 맞는 漢字를 쓰세요.

(1) 다스릴 리 ☐　　(2) 귀신 신 ☐　　(3) 대신할 대 ☐

(4) 쇠 철 ☐　　(5) 말미암을 유 ☐　　(6) 마디 절 ☐

(7) 지경 계 ☐　　(8) 해 세 ☐　　(9) 헤아릴 량 ☐

(10) 사내 남 ☐　　(11) 법 식 ☐　　(12) 무거울 중 ☐

(13) 꽃 화 ☐　　(14) 이룰 성 ☐　　(15) 아이 동 ☐

(16) 나라 국 ☐　　(17) 기름 유 ☐　　(18) 마을 리 ☐

(19) 느낄 감 ☐　　(20) 북녘 북 ☐

5 다음 밑줄 친 漢字語를 큰 소리로 읽고 漢字로 써 보세요. (09과 활용 단어)

(1) 이 모임의 대표를 뽑자. ·· (　　　　)

(2) 이번주 북부 산간 지방에는 눈이 올 것이라고 한다. ········ (　　　　)

(3) 그 아이는 신동인 것 같다. ······································ (　　　　)

(4) 그것은 나에게 무엇보다 소중한 기억이다. ················· (　　　　)

(5) 때론 형식이 중요할 때도 있다. ······························· (　　　　)

(6) 지금은 어느 때 보다도 절약하는 태도가 중요하다. ········ (　　　　)

形式　代表　節約　北部　所重　神童

6 다음 漢字와 뜻이 같거나 비슷한 漢字를 쓰세요.

(1) 節 = ☐　　　　(2) ☐ = 要

7 다음 漢字와 뜻이 상대 또는 반대되는 漢字를 쓰세요.

(1) ☐ ↔ 女　　　　(2) 成 ↔ ☐

8 다음 漢字語의 뜻을 쓰세요.

(1) 洞里 : (　　　　　　　　　　　)

(2) 花草 : (　　　　　　　　　　　)

사자성어

♣ 子孫萬代 (자손만대) : 오래도록 내려오는 여러 대.

♣ 亡國之音 (망국지음) : 음란하고 사치한 음악, 또는 망한 나라의 음악. ＊之(갈 지)→3급Ⅱ

♣ 傾國之色 (경국지색) : 나라를 위태롭게 할 만한 여인의 미모를 뜻함. ＊傾(기울 경)→4급

♣ 門前成市 (문전성시) : 찾아오는 사람이 많음.

♣ 自手成家 (자수성가) : 물려받은 재산이 없이 자기 혼자의 힘으로 집안을 일으키고 재산을 모음.

고사성어

> 老馬之智 (노마지지)　　老(늙을 로) 馬(말 마) 之(갈 지)³급Ⅱ 智(지혜 지)⁴급

✚ 늙은 말의 지혜라는 뜻으로, 흔히 경험을 쌓은 사람이 갖춘 지혜를 일컬음.

　제나라 환공의 재상으로 있던 관중이 대부 습붕이라는 사람과 함께 고죽 이라는 나라를 정벌한 뒤, 귀국하다가 산중에서 길을 잃었다. 모두 추위에 떨며 어찌할 바를 모르고 있을 때, 관중이 말했다.

　"늙은 말은 본능적으로 길을 찾으니, 이런 때 '늙은 말의 지혜'를 쓸 만합 니다."

그리하여 늙은 말을 풀어 그 뒤를 따라가서 길을 찾을 수 있었다.

또 한번은, 산 속을 가다 보니 마실 물이 없었다. 이 때 습붕이 말했다.

"개미는 겨울에는 산의 남쪽에 살고, 여름에는 산의 북쪽에 산다고 합니다. 개미집이 땅보다 한 치 높은 곳에 있는데, 그로부터 7촌을 파면 물이 있습니다."

습붕의 말대로 개미집을 찾아서 땅을 파니 물이 솟아 나왔다.

〈한비자〉에는 이 이야기 뒤에 이렇게 씌어 있다.

"관중의 총명함과 습붕의 지혜로움으로도 알지 못하는 바에 이르러서는 늙은 말과 개미를 섬기기 어려워하지 않았는데, 지금 사람들은 자신의 어리석음을 알고서도 성인의 지혜를 본받을 줄 모르니, 역시 잘못된 것이 아 닌가?"

출전「한비자(韓非子)〈설림편(說林篇)〉」

動種黑會無臣工功空江

			갑문 → 금문 → 소전			중국/일본
動	7급 / 力부 / 총11획	움직일 동:	🔶 → 動(소전)		動力(동력) 動物(동물) 出動(출동) 不動産(부동산)	중국 动 / 일본 動
	무거운(重) 짐을 지고 힘(力)써 옮기는 데서 '움직임'을 뜻한다.					
種	5급 / 禾부 / 총14획	씨 종:	種(소전)		人種(인종) 種子(종자) 種別(종별) 種類(종류)	중국 种 / 일본 種
	벼(禾) 중에 무겁게(重) 잘 여문 것을 '씨' '종자'로 씀을 뜻한다.					
黑	5급 / 黑부 / 총12획	검을 흑	🔶 🔶 → 黑(소전)		黑白(흑백) 黑心(흑심) 黑字(흑자) 黑人(흑인)	중국 黑 / 일본 黑
	사람(🔶)이 불(灬)에 그을리거나 문신한 사람에서 '검다'를 뜻한다.					
會	진흥 5급 검정 5급 / 6급 / 日부 / 총13획	모일 회:	🔶 🔶 → 🔶 🔶 → 會(소전)		會見(회견) 會社(회사) 開會(개회) 會費(회비)	중국 会 / 일본 会
	뚜껑(亼) 아래 쌓인 제물(囧)과 제기(日)에서 '모이다'를 뜻한다.					
無	진흥 5급 검정 5급 / 5급 / 火부 / 총12획	없을 무	🔶 🔶 → 🔶 🔶 → 無(소전)		無力(무력) 無線(무선) 無識(무식) 無能(무능)	중국 无 / 일본 無
	꼬리를 들고 춤추는(🔶) 모양, 몸이 없어 '없다'로 쓰였다.					
臣	5급 / 臣부 / 총6획	신하 신	🔶 🔶 → 🔶 🔶 → 臣(소전)		臣下(신하) 功臣(공신) 大臣(대신) 使臣(사신)	중국 臣 / 일본 臣
	눈(🔶)을 치켜뜬 노예나 죄인으로, 신분이 낮은 '신하'를 뜻함.					
工	진흥 7급 검정 준5급 / 7급 / 工부 / 총3획	장인 공	🔶工 → 工工 → 工(소전)		工事(공사) 工場(공장) 手工(수공) 完工(완공)	중국 工 / 일본 工
	장인이 사용하는 도구(工)로, '장인' '만듦'을 뜻한다.					
功	진흥 5급 검정 5급 / 6급 / 力부 / 총5획	공 공	工🔶 → 功(소전)		功過(공과) 功勞(공로) 成功(성공) 功名(공명)	중국 功 / 일본 功
	장인(工)이 힘(力)을 다해 일을 이루는 데서 '공' '명예'를 뜻한다.					
空	진흥 준5급 검정 5급 / 7급 / 穴부 / 총8획	빌 공	🔶 🔶 → 空(소전)		空間(공간) 空軍(공군) 空氣(공기) 空席(공석)	중국 空 / 일본 空
	굴(穴)을 파서 만든(工) 집 형태에서 '비다' '공간' '하늘'을 뜻한다.					
江	진흥 7급 검정 7급 / 7급 / 水부 / 총6획	강 강	🔶工 → 江(소전)		江南(강남) 江村(강촌) 江山(강산) 漢江(한강)	중국 江 / 일본 江
	물(氵)이 흘러 만든(工) '강'으로, 중국 '장강(長江)'을 뜻한다.					

	갑문	금문	소전			

亡 망할 망 — 5급 亠부 총3획
칼(匕)끝이 잘림(丿), 사람(ㄥ) 손을 자름(ㄴ)에서 '없음' '망함'.
亡身(망신) 亡命(망명) 死亡(사망) 敗亡(패망) · 중국 亡 · 일본 亡

望 바랄 망: — 5급 月부 총11획
이룰 수 없는(亡) 것을 달(月)을 향해 우뚝서(壬) '바람'을 뜻한다.
可望(가망) 望月(망월) 所望(소망) 望夫石(망부석) · 중국 望 · 일본 望

共 한가지 공: — 6급 八부 총6획
물건(卄=廿)을 두 손(卅)으로 받듦에서 '함께' '같이'를 뜻한다.
共同(공동) 共生(공생) 共用(공용) 共通(공통) · 중국 共 · 일본 共

選 가릴 선: — 5급 辵부 총16획
두 사람(吅)을 함께(共) 선택(巽) 하려 여러 곳을 다녀(辶) '가림'.
選擧(선거) 選別(선별) 選手(선수) 當選(당선) · 중국 选 · 일본 選

中 가운데 중 — 8급 丨부 총4획
거주지(口) 중앙에 세운 깃대(丨)에서 '가운데'를 뜻한다.
中間(중간) 中心(중심) 中立(중립) 中部(중부) · 중국 中 · 일본 中

患 근심 환: — 5급 心부 총11획
물건(呂)을 뚫어(丨) 꿰듯(串), 마음(心) 속에 꿰인 '근심'이나 '고통'.
患者(환자) 病患(병환) 後患(후환) 宿患(숙환) · 중국 患 · 일본 患

英 꽃부리 영 — 6급 艹부 총9획
초목(艹)의 줄기 끝 가운데(央) 부분인 '꽃부리'를 뜻한다.
英語(영어) 英才(영재) 英雄(영웅) 英國(영국) · 중국 英 · 일본 英

決 결단할 결 — 5급 水부 총7획
막힌 물(氵)을 터서(夬) 흐르게 하려고 '결단함'을 뜻한다.
決定(결정) 決心(결심) 決意(결의) 決死(결사) · 중국 决 · 일본 決

史 사기 사: — 5급 口부 총5획
천측도구나 기(中)를 손(又)에 든(屮=史) 사관에서 '사기'를 뜻함.
史記(사기) 史書(사서) 國史(국사) 歷史(역사) · 중국 史 · 일본 史

使 하여금 사: 부릴 사: — 6급 人부 총8획
사람(亻)들에게 시키는 관리(吏)에서 '하여금' '시킴'을 뜻한다.
使用(사용) 特使(특사) 勞使(노사) 天使(천사) · 중국 使 · 일본 使

한자어 익히기

- **種別** (종별)　종류를 따라 나눔, 또는 그 구별.
- **黑心** (흑심)　음흉하고 부정한, 욕심이 많은 마음. 검은 마음.
- **會見** (회견)　서로 만나 봄.
- **使臣** (사신)　지난날, 나라의 명을 받아 외국에 파견된 신하.
- **完工** (완공)　공사를 완성함.
- **空間** (공간)　아무것도 없이 비어 있는 칸. 모든 방향으로 퍼져 있는 빈 곳.
- **亡身** (망신)　자기의 지위, 명예, 체면 따위를 망침.
- **共通** (공통)　여럿 사이에 두루 통용되거나 관계 .
- **選別** (선별)　가려서 따로 나눔.
- **宿患** (숙환)　오래된 병환.
- **英雄** (영웅)　지력과 재능, 담력 등에 뛰어나서 대업을 성취하는 사람.
- **決意** (결의)　뜻을 정하여 굳게 가짐, 또는 그 뜻.
- **勞使** (노사)　노동자와 사용자.

유의자

江 (강 강) = 河 (물/강 하)		決 (결단할 결) = 定 (정할 정)
강하 : 강과 큰 내.		결정 : 결단을 내려 확정함.
選 (가릴 선) = 別 (다를 별)		英 (꽃부리/빼어날 영) = 特 (특별할 특)
선별 : 가려서 골라내거나 추려냄.		영특 : 뛰어나게 영명함.

반대자 · 상대자

黑白 (흑백)	黑 (검을 흑) ↔ 白 (흰 백)	검은빛과 흰빛.
功過 (공과)	功 (공 공) ↔ 過 (지날/허물 과)	공로와 과실.
江山 (강산)	江 (강 강) ↔ 山 (메 산)	강과 산.

1 다음 漢字의 訓과 音을 쓰세요.

(1) 亡 [　　　]　　(2) 臣 [　　　]　　(3) 江 [　　　]

(4) 中 [　　　]　　(5) 患 [　　　]　　(6) 空 [　　　]

(7) 望 [　　　]　　(8) 種 [　　　]　　(9) 選 [　　　]

(10) 會 [　　　]　　(11) 決 [　　　]　　(12) 共 [　　　]

(13) 黑 [　　　]　　(14) 史 [　　　]　　(15) 使 [　　　]

(16) 無 [　　　]　　(17) 工 [　　　]　　(18) 英 [　　　]

(19) 動 [　　　]　　(20) 功 [　　　]

2 다음 漢字語의 讀音을 쓰세요.

(1) 決定 [　　]　　(2) 種類 [　　]　　(3) 中間 [　　]

(4) 江村 [　　]　　(5) 動力 [　　]　　(6) 選擧 [　　]

(7) 無識 [　　]　　(8) 史書 [　　]　　(9) 空軍 [　　]

(10) 敗亡 [　　]　　(11) 會費 [　　]　　(12) 患者 [　　]

(13) 工事 [　　]　　(14) 功過 [　　]　　(15) 英才 [　　]

(16) 大臣 [　　]　　(17) 開會 [　　]　　(18) 黑心 [　　]

(19) 可望 [　　]　　(20) 特使 [　　]　　(21) 共用 [　　]

(22) 空山明月 [　　　　]　　　(23) 言中有骨 [　　　　]

3 다음 漢字의 筆順을 밝히세요.

(1) 空 자의 삐침(丿)은 몇 번째에 쓰는 지 번호로 답하세요.　（　　　）

(2) 史 자에서 5번 획은 몇 번째로 쓰는 지 답하세요.　（　　　）

4 다음 訓과 音에 맞는 漢字를 쓰세요.

(1) 바랄 망 ☐　(2) 신하 신 ☐　(3) 사기 사 ☐

(4) 모일 회 ☐　(5) 근심 환 ☐　(6) 하여금 사 ☐

(7) 움직일 동 ☐　(8) 가운데 중 ☐　(9) 가릴 선 ☐

(10) 씨 종 ☐　(11) 망할 망 ☐　(12) 검을 흑 ☐

(13) 결단할 결 ☐　(14) 없을 무 ☐　(15) 장인 공 ☐

(16) 꽃부리 영 ☐　(17) 공 공 ☐　(18) 강 강 ☐

(19) 빌 공 ☐　(20) 한가지 공 ☐

5 다음 밑줄 친 漢字語를 큰 소리로 읽고 漢字로 써 보세요. (10과 활용 단어)

(1) 아버님이 <u>숙환</u>으로 고생 중이시다. ……………… (　　)

(2) 우리 반이 <u>공동</u>으로 작품을 만들었다. ……………… (　　)

(3) <u>영재</u> 교육에 대한 적절한 개선책이 필요한 때이다. …… (　　)

(4) 이번 수해로 많은 <u>공장</u>들이 피해를 입었다. ………… (　　)

共同　工場　宿患　英才

6 다음 漢字와 뜻이 같거나 비슷한 漢字를 쓰세요.

(1) 英 = ☐　(2) ☐ = 河

(3) ☐ = 定　(4) 選 = ☐

7 다음 漢字語의 뜻을 쓰세요.

(1) 決意 : (　　　　)
(2) 勞使 : (　　　　)
(3) 種別 : (　　　　)

8 다음 四字成語의 안에 알맞은 漢字를 쓰세요.

(1) ☐山明月　(2) 言☐有骨

(3) 子孫萬☐　(4) 自手☐家

사자성어

❤️ **近墨者黑** (근묵자흑) : 먹을 가까이 하는 사람은 검어진다는 뜻으로, 나쁜 사람을 가까이 하면 물들기 쉽다는 말. *墨(먹 묵)→3급Ⅱ

❤️ **空山明月** (공산명월) : 텅빈 산 위에 떠 있는 밝은 달이란 뜻으로, 보름달이 비추는 한밤 신 속의 경치를 나타낸 말.

❤️ **讀書亡羊** (독서망양) : 글을 읽는 데 정신이 팔려서 양을 잃어버렸다는 뜻으로, 하는 일에는 뜻이 없고 다른 생각만 하다가 낭패를 본다는 말. *羊(양 양)→4급Ⅱ

❤️ **言中有骨** (언중유골) : 순한 듯한 말 속에 어떤 풍자나 암시가 들어 있다는 말.

고사성어

多多益善(다다익선)　多(많을 다) 多(많을 다) 益(더할 익)⁴급Ⅱ 善(착할 선)

➕ 많으면 많을수록 좋다는 뜻.

한나라 고조 유방은 명장으로서 천하를 통일했으나 항우와 싸웠던 장군들이 언젠가는 한나라에 위험한 인물이 되지 않을까 걱정하고 있었다. 특히 천하 통일의 일등 공신이었던 초왕(楚王) 한신을 위험한 존재로 여겼다. 그래서 계략을 써, 그를 붙잡아 왕위를 박탈하고 회음후(淮陰侯)로 좌천시켰다.

그리고 어느 날, 고조는 여러 장군들의 능력에 대해 한신과 이야기를 나누면서 이렇게 물었다.

"나는 도대체 어느 정도의 군사를 거느릴 수 있겠는가?"

"폐하는 10만 정도에 불과할 것입니다."

"그럼, 그대는 어느 정도인가?"

"저는 다다익선(多多益善)이옵니다."

고조가 웃으면서 말했다.

"많으면 많을수록 좋다는 자가 어찌하여 10만 군사를 거느리고 있는 내게 포로가 되었는가?"

"폐하는 병사들의 장수가 아니오라 장군들의 장수이옵니다. 이것이 제가 폐하의 포로가 된 이유입니다."

출전「사기(史記)〈회음후열전(淮陰侯列傳)〉」

		갑문	금문	소전			
진흥 5급 검정 5급	便	7급 人부 총9획	편할 편(ː) 똥오줌변ː			便利(편리) 便紙(편지) 便安(편안) 便所(변소)	중국 便 일본 便
		\[사람(亻)이 불편함을 고쳐(更) '편하게'함, '똥오줌'을 뜻한다.\]					
진흥 5급 검정 5급	近	6급 辵부 총8획	가까울 근ː			近代(근대) 近親(근친) 近海(근해) 近來(근래)	중국 近 일본 近
		\[도끼(斤=斤)들고 가서(辶) 하는 일은 '가까움'을 뜻한다.\]					
진흥 준5급 검정 5급	所	7급 戶부 총8획	바 소ː			住所(주소) 場所(장소) 所有(소유) 所感(소감)	중국 所 일본 所
		\[벌목 때 살던 집(戶)으로 도끼(斤) 두던 '곳'에서 '바'를 뜻한다.\]					
진흥 5급 검정 5급	新	6급 斤부 총13획	새 신			新聞(신문) 新曲(신곡) 新生(신생) 新規(신규)	중국 新 일본 新
		\[가시(辛=立) 나무(木)를 도끼(斤)로 자른 땔감인 '새'로 나온 가지.\]					
진흥 5급	兵	5급 八부 총7획	군사 병			兵士(병사) 兵力(병력) 兵法(병법) 海兵(해병)	중국 兵 일본 兵
		\[도끼(斤)를 두 손(廾)으로 들고 있는 '병사'의 모습이다.\]					
진흥 5급	愛	6급 心부 총13획	사랑 애ː			愛國(애국) 愛人(애인) 愛校(애교) 友愛(우애)	중국 愛 일본 愛
		\[손(爫)으로 덮어(冖) 마음(心)을 천천히(夊) 전하는 '사랑'을 뜻한다.\]					
	爭	5급 爪부 총8획	다툴 쟁			言爭(언쟁) 戰爭(전쟁) 競爭(경쟁) 爭先(쟁선)	중국 争 일본 争
		\[두 손(爫·⺕)이 갈고리(亅)를 서로 빼앗으려 '다툼'을 뜻한다.\]					
	技	5급 手부 총7획	재주 기			技術(기술) 技能(기능) 技士(기사) 特技(특기)	중국 技 일본 技
		\[손(扌)에 도구나 가지(支)를 들고 펼치는 기술이나 '재주'를 뜻한다.\]					
진흥 7급 검정 6급	石	6급 石부 총5획	돌 석			石工(석공) 木石(목석) 石油(석유) 石室(석실)	중국 石 일본 石
		\[언덕(厂) 아래에 돌(口)덩이로 단단하고 강한 '돌'을 뜻한다.\]					
진흥 준5급 검정 7급	右	7급 口부 총5획	오른(쪽)우ː			右便(우편) 右手(우수) 左右(좌우) 右道(우도)	중국 右 일본 右
		\[오른손(又)이 왼쪽(ナ)으로 변해 口(구)를 더해 오른쪽을 뜻함.\]					

		甲文	金文	小篆			
左	7급 工부 총5획	왼 좌:				左手(좌수) 左書(좌서) 左方(좌방) 左記(좌기)	중국 左 일본 左

左 (준5급/7급) 왼손(ナ)으로 도구(工)를 잡고 일을 돕던 데서 '왼쪽'을 뜻한다.

有 (순5급/5급) 7급, 月부, 총6획 — 있을 유: 손(又=ナ)에 고깃(月)덩이가 있는 데서 '있다'를 뜻한다. 有名(유명), 有利(유리), 有能(유능), 有別(유별) / 중국 有, 일본 有

友 (5급/5급) 5급, 又부, 총4획 — 벗 우: 손(⺅=ナ)에 손(又)을 잡고 있는 '친구' '벗'을 뜻한다. 親友(친우), 友愛(우애), 友情(우정), 學友(학우) / 중국 友, 일본 友

反 (5급) 6급, 又부, 총4획 — 돌아올 반: 돌이킬 반: 언덕(厂)을 손(又)으로 기어 올라 '돌이킴' '돌아옴'을 뜻한다. 反問(반문), 相反(상반), 反感(반감), 反省(반성) / 중국 反, 일본 反

板 5급, 木부, 총8획 — 널 판. 나무(木)를 쪼갠 서로 반대(反) 조각인 '널빤지', '판목'을 뜻한다. 板子(판자), 板木(판목), 黑板(흑판), 木板(목판) / 중국 板, 일본 板

才 (5급/5급) 6급, 手부, 총3획 — 재주 재. 땅(一)을 갈고리(亅)처럼 뚫은 싹과 뿌리(丿)로, 타고난 '기본' '재주'. 才能(재능), 天才(천재), 才氣(재기), 才談(재담) / 중국 才, 일본 才

材 5급, 木부, 총7획 — 재목 재. 나무(木) 중에서 기본(才) 재료로 쓰이는 '재목'을 뜻한다. 木材(목재), 材質(재질), 人材(인재), 教材(교재) / 중국 材, 일본 材

財 5급, 貝부, 총10획 — 재물 재. 돈(貝)이나 재물이 되는 기본(才) '재물'을 뜻한다. 財物(재물), 財力(재력), 財團(재단), 財産(재산) / 중국 財, 일본 財

在 (5급) 6급, 土부, 총6획 — 있을 재: 싹(才=ナ)이 땅(土)에 자리 잡고 움트는 데서 '있다'를 뜻한다. 在野(재야), 現在(현재), 所在(소재), 在學(재학) / 중국 在, 일본 在

級 6급, 糸부, 총10획 — 등급 급. 실(糸)의 품질이 미치는(及) 정도에 따른 '등급'을 뜻한다. 學級(학급), 級數(급수), 級友(급우), 等級(등급) / 중국 級, 일본 級

세로 글자: 左 有 友 反 板 才 材 財 在 級

한자어 익히기

- 近親 (근친)   가까운 친척으로, 8촌 이내의 친척을 말함.
- 競爭 (경쟁)   서로 앞서거나 이기려고 다툼.
- 特技 (특기)   특별한 기능이나 기술.
- 左手 (좌수)   왼손.
- 有利 (유리)   이익이나 이로움이 있음.
- 友愛 (우애)   형제간이나 친구 사이의 도타운 정과 사랑.
- 相反 (상반)   서로 어긋남. 서로 반대 됨.
- 天才 (천재)   선천적으로 타고난 재주, 또는 그런 재능을 가진 사람.
- 教材 (교재)   가르치는 데 쓰이는 재료.
- 在野 (재야)   벼슬길에 오르지 않고 민간에 있음.
- 等級 (등급)   값, 품질, 신분 등의 높고 낮음이나 좋고 나쁨의 차를 여러 층으로 나눈 급수.

유의자

兵 (군사 병) = 士 (선비 사)	便 (편할 편) = 利 (이할 리)
병사 : 군대에서 장교의 지휘를 받는 군인.	편리 : 어떤 일을 하는 데 편하고 이용하기 쉬움.
兵 (군사 병) = 卒 (군사 졸)	競 (다툴 경) = 爭 (다툴 쟁)
병졸 : 군인을 이르는 말.	경쟁 : 서로 겨루어 봄.

반대자 · 상대자

新舊 (신구)	新 (새 신) ↔ 舊 (예 구)	새것과 헌것.
左右 (좌우)	左 (왼 좌) ↔ 右 (오른 우)	왼쪽과 오른쪽.
有無 (유무)	有 (있을 유) ↔ 無 (없을 무)	있음과 없음.
愛惡 (애오)	愛 (사랑 애) ↔ 惡 (미워할 오)	사랑과 미움.

1 다음 漢字의 訓과 音을 쓰세요.

(1) 材
(2) 所
(3) 石
(4) 左
(5) 新
(6) 板
(7) 右
(8) 財
(9) 便
(10) 有
(11) 兵
(12) 級
(13) 爭
(14) 近
(15) 友
(16) 才
(17) 在
(18) 技
(19) 反
(20) 愛

2 다음 漢字語의 讀音을 쓰세요.

(1) 兵法
(2) 便安
(3) 右手
(4) 板子
(5) 新曲
(6) 近親
(7) 有名
(8) 木石
(9) 級數
(10) 左方
(11) 友情
(12) 愛人
(13) 場所
(14) 現在
(15) 戰爭
(16) 技能
(17) 反問
(18) 黑板
(19) 材質
(20) 財力
(21) 才談
(22) 有口無言
(23) 愛國愛族

3 다음 漢字의 筆順을 밝히세요.

(1) 兵 자에서 아래의 삐침(丿)은 몇 번째에 쓰는 지 번호로 답하세요.(　　　)

(2) 左 자의 쓰는 순서가 올바른 것을 고르세요. (　　　)

㉮ 1-2-3-5-4　　　　㉯ 2-1-3-5-4
㉰ 1-2-3-4-5　　　　㉱ 2-1-3-4-5

4 다음 訓과 音에 맞는 漢字를 쓰세요.

(1) 사랑 애		(2) 새 신		(3) 벗 우	
(4) 등급 급		(5) 재주 재		(6) 있을 유	
(7) 재물 재		(8) 편할 편		(9) 재주 기	
(10) 오른 우		(11) 왼 좌		(12) 널 판	
(13) 가까울 근		(14) 병사 병		(15) 돌아올 반	
(16) 있을 재		(17) 재목 재		(18) 바 소	
(19) 다툴 쟁		(20) 돌 석			

5 다음 밑줄 친 漢字語를 큰 소리로 읽고 漢字로 써 보세요. (11과 활용 단어)

(1) 우리 형제들은 우애가 깊다. ····················· (   )

(2) 우리 선의의 경쟁을 하자. ······················· (   )

(3) 수상 소감을 들어봅시다. ······················· (   )

(4) 이번 한자 5급 급수시험에는 꼭 합격할 테야. ············ (   )

(5) 군대간 아들의 편지를 기다리는 어머니의 마음은 애틋하다. (   )

> 競爭　便紙　友愛　級數　所感

6 다음 漢字와 뜻이 같거나 비슷한 漢字를 쓰세요.

(1) 兵 = [   ]　　　　(2) 便 = [   ]

7 다음 漢字와 뜻이 상대 또는 반대되는 漢字를 쓰세요.

(1) 新 ↔ [   ]　　　　(2) [   ] ↔ 右

(3) 有 ↔ [   ]　　　　(4) [   ] ↔ 惡

8 다음 漢字語의 뜻을 쓰세요.

(1) 左手 : (   )

(2) 住所 : (   )

사자성어

♣ 愛國愛族 (애국애족) : 나라와 민족을 아낌.

♣ 一石二鳥 (일석이조) : 하나의 돌로 두 마리의 새를 잡는다는 뜻으로, 하나의 일로 두 가지 이상의 이익을 얻음을 의미함. *鳥(새 조)→4급Ⅱ

♣ 有口無言 (유구무언) : 입은 있으나 말이 없다는 뜻으로, 변명할 말이 없거나 변명을 하지 못함을 이름.

♣ 有備無患 (유비무환) : 준비가 있으면 걱정이 없다는 뜻으로, 미리 준비하면 나중에 어려움이 없음을 가리킴. *備(갖출 비)→4급Ⅱ

♣ 莫逆之友 (막역지우) : 뜻이 맞아 서로 허물이 없이 잘 지내는 친한 벗 사이.
*莫(없을 막)→3급Ⅱ, 逆(거스릴 역)→4급Ⅱ, 之(갈 지)→3급Ⅱ

고사성어

大器晩成 (대기만성)　　　大(큰 대) 器(그릇 기)⁴급Ⅱ 晩(늦을 만)³급Ⅱ 成(이룰 성)

✛ 큰 그릇은 늦게 이뤄진다는 뜻으로, 큰 일이나 큰 인물은 쉽게 이루어지는 것이 아니라 각고의 노력 끝에 이루어진다는 말.

　중국의 삼국시대 때, 위나라에는 최염이라고 하는 장수가 있었다. 그는 대인다운 풍모와 인격을 가지고 있어 많은 사람들로 하여금 존경을 받았다.
　그에게는 최림이라는 사촌 동생이 있었다. 최림은 형과 달리 영리하지도 못하였고 명성도 얻지 못하였다. 그래서 친척들은 모두 그를 업신여기고 조롱했다.
　하지만 최염만은 달랐다. 최염은 최림의 인물됨을 꿰뚫고 그에게 이렇게 말했다.
　"큰 종이나 솥은 하루 아침에 쉽사리 만들어지는 것이 아니다. 마찬가지로 큰 인물도 대성하기까지는 오랜 시간이 걸리는 법이다. 너도 그처럼 대기만성(大器晩成)하는 형이니 두고 보아라. 너는 틀림없이 큰 인물이 될 것이다."
　그 후 최염의 말대로 최림은 천자(天子)를 보좌하는 삼공 중의 한 사람이 되었다.

출전 「삼국지(三國志) 〈위지 최염전(魏志 崔琰傳)〉」

				갑문 금문 소전			중국 / 일본
진흥 5급 검정 5급	急	6급 心부 총9획	급할 급	🔸⟶🔸		急所(급소) 急流(급류) 急速(급속) 救急車(구급차)	중국 急 일본 急
		먼저 **이르려는**(⩗=及) **마음**(心)에서 '급함'을 뜻한다.					
진흥 준5급 검정 5급	事	7급 丨부 총8획	일 사: 섬길 사:	🔸⟶🔸⟶事		事件(사건) 事實(사실) 事物(사물) 事前(사전)	중국 事 일본 事
		장식(一)과 **깃발**(口)달린 **손**(⩗)에 든 **깃대**(丨)나 도구로 '일'을 함.					
	筆	5급 竹부 총12획	붓 필	🔸		自筆(자필) 名筆(명필) 筆法(필법) 筆順(필순)	중국 笔 일본 筆
		대(竹)나무로 만든 **손**(⩗)으로 잡은 **붓**(聿)에서 '붓'을 뜻한다.					
진흥 5급 검정 5급	書	6급 日부 총10획	글 서	🔸⟶🔸⟶🔸		書堂(서당) 願書(원서) 書類(서류) 六書(육서)	중국 书 일본 書
		붓(聿)으로 **말**(日)을 따라 쓰는 데서 '글' '쓰다'를 뜻한다.					
진흥 5급 검정 5급	晝	6급 日부 총11획	낮 주	🔸🔸⟶🔸⟶🔸		晝間(주간) 晝夜(주야) 白晝(백주) 晝行(주행)	중국 昼 일본 昼
		붓(聿)으로 **해**(日)가 떠오른 **경계**(一)를 그어 '낮'을 뜻한다.					
	畫	6급 田부 총12획	그림 화: 그을 획	🔸⟶🔸⟶🔸		書畫(서화) 畫風(화풍) 名畫(명화) 畫工(화공)	중국 画 일본 画
		붓(聿)으로 **밭**(田) **하나**(一)의 경계를 그어 '그림' '긋다'를 뜻한다.					
	建	5급 廴부 총9획	세울 건:	🔸🔸⟶🔸		建國(건국) 建立(건립) 建軍(건군) 建物(건물)	중국 建 일본 建
		붓(聿)을 들고 **길**(廴)을 떠날 계획을 '세움'을 뜻한다.					
	健	5급 人부 총11획	굳셀 건:	🔸		健兒(건아) 健全(건전) 健在(건재) 健實(건실)	중국 健 일본 健
		사람(亻)이 굳게 계획을 세워(建) 이룸에서 '굳세다'를 뜻한다.					
진흥 6급 검정 준5급	寸	8급 寸부 총3획	마디 촌:	🔸⟶🔸		四寸(사촌) 三寸(삼촌) 寸心(촌심) 寸數(촌수)	중국 寸 일본 寸
		손(寸)목 손가락 한 마디 부분 **맥**(ヽ) 집는 데서 '마디' '법'을 뜻함.					
진흥 5급 검정 5급	村	7급 木부 총7획	마을 촌:	🔸⟶🔸		漁村(어촌) 村夫(촌부) 村長(촌장) 江村(강촌)	중국 村 일본 村
		성 밖 **초목**(木)으로 감싸인 **법**(寸)이 있는 '마을'을 뜻한다.					

				갑문	금문	소전			중국
진흥 준5급 검정 5급	時	7급 日부 총10획	때 시					時計(시계) 時代(시대) 當時(당시) 時期(시기)	时
									일본 時
		해(日)를 관찰하던 관청이나 절(寺)에서 '시간' '철'을 알려줌.							
	待	6급 彳부 총9획	기다릴대 :					待期(대기) 待令(대령) 待望(대망) 苦待(고대)	중국 待
									일본 待
		서성이고 걸으며(彳) 관청이나 절(寺)에서 일을 '기다림'.							
	特	6급 牛부 총10획	특별할 특					特別(특별) 特技(특기) 特性(특성) 特命(특명)	중국 特
									일본 特
		수컷 소(牛)를 관청이나 절(寺)에서 '특별히' 씀을 뜻한다.							
진흥 5급 검정 5급	等	6급 竹부 총12획	무리 등 :					初等(초등) 等級(등급) 對等(대등) 平等(평등)	중국 等
									일본 等
		죽간(竹)의 문서를 절(寺)에서 '같은' '무리'끼리 정리함.							
진흥 5급	郡	6급 邑부 총10획	고을 군 :					郡民(군민) 郡內(군내) 郡界(군계) 郡王(군왕)	중국 郡
									일본 郡
		임금(君)이 관리를 보내던 고을(阝)에서 '고을'을 뜻한다.							
진흥 5급 검정 5급	身	6급 身부 총7획	몸 신					身分(신분) 身長(신장) 身體(신체) 短身(단신)	중국 身
									일본 身
		배가 불룩한 사람의 몸(身) 모양으로 '몸' '자신'을 뜻한다.							
진흥 5급 검정 5급	強	6급 弓부 총11획	강할 강(:)					強力(강력) 強弱(강약) 強行(강행) 強要(강요)	중국 强
									일본 强
		강한 활(弓)처럼 크게(厷=厶) 번식하는 벌레(虫)에서 '강함'.							
진흥 5급 검정 5급	弱	6급 弓부 총10획	약할 약					弱小(약소) 弱風(약풍) 弱國(약국) 弱者(약자)	중국 弱
									일본 弱
		강한(弜:강할강) 활이 깃털(羽)처럼 '약해짐'을 뜻한다.							
진흥 6급 검정 8급	弟	8급 弓부 총7획	아우 제 :					兄弟(형제) 弟子(제자) 弟夫(제부) 子弟(자제)	중국 弟
									일본 弟
		주살(弋=丫)에 활(弓)처럼 감은 줄 끝(丿)에서 '아우'를 뜻한다.							
진흥 5급	第	6급 竹부 총11획	차례 제 :					登第(등제) 第一(제일) 落第(낙제) 下第(하제)	중국 第
									일본 第
		대쪽(竹)을 순서(弟=弔)대로 엮어 만든 책에서 '차례'를 뜻한다.							

한자어 익히기

- **急所** (급소) 가장 중요한 부분. 생명과 관계되는 부분.
- **願書** (원서) 청원하는 뜻을 기록한 서면.
- **晝間** (주간) 낮. 낮 동안.
- **建立** (건립) 탑, 동상, 건물 등을 만들어 세움.
- **健兒** (건아) 씩씩하고 굳센 사나이.
- **寸心** (촌심) 속으로 품은 작은 마음.
- **待望** (대망) 기다리고 바람.
- **特命** (특명) 특별한 명령.
- **對等** (대등) 낫고 못함이 없이 서로 걸맞음.
- **身分** (신분) 개인의 사회적 지위.
- **強要** (강요) 강제로 요구함.
- **登第** (등제) 과거에 급제함.

유의자

急(급할 급) = **速**(빠를 속)		**等**(무리/등급 등) = **級**(등급 급)	
급속 : 몹시 급함, 몹시 빠름.		등급 : 높고 낮음의 차를 분별한 층수.	
村(마을 촌) = **落**(떨어질/마을 락)		**身**(몸 신) = **體**(몸 체)	
촌락 : 시골의 취락, 마을.		신체 : 사람의 몸.	

반대자 · 상대자

晝夜 (주야)	**晝**(낮 주) ↔ **夜**(밤 야)	밤낮.
強弱 (강약)	**強**(굳셀 강) ↔ **弱**(약할 약)	강함과 약함, 강자와 약자.

1 다음 漢字의 訓과 音을 쓰세요.

(1) 畫 _____   (2) 待 _____   (3) 等 _____

(4) 急 _____   (5) 身 _____   (6) 村 _____

(7) 時 _____   (8) 筆 _____   (9) 強 _____

(10) 事 _____   (11) 弱 _____   (12) 第 _____

(13) 書 _____   (14) 寸 _____   (15) 建 _____

(16) 弟 _____   (17) 健 _____   (18) 郡 _____

(19) 特 _____   (20) 畫 _____

2 다음 漢字語의 讀音을 쓰세요.

(1) 急所 ____   (2) 特別 ____   (3) 白畫 ____

(4) 江村 ____   (5) 第一 ____   (6) 筆法 ____

(7) 當時 ____   (8) 身分 ____   (9) 健在 ____

(10) 強行 ____   (11) 建國 ____   (12) 待期 ____

(13) 初等 ____   (14) 郡民 ____   (15) 三寸 ____

(16) 弟子 ____   (17) 畫風 ____   (18) 書類 ____

(19) 事件 ____   (20) 弱小 ____   (21) 強要 ____

(22) 男女平等 _____   (23) 今始初聞 _____

3 다음 漢字의 筆順을 밝히세요.

(1) 事 에서 丨획은 몇 번째로 쓰는 지 번호로 답하세요.   난이도 ▮▮▮   (   )

(2) 弟 에서 중간의 丨획은 몇 번째로 쓰는 지 번호로 답하세요.   난이도 ▮▮▮   (   )

4 다음 訓과 音에 맞는 漢字를 쓰세요.

(1) 아우 제 ☐ (2) 고을 군 ☐ (3) 글 서 ☐

(4) 마을 촌 ☐ (5) 특별할 특 ☐ (6) 낮 주 ☐

(7) 때 시 ☐ (8) 굳셀 건 ☐ (9) 급할 급 ☐

(10) 기다릴 대 ☐ (11) 그림 화 ☐ (12) 차례 제 ☐

(13) 일 사 ☐ (14) 마디 촌 ☐ (15) 몸 신 ☐

(16) 무리 등 ☐ (17) 강할 강 ☐ (18) 약할 약 ☐

(19) 세울 건 ☐ (20) 붓 필 ☐

5 다음 밑줄 친 漢字語를 큰 소리로 읽고 漢字로 써 보세요. (12과 활용 단어)

(1) 우리 삼촌은 외국으로 출장 가셨습니다. ⋯⋯⋯⋯⋯⋯⋯ ( )

(2) 그 시계는 이사올 때 선물로 받은 것이다. ⋯⋯⋯⋯⋯⋯ ( )

(3) 사람마다 한 가지 이상의 특기를 갖고 있다. ⋯⋯⋯⋯⋯ ( )

(4) 우리에게 필요한 대표는 강력한 지도력을 가진 사람이다. ⋯ ( )

(5) 동수는 주간에는 일하고 야간에는 공부한다. ⋯⋯⋯⋯⋯ ( )

> 晝間　三寸　時計　特技　強力

6 다음 漢字와 뜻이 같거나 비슷한 漢字를 쓰세요.

(1) ☐ = 速　　(2) 等 = ☐

7 다음 漢字와 뜻이 상대 또는 반대되는 漢字를 쓰세요.

(1) 晝 ↔ ☐　　(2) 強 ↔ ☐

8 다음 四字成語의 ☐ 안에 알맞은 漢字를 쓰세요.

(1) ☐口無言　(2) 一☐二鳥　(3) ☐女平等

(4) 殺☐成仁　(5) 今☐初門

사자성어

❖ **事必歸正** (사필귀정) : 모든 일은 반드시 바른 이치로 돌아간다는 것을 뜻함.
*歸(돌아갈 귀)→4급

❖ **今始初聞** (금시초문) : 이제야 비로소 처음으로 들음.

❖ **殺身成仁** (살신성인) : 자신의 몸을 희생하여 좋은 일을 이룬다는 뜻으로, 올바른 일을 위해 자신을 희생함을 뜻함. *殺(죽일 살)→4급Ⅱ, 仁(어질 인)→4급

❖ **男女平等** (남녀평등) : 남자와 여자가 사회적으로나 법률적으로 성별에 의한 차별이 없이 동등하게 받는 대우.

고사성어

同病相憐 (동병상련)　同(한가지 동)　病(병 병)　相(서로 상)　憐(불쌍히여길 련) 3급

✚ 같은 병을 가진 사람들끼리 서로 동정한다는 뜻으로, 처지가 같은 사람끼리 서로 불쌍히 여긴다는 말.

　오자서는 원래 초나라 사람으로 아버지 오사와 형 오상이 간신 비무기의 모함으로 죽자 오나라로 망명하였다. 이 때 피리라는 관상쟁이가 거리를 떠도는 오자서가 큰 인재임을 알아보고는 공자 광에게 추천하였다. 광은 오자서의 도움으로 오나라의 왕이 되었고, 오자서는 초나라에 원수를 갚게 되었다.

　얼마 후 백비라는 자가 오자서를 찾아왔다. 그 또한 오자서와 마찬가지로 아버지를 간신배들에게 억울하게 잃었다. 오자서는 과거 자신의 처지와 비슷했으므로 그를 왕에게 추천하여 대부의 자리에 오르게 했다. 그러자 피리는 사람을 한 번 보고 믿는 경솔함을 탓하며,

　"백비의 눈매는 마치 매와 같고 걸음걸이는 호랑이와 같소. 이는 사람을 죽일 나쁜 관상이오. 당신은 무슨 까닭으로 그를 추천하오?"

라고 묻자, 오자서는 이렇게 대답했다.

　"백비 역시 나처럼 가슴 속에 원한을 품고 있습니다. 이런 노래가 있지요. '같은 병은 서로가 불쌍하게 여기고 / 같은 근심은 서로가 구원한다 / 놀라서 날아오르는 새는 서로 따라서 날고 / 여울 아래 물은 이어져 서로 다시 함께 흐른다.'"

　오자서는 백비에게 동병상련의 정을 느꼈으나, 백비는 피리의 예견대로 오자서를 배신하여, 결국 죽음에 이르게 한다.

출전「오월춘추(吳越春秋)〈합려내전(闔閭內傳)〉」

	갑문	금문	소전	

費 쓸 비: / 5급 / 貝부 총12획
갑문·금문·소전
마음에 들지 않을(弗) 때 마구 쓰는 돈(貝)에서 '쓰다'를 뜻한다.
費用(비용) 食費(식비) 會費(회비) 消費(소비)
중국 费 / 일본 費

行 다닐 행(:) / 항렬 항(:) / 6급 / 行부 총6획 / 진흥5급 검정5급
네거리 모양(彳亍)의 길에서 '다니다' '가다'를 뜻함.
行動(행동) 所行(소행) 旅行(여행) 行列(항렬)
중국 行 / 일본 行

人 사람 인 / 8급 / 人부 총2획 / 진흥8급 검정8급
사람이 옆으로 선 모양(亻)에서 '사람' '남'을 뜻한다.
人生(인생) 人品(인품) 人性(인성) 人口(인구)
중국 人 / 일본 人

信 믿을 신: / 6급 / 人부 총9획 / 진흥5급 검정5급
사람(亻)이 진실로 하는 말(言)에서 '믿음' '소식'을 뜻한다.
信用(신용) 書信(서신) 信望(신망) 信號(신호)
중국 信 / 일본 信

休 쉴 휴 / 7급 / 人부 총6획 / 진흥 준5급 검정 준5급
사람(亻)이 나무(木) 밑에서 쉬는 데서 '쉬다' '그침'을 뜻한다.
休日(휴일) 休學(휴학) 休校(휴교) 休紙(휴지)
중국 休 / 일본 休

以 써 이: / 5급 / 人부 총5획 / 진흥5급 검정5급
태아 모습(厶)인 사람(人)의 시작에서 '원인' '이유' '~로써'가 됨.
以上(이상) 以北(이북) 以來(이래) 所以(소이)
중국 以 / 일본 以

作 지을 작 / 6급 / 人부 총7획 / 진흥5급 검정5급
사람(亻)이 잠깐(乍) 일하여 '만듦' '지음'을 뜻한다.
作成(작성) 作品(작품) 作用(작용) 作家(작가)
중국 作 / 일본 作

昨 어제 작 / 6급 / 日부 총9획 / 진흥5급
해(日)가 잠깐(乍) 동안에 지나고 '어제'가 됨을 뜻한다.
昨年(작년) 昨日(작일) 昨夜(작야) 昨今(작금)
중국 昨 / 일본 昨

入 들 입 / 7급 / 入부 총2획 / 진흥7급 검정7급
갈라진 뿌리가 땅 속으로 들어가는 데서 '들어감'을 뜻한다.
入口(입구) 入場(입장) 出入(출입) 入學(입학)
중국 入 / 일본 入

內 안 내: / 7급 / 入부 총4획 / 진흥6급 검정7급
집(冂)안으로 들어가는(入) 데서 '안' '속'을 뜻한다.
內外(내외) 內心(내심) 內部(내부) 場內(장내)
중국 內 / 일본 內

| 갑문 | 금문 | 소전 |

全 (혼정 준5급/5급)

| 7급 入부 총6획 | 온전 전 | 仝 → 仝 全 | 全國(전국) 完全(완전) 全體(전체) 全校(전교) | 중국 全 / 일본 全 |

보석에 드는(入) 완전한 옥(玉=王), 완전한 거푸집에서 '온전함'.

金 (혼 7급 / 정 8급)

| 8급 金부 총8획 | 쇠 금 성 김 | → 金 | 金賞(금상) 金言(금언) 黃金(황금) 金九(김구) | 중국 金 / 일본 金 |

거푸집 모양으로, 쇠를 녹여 무기를 만드는 '쇠' '금'을 뜻한다.

病 (혼 5급)

| 6급 广부 총10획 | 병 병 | 病 → 病 | 病院(병원) 發病(발병) 病名(병명) 問病(문병) | 중국 病 / 일본 病 |

병(广)이 들어 뜨겁게(丙) 열이 나는 '병' '병들다'를 뜻한다.

今 (혼 준5급 / 정 준5급)

| 6급 人부 총4획 | 이제 금 | Α Α → Α今 → 今 | 今年(금년) 今週(금주) 古今(고금) 今方(금방) | 중국 今 / 일본 今 |

'모인(亼)' 아래를 가린(ㄱ)모양으로, '이제' 막 '덮음'을 뜻한다.

念 (5급)

| 5급 心부 총8획 | 생각 념: | → 念 | 信念(신념) 記念(기념) 念願(염원) 念頭(염두) | 중국 念 / 일본 念 |

항상 덮여(今)있는 마음(心) 속의 '생각'에서 '외우다'를 뜻한다.

合 (혼 준5급 / 정 5급)

| 6급 口부 총6획 | 합할 합 | → 合 → 合 | 合同(합동) 合格(합격) 合心(합심) 合宿(합숙) | 중국 合 / 일본 合 |

덮게(亼)와 그릇(口)이 '합하여' '모임' '맞음'을 뜻한다.

給 (5급)

| 5급 糸부 총12획 | 줄 급 | → 給 | 給水(급수) 月給(월급) 給料(급료) 給食(급식) | 중국 給 / 일본 給 |

실(糸)로 잇듯, 서로 맞아(合) 충분히 '주어' '넉넉함'을 뜻한다.

答 (혼 준5급 / 정 5급)

| 7급 竹부 총12획 | 대답 답 | 答 | 正答(정답) 答信(답신) 對答(대답) 問答(문답) | 중국 答 / 일본 答 |

대(竹)를 모아(合) 엮은 죽간에 묻는 말의 '대답'을 써 보냄.

令 (5급)

| 5급 人부 총5획 | 하여금령(:) | → → 令 | 口令(구령) 發令(발령) 法令(법령) 命令(명령) | 중국 令 / 일본 令 |

모여(亼) 꿇어앉은 사람(卩=㔾)으로 '하여금' 명령을 내려 '부림'

領 (5급)

| 5급 頁부 총14획 | 거느릴 령 | 領 | 領空(영공) 領土(영토) 領海(영해) 領有(영유) | 중국 領 / 일본 領 |

목을 부려(令) 머리(頁)를 움직이는 '목'의 중심에서 '거느림'.

한자어 익히기

- **食費** (식비) 식사의 비용. 식대.
- **旅行** (여행) 볼일이나 유람의 목적으로 다른 고장이나 외국에 가는 일.
- **人品** (인품) 사람의 품격. 사람의 됨됨이.
- **書信** (서신) 편지로 전하는 소식.
- **信望** (신망) 믿고 바람. 믿음과 덕망.
- **作成** (작성) 만들어 이룸.
- **昨夜** (작야) 어젯밤.
- **入場** (입장) 장내로 들어감.
- **金言** (금언) 생활의 본보기가 될 귀중한 내용의 짧은 어구.
- **問病** (문병) 앓는 사람을 찾아보고 위로함.
- **信念** (신념) 굳게 믿는 마음.
- **念頭** (염두) 마음. 생각.
- **合格** (합격) 어떤 조건, 격식에 적합함. 자격 시험에 급제함.
- **答信** (답신) 회답으로 서신이나 통신을 보냄.
- **領空** (영공) 영토나 영해 위의 하늘.

유의자

合 (합할 합) = 同 (같을 동)	完 (완전할 완) = 全 (온전 전)
합동 : 둘 이상이 모여 하나가 됨.	완전 : 부족함이나 흠이 없음.

반대자·상대자

內外 (내외)	內 (안 내) ↔ 外 (바깥 외)	안과 밖.
昨今 (작금)	昨 (어제 작) ↔ 今 (이제 금)	어제와 오늘. 요즈음.

1 다음 漢字의 訓과 音을 쓰세요.

(1) 入 [　　　]　　(2) 全 [　　　]　　(3) 內 [　　　]

(4) 給 [　　　]　　(5) 信 [　　　]　　(6) 費 [　　　]

(7) 休 [　　　]　　(8) 答 [　　　]　　(9) 金 [　　　]

(10) 以 [　　　]　　(11) 領 [　　　]　　(12) 昨 [　　　]

(13) 病 [　　　]　　(14) 今 [　　　]　　(15) 念 [　　　]

(16) 令 [　　　]　　(17) 人 [　　　]　　(18) 作 [　　　]

(19) 合 [　　　]　　(20) 行 [　　　]

2 다음 漢字語의 讀音을 쓰세요.

(1) 行動 [　][　]　　(2) 完全 [　][　]　　(3) 領空 [　][　]

(4) 場內 [　][　]　　(5) 信望 [　][　]　　(6) 休學 [　][　]

(7) 費用 [　][　]　　(8) 黃金 [　][　]　　(9) 以上 [　][　]

(10) 月給 [　][　]　　(11) 人品 [　][　]　　(12) 病院 [　][　]

(13) 作成 [　][　]　　(14) 發令 [　][　]　　(15) 合宿 [　][　]

(16) 今週 [　][　]　　(17) 記念 [　][　]　　(18) 正答 [　][　]

(19) 入學 [　][　]　　(20) 昨年 [　][　]　　(21) 金賞 [　][　]

(22) 作心三日 [　][　][　][　]　　(23) 自給自足 [　][　][　][　]

3 다음 漢字의 筆順을 밝히세요.

(1) 以 자를 필순대로 구별하여 쓰세요. (　　　　　　　　　　　)

(2) 今 자에서 중간의 ─획은 몇 번째로 쓰는 지 번호로 답하세요. (　　　　　　)

4 다음 訓과 音에 맞는 漢字를 쓰세요.

⑴ 믿을 신		⑵ 지을 작		⑶ 대답 답	
⑷ 거느릴 령		⑸ 쓸 비		⑹ 쇠 금	
⑺ 들 입		⑻ 다닐 행		⑼ 합할 합	
⑽ 써 이		⑾ 안 내		⑿ 쉴 휴	
⒀ 줄 급		⒁ 하여금 령		⒂ 어제 작	
⒃ 생각 념		⒄ 이제 금		⒅ 사람 인	
⒆ 온전 전		⒇ 병 병			

5 다음 밑줄 친 漢字語를 큰 소리로 읽고 漢字로 써 보세요. (13과 활용 단어)

⑴ 공연장 앞은 <u>전국</u> 각지에서 온 사람들로 북적였다. ·········· (   )

⑵ 이번 주 안으로 <u>작품</u>을 2개씩 제출하여야 한다. ············· (   )

⑶ 당구 시합을 대비해 <u>합숙</u> 훈련 중이다. ·················· (   )

⑷ 대통령은 국민에게 <u>신망</u>을 받아야 한다. ················· (   )

⑸ 내 소원은 세계 일주 <u>여행</u>을 하는 것이다. ················ (   )

⑹ 호우로 인하여 임시 <u>휴교</u>령이 내려졌다. ················· (   )

作品　旅行　全國　休校　信望　合宿

6 다음 漢字와 뜻이 상대 또는 반대되는 漢字를 쓰세요.

⑴ 昨 ↔ [　　　　]   ⑵ 內 ↔ [　　　　]

7 다음 漢字語의 뜻을 쓰세요.

⑴ 費用 : (   )

⑵ 昨夜 : (   )

⑶ 休學 : (   )

사자성어

- **以心傳心** (이심전심) : 마음에서 마음으로 뜻을 전함.

- **作心三日** (작심삼일) : 한 번 결심한 것이 사흘을 가지 않음.

- **一字千金** (일자천금) : 아주 빼어난 글자나 시문을 뜻함.

- **烏合之卒** (오합지졸) : 제대로 훈련도 받지 못한 어중이떠중이의 보잘것없는 군사를 가리키는 말. *烏(까마귀 오)→3급Ⅱ, 之(갈 지)→3급Ⅱ

- **自給自足** (자급자족) : 필요한 물자를 스스로 생산하여 충당함.

고사성어

馬耳東風 (마이동풍) 馬(말 마) 耳(귀 이) 東(동녘 동) 風(바람 풍)

✛ 동녘에서 부는 바람이 말의 귀를 지나간다는 뜻으로, 다른 사람의 의견이나 충고를 귀담아 듣지 않고 그대로 흘려버리거나 말하는 사람의 취지를 전혀 이해하지 못한다는 말.

당나라의 시인 이백의 벗 왕십이라는 사람이 '추운 밤 홀로 술잔을 기울이며 느낀 바 있어서〔寒夜獨 酌有懷(한야독 작유회)〕'라는 시를 지어 보내오자, 이백이 이에 대한 답시를 보냈다. '마이동풍(馬耳東風)'은 그 시의 마지막 구절에 나온다.

왕십이는 아무리 시와 문장에 재능을 갖고 있어도 자신의 명예와 이익에만 급급한 관료들 세계에서는 인정받기 힘들다는 것을 읊었는데, 이백은 답시에서 이렇게 말하고 있다.

"관리들의 권력 다툼질을 따를 수는 없으니 우리가 할 수 있는 일은 시를 읊거나 시를 짓는 것이 고작인데, 그것이 아무리 걸작품이라고 해도 지금 세상에서는 아무런 가치도 없소. 세상 사람들은 우리가 지은 시를 들으면 누구나 머리를 흔들 걸세. 마치 동쪽에서 부는 바람이 말의 귀를 스치는 것〔馬耳東風〕과 같을 뿐이지."

세상 사람들이 자기가 지은 시나 다른 작품에 대해서는 아예 관심도 기울이지 않는다는 것이다. 그러나 세태가 그렇다 하더라도 현재의 처지를 있는 그대로 받아들이고, 억지로 부귀영화를 바라지는 말라고 이백은 권고하고 있다.

출전「이태백집(李太白集) 〈권(券) 18〉

| 갑문 | 금문 | 소전 |

冷命序野子字京景立位	5급 冫부 총7획	찰　　랭(:)		冷待(냉대) 冷氣(냉기) 冷情(냉정) 冷水(냉수)	중국 冷 일본 冷
	얼음(冫)으로 하여금(令) 차갑게 함에서 '차다' '춥다'를 뜻한다.			
진흥 5급 검정 5급	7급 口부 총8획	목숨　명:		生命(생명) 亡命(망명) 人命(인명) 天命(천명)	중국 命 일본 命
	윗사람 입(口)의 명령(令)에 따라 '목숨'이 정해짐을 뜻한다.			
진흥 5급	5급 广부 총7획	차례　서:		順序(순서) 序曲(서곡) 序頭(서두) 序說(서설)	중국 序 일본 序
	집(广)과 집 사이 동서로 펼쳐(予)진 '담'에서 '차례'를 뜻함.			
진흥 5급	6급 里부 총11획	들　　야:		野外(야외) 野山(야산) 野心(야심) 林野(임야)	중국 野 일본 野
	마을(里)밖에 펼쳐진(予) 넓은 들판에서 '들'을 뜻한다.			
진흥 8급 검정 8급	7급 子부 총3획	아들　자		子孫(자손) 子女(자녀) 長子(장자) 子母(자모)	중국 子 일본 子
	머리가 큰 어린아이(子) 모양으로, '자식' '아들' '새끼'를 뜻한다.			
진흥 준5급 검정 준5급	7급 子부 총6획	글자　자		文字(문자) 習字(습자) 正字(정자) 字數(자수)	중국 字 일본 字
	집(宀)에서 아이(子)를 낳듯, 계속 생겨나는 '글자'를 뜻한다.			
진흥 5급 검정 5급	6급 亠부 총8획	서울　경		上京(상경) 在京(재경) 京都(경도) 京言(경언)	중국 京 일본 京
	높게(亠) 에워싸(口) 받쳐(小=小) 지은 성루가 있는 '서울'.			
진흥 5급 검정 5급	5급 日부 총12획	볕　경(:)		景致(경치) 風景(풍경) 雪景(설경) 景品(경품)	중국 景 일본 景
	해(日)빛이 높게(京) 비치는 데서 '볕' '경치'를 뜻한다.			
진흥 7급 검정 준5급	7급 立부 총5획	설　　립		立法(입법) 獨立(독립) 立身(입신) 立國(입국)	중국 立 일본 立
	사람(大=亣)이 땅(一)에 서 있는 모양(立)에서 '서다'를 뜻한다.			
진흥 준5급 검정 준5급	5급 人부 총7획	자리　위		順位(순위) 方位(방위) 品位(품위) 地位(지위)	중국 位 일본 位
	사람(亻) 계급에 따라 서던(立) 자리에서 '자리' '지위'를 뜻한다.			

		갑문	금문	소전			중국/일본
倍	5급 人부 총10획	곱 배:		倍		倍加(배가) 倍出(배출) 倍數(배수) 百倍(백배)	중국 倍 일본 倍
	사람(亻)의 무리가 갈라져(音) 수가 '곱절'로 늘어남을 뜻한다						
部	6급 邑부 총11획	떼 부		部		部品(부품) 軍部(군부) 部類(부류) 部族(부족)	중국 部 일본 部
	갈라(音) 여러 고을(阝)로 다스리던 '마을'에 '떼'지어 삶을 뜻한다.						
産	5급 生부 총11획	낳을 산:	產	產		産母(산모) 産地(산지) 動産(동산) 生産(생산)	중국 产 일본 産
	선비(彦=产)가 자식을 낳음(生)에서 '낳다'를 뜻한다.						
言	6급 言부 총7획	말씀 언		言		言語(언어) 名言(명언) 言行(언행) 發言(발언)	중국 言 일본 言
	혀로 말함, 악기(辛=亖)를 입(口)으로 내는 소리인 '말' '말씀'.						
音	6급 音부 총9획	소리 음		音		音樂(음악) 長音(장음) 音色(음색) 音質(음질)	중국 音 일본 音
	악기(辛=立)를 입(口)에 문 소리(-)나, 말(言=音) 소리(-)의 '소리'.						
意	6급 心부 총13획	뜻 의:		意		意見(의견) 意外(의외) 同意(동의) 意識(의식)	중국 意 일본 意
	말 소리(音)로 사람 마음(心)의 '뜻'을 전함을 뜻한다.						
億	5급 人부 총15획	억 억		億		億年(억년) 億代(억대) 數億(수억) 億萬(억만)	중국 亿 일본 億
	사람(亻)의 유쾌한(音=意=意) 마음(心)에서 '편안함', '억'을 뜻한다.						
識	5급 言부 총19획	알 식 기록할 지		識		識別(식별) 知識(지식) 識者(식자) 識見(식견)	중국 识 일본 識
	말(言) 소리(音)를 창(戈)으로 '알게' '기록함'을 뜻한다.						
章	6급 立부 총11획	글 장		章		文章(문장) 圖章(도장) 終章(종장) 樂章(악장)	중국 章 일본 章
	죄(辛=立)의 내용을 문신(日)으로 새김에서 '무늬' '글'을 뜻한다.						
戰	6급 戈부 총16획	싸움 전:		戰		戰爭(전쟁) 戰死(전사) 戰線(전선) 勝戰(승전)	중국 战 일본 戰
	사냥도구(單=單)나 창(戈)을 들고 '싸움'을 뜻한다.						

한자어 익히기

- **冷待** (냉대)　푸대접. 차갑게 대접함.
- **亡命** (망명)　정치적인 이유 등으로 제나라에 있지 못하고 남의 나라로 몸을 피하는 일.
- **序頭** (서두)　어떤 차례의 첫머리.
- **習字** (습자)　글자 쓰기를 익힘.
- **上京** (상경)　시골에서 서울로 올라옴.
- **景品** (경품)　상품에 곁들여 고객에게 거져 주는 물건.
- **立身** (입신)　사회적으로 인정을 받고 높이 됨.
- **方位** (방위)　어떤 방향의 위치.
- **倍加** (배가)　갑절로 늘어남.
- **産地** (산지)　산출지.
- **音質** (음질)　음의 좋고 나쁜 상태.
- **識見** (식견)　학식과 의견. 사물을 올바르게 판단할 수 있는 능력.
- **圖章** (도장)　나무나 뿔에 개인이나 단체의 이름을 새긴 물건.

유의자

言 (말씀 언) ＝ 語 (말씀 어)	部 (떼/마을 부) ＝ 落 (떨어질/마을 락)
언어 : 생각이나 느낌을 음성으로 전달하는 수단과 체계.	부락 : 촌락. 마을.
意 (뜻 의) ＝ 思 (생각할 사)	戰 (싸움 전) ＝ 爭 (다툴 쟁)
의사 : 생각이나 마음.	전쟁 : 무력을 사용하여 싸움.

반대자 · 상대자

子女 (자녀)	子 (아들 자) ↔ 女 (계집 녀)	아들과 딸.
溫冷 (온랭)	溫 (따뜻할 온) ↔ 冷 (찰 랭)	따뜻함과 참.

1 다음 漢字의 訓과 音을 쓰세요.

(1) 倍 ☐ (2) 子 ☐ (3) 戰 ☐

(4) 景 ☐ (5) 億 ☐ (6) 野 ☐

(7) 冷 ☐ (8) 立 ☐ (9) 部 ☐

(10) 言 ☐ (11) 字 ☐ (12) 章 ☐

(13) 京 ☐ (14) 産 ☐ (15) 意 ☐

(16) 位 ☐ (17) 音 ☐ (18) 識 ☐

(19) 序 ☐ (20) 命 ☐

2 다음 漢字語의 讀音을 쓰세요.

(1) 億萬 ☐☐ (2) 戰死 ☐☐ (3) 倍出 ☐☐

(4) 野外 ☐☐ (5) 音樂 ☐☐ (6) 生命 ☐☐

(7) 順位 ☐☐ (8) 冷情 ☐☐ (9) 部類 ☐☐

(10) 序曲 ☐☐ (11) 名言 ☐☐ (12) 知識 ☐☐

(13) 京都 ☐☐ (14) 獨立 ☐☐ (15) 意見 ☐☐

(16) 産地 ☐☐ (17) 文章 ☐☐ (18) 子孫 ☐☐

(19) 字數 ☐☐ (20) 風景 ☐☐ (21) 勝戰 ☐☐

(22) 一口二言 ☐☐☐☐   (23) 山戰水戰 ☐☐☐☐

3 다음 漢字의 筆順을 밝히세요.

(1) 命자에서 一획은 몇 번째로 쓰는 지 번호로 답하세요.   (   )

난이도 ▮▮▯▯

(2) 字 자에서 4번 획은 몇 번째로 쓰는 지 답하세요.   (   )

난이도 ▮▮▯▯

4 다음 訓과 音에 맞는 漢字를 쓰세요.

(1) 별 경 ☐　　(2) 목숨 명 ☐　　(3) 말씀 언 ☐

(4) 싸움 전 ☐　　(5) 찰 랭 ☐　　(6) 곱절 배 ☐

(7) 들 야 ☐　　(8) 자리 위 ☐　　(9) 떼 부 ☐

(10) 차례 서 ☐　　(11) 소리 음 ☐　　(12) 억 억 ☐

(13) 뜻 의 ☐　　(14) 글자 자 ☐　　(15) 설 립 ☐

(16) 낳을 산 ☐　　(17) 서울 경 ☐　　(18) 아들 자 ☐

(19) 글 장 ☐　　(20) 알 식 ☐

5 다음 밑줄 친 漢字語를 큰 소리로 읽고 漢字로 써 보세요. (14과 활용 단어)

(1) 너의 지식을 부디 좋은 곳에 쓰거라. ·················· (　　　　)

(2) 자라나는 아이들에게 생명의 존귀함을 가르쳐야 한다. ······ (　　　　)

(3) 이번주 토요일은 야외 수업이 있는 날이다. ·················· (　　　　)

(4) 명심보감에는 좋은 명언이 많다. ·················· (　　　　)

(5) 좋은 문장은 사람의 마음을 감동시킨다. ·················· (　　　　)

名言　知識　文章　野外　生命

6 다음 漢字와 뜻이 같거나 비슷한 漢字를 쓰세요.

(1) 言 ＝ ☐　　(2) 部 ＝ ☐

(3) ☐ ＝ 爭　　(4) ☐ ＝ 思

7 다음 漢字와 뜻이 상대 또는 반대되는 漢字를 쓰세요.

(1) ☐ ↔ 冷　　(2) ☐ ↔ 女

8 다음 四字成語의 ☐ 안에 알맞은 漢字를 쓰세요.

(1) 一口二☐　　(2) ☐心傳心　　(3) ☐心三日

(4) 一字千☐　　(5) 自☐自足

📚 사자성어

♣ **君子三樂** (군자삼락) : 군자의 세 가지 즐거움으로 첫째 부모가 모두 살아 계시고 형제가 무고한 것, 둘째 하늘을 우러러 부끄러움이 없는 것, 셋째 천하의 수재를 얻어 교육하는 것을 말함. *君(임금 군)→4급

♣ **山戰水戰** (산전수전) : 세상의 온갖 고생과 어려움을 다 겪었음을 이르는 말.

♣ **一口二言** (일구이언) : 한 입으로 두 말을 한다는 뜻으로, 한 가지 일에 대하여 말을 이랬다저랬다 함을 이르는 말.

♣ **甘言利說** (감언이설) : 남의 비위를 맞추는 달콤한 말과 이로운 조건만 들어 상대방이 듣기 좋게 하는 말을 뜻함. *甘(달 감)→4급

♣ **巧言令色** (교언영색) : 남의 환심을 사기 위해 말을 교묘하게 하고 표정을 좋게 꾸밈을 의미함. *巧(공교할 교)→3급Ⅱ

📖 고사성어

塞翁之馬 (새옹지마) 塞(변방 새) 翁(늙은이 옹) 之(갈 지) 馬(말 마)

➕ 변방에 사는 늙은이의 말이란 뜻으로, 인간의 길흉화복(吉凶禍福)은 일정치 않아 예측할 수 없으니, 화(禍)도 슬퍼할 것이 못되고 복(福)도 기뻐할 것이 못된다는 말.

국경 요새 근처의 한 마을에 점을 잘 치는 노인이 살고 있었다. 어느 날 그 노인이 기르던 말이 아무 이유 없이 오랑캐 땅으로 들어갔다. 마을 사람들은 이 사실을 알고 노인을 위로하자 노인은 이렇게 말했다.

"이것이 뜻밖에 복이 될 수도 있소."

몇 달 뒤, 과연 그 말은 오랑캐의 좋은 말들을 몰고 노인의 집으로 돌아왔다. 이에 마을 사람들이 축하하자 노인은 다시 정색을 하며 말했다.

"이것이 뜻밖에 재앙이 될 수도 있소."

노인의 집에는 좋은 말들이 점점 불어났다. 하지만 노인의 아들이 말을 타다가 떨어져 다리가 부러져 절름발이가 되었다. 이를 불쌍히 여긴 이웃들이 노인을 위로하자 노인은 또 이렇게 말했다.

"이것이 뜻밖에 복이 될 수도 있소."

일 년 뒤, 오랑캐가 쳐들어오자 마을의 건장한 청년들은 모두 전쟁터에 나가 싸우다가 거의 죽임을 당했지만, 이 노인의 아들만은 절름발이였기 때문에 무사할 수 있었다.

출전「회남자(淮南子)〈인간훈편(人間訓篇)〉」

	갑문	금문	소전		

幸 (진흥 5급)
- 6급 / 干부 / 총8획 / 다행 행:
- 형틀 가운데(丨) 묶인 손 양쪽(十·十)이 풀려 '다행'을 뜻한다.
- 幸運(행운), 天幸(천행), 多幸(다행), 幸福(행복)
- 중국 幸 / 일본 幸

服 (진흥 5급)
- 6급 / 月부 / 총8획 / 옷 복
- 배(舟=月)를 다스려(㕛) '부림', 몸(月)을 다스리는(㕛) '옷'처럼 변함.
- 校服(교복), 洋服(양복), 韓服(한복), 服用(복용)
- 중국 服 / 일본 服

輕
- 5급 / 車부 / 총14획 / 가벼울 경
- 수레(車)가 곧바로(巠) 적진을 공격하는 '가벼운' 수레를 뜻한다.
- 輕重(경중), 輕量(경량), 輕車(경차), 輕油(경유)
- 중국 轻 / 일본 軽

川 (진흥 7급 / 검정 6급)
- 7급 / 川부 / 총3획 / 내 천
- 양쪽 기슭(巛) 사이를 흐르는 물줄기(巜)로 '내'를 뜻한다.
- 河川(하천), 開川(개천), 山川(산천), 大川(대천)
- 중국 川 / 일본 川

州
- 5급 / 川부 / 총6획 / 고을 주
- 냇물(川) 사이 섬(…)으로, 사람이 사는 섬에서 '고을'을 뜻한다.
- 州郡(주군), 全州(전주), 淸州(청주), 海州(해주)
- 중국 州 / 일본 州

災
- 5급 / 火부 / 총7획 / 재앙 재
- 냇물(巛)이 넘치거나 불(火)에 타는 '재앙'을 뜻한다.
- 火災(화재), 災害(재해), 天災(천재), 産災(산재)
- 중국 灾 / 일본 災

訓
- 6급 / 言부 / 총10획 / 가르칠 훈:
- 말(言)이 냇물(川)처럼 흘러 전달되게 '가르침'을 뜻한다.
- 訓示(훈시), 敎訓(교훈), 訓育(훈육), 級訓(급훈)
- 중국 训 / 일본 訓

順
- 5급 / 頁부 / 총12획 / 순할 순:
- 냇물(川)처럼 머리(頁)속 생각이 순리를 따름에서 '순함'.
- 順理(순리), 順序(순서), 打順(타순), 順位(순위)
- 중국 顺 / 일본 順

救
- 5급 / 攴부 / 총11획 / 구원할 구:
- 털가죽(求)을 쓴 짐승을 쳐서(攵) 사람을 '구원함'을 뜻한다.
- 救國(구국), 救命(구명), 救急(구급), 救出(구출)
- 중국 救 / 일본 救

球
- 6급 / 玉부 / 총11획 / 공 구, 옥경 구
- 옥(玉)처럼 털가죽(求)으로 만든 둥근 '공'을 뜻한다.
- 地球(지구), 電球(전구), 球團(구단), 始球(시구)
- 중국 球 / 일본 球

			갑문	금문	소전			중국
水	8급 水부 총4획	물 수					水道(수도) 水門(수문) 水位(수위) 水平(수평)	水 일본 水

흥8급 정8급

'물'이 흐르는 **모양(⫽)**으로 '**강 이름**'이나 물과 관계있다.

氷	5급 水부 총5획	얼음 빙			氷河(빙하) 氷水(빙수) 氷板(빙판) 氷雪(빙설)	중국 冰 일본 氷

차갑게(ㄱ) 물(水)이 '얼어, 한 **점(丶)**으로 된 **물(水)**인 '**얼음**'.

永	6급 水부 총5획	길 영:			永遠(영원) 永世(영세) 永生(영생) 永住(영주)	중국 永 일본 永

흥5급 정5급

사람이 물에서 **헤엄치는 모습(汖)**이나, 물이 '**길게**' '**오래**' 흐름.

綠	6급 糸부 총14획	푸를 록			綠地(녹지) 綠色(녹색) 綠化(녹화) 草綠(초록)	중국 绿 일본 綠

흥5급

천이나 **실(糸)**을 **깎은(彔)** 나무속처럼 물들여 '**푸름**'을 뜻한다.

面	7급 面부 총9획	낯 면:			面刀(면도) 書面(서면) 面談(면담) 場面(장면)	중국 面 일본 面

흥준5급 정5급

머리(百) 옆 **양볼([ ])**, 얼굴 윤곽(囗)과 **눈(目)**을 그려 '**얼굴**'을 뜻함.

首	5급 首부 총9획	머리 수			首相(수상) 首席(수석) 元首(원수) 首都(수도)	중국 首 일본 首

흥5급 정5급

머리털(⫽=丷)이 난 **머리(百=눈)**에서 '**머리**' '**우두머리**'를 뜻한다.

道	7급 辵부 총13획	길 도 말할 도			道路(도로) 水道(수도) 道德(도덕) 道理(도리)	중국 道 일본 道

흥준5급 정5급

우두머리(首)가 살아 **갈(辶) '도리**'나 '**길**'을 '**말함**'에서 뜻한다.

類	5급 頁부 총19획	무리 류:			類別(유별) 分類(분류) 種類(종류) 部類(부류)	중국 类 일본 類

흩어진 **쌀(米)**처럼 떼 지은 **개(犬) 머리(頁)**에서, '**무리**'를 뜻한다.

夏	7급 夂부 총10획	여름 하:			夏服(하복) 夏期(하기) 夏草(하초) 立夏(입하)	중국 夏 일본 夏

신흥5급 검정5급

머리(百)와 **발(夂)**을 드러낸 **사람(夏)**에서, 더운 '**여름**'을 뜻한다.

術	6급 行부 총11획	재주 술			美術(미술) 學術(학술) 戰術(전술) 醫術(의술)	중국 术 일본 術

큰길(行)에 **차조(朮)**를 심듯, 일하는 '**방법**' '**재주**' '**꾀**'를 뜻한다.

한자어 익히기

- **服用** (복용)   약을 먹음.
- **輕車** (경차)   경승용차의 준말로, 작고 가벼운 승용차, 엔진 배기량 800cc 이하의 승용차를 이름.
- **災害** (재해)   재앙으로 인한 피해.
- **救命** (구명)   사람의 목숨을 구함.
- **始球** (시구)   야구에서 경기를 시작하기 전에 처음으로 공을 던지거나 치는 일.
- **氷河** (빙하)   높은 산이나 고위도 지방의 만년설이 그 무게의 압력으로 얼음덩이가 되어, 천천히 비탈면을 흘러 내려와 강을 이룬 것.
- **綠地** (녹지)   초목이 푸르게 자란 땅.
- **首席** (수석)   맨 윗자리, 성적 따위의 제 1 위.
- **道理** (도리)   사람이 마땅히 지켜야 할 바른길.
- **戰術** (전술)   전쟁의 방법. 일정한 목적을 달성하기 위한 수단이나 방법.

유의자

順 (순할 순) = 序 (차례 서)	永 (길 영) = 遠 (멀 원)
순서 : 정하여져 있는 차례.	영원 : 언제까지고 계속하여 끊임이 없음.
幸 (다행 행) = 福 (복 복)	道 (길 도) = 路 (길 로)
행복 : 복된 운수.	도로 : 사람이나 차들이 다니는 비교적 큰 길.
河 (물/강 하) = 川 (내 천)	敎 (가르칠 교) = 訓 (가르칠 훈)
하천 : 시내, 강.	교훈 : 가르치고 깨우침.

반대자 · 상대자

輕重 (경중)	輕 (가벼울 경) ←→ 重 (무거울 중)	가벼움과 무거움.
水火 (수화)	水 (물 수) ←→ 火 (불 화)	물과 불.

1 다음 漢字의 訓과 音을 쓰세요.

(1) 面 [ ] (2) 州 [ ] (3) 救 [ ]

(4) 水 [ ] (5) 術 [ ] (6) 服 [ ]

(7) 氷 [ ] (8) 災 [ ] (9) 首 [ ]

(10) 球 [ ] (11) 輕 [ ] (12) 綠 [ ]

(13) 道 [ ] (14) 夏 [ ] (15) 順 [ ]

(16) 訓 [ ] (17) 永 [ ] (18) 類 [ ]

(19) 川 [ ] (20) 幸 [ ]

2 다음 漢字語의 讀音을 쓰세요.

(1) 道德 [ ] (2) 開川 [ ] (3) 救國 [ ]

(4) 水道 [ ] (5) 州郡 [ ] (6) 學術 [ ]

(7) 幸運 [ ] (8) 氷河 [ ] (9) 輕車 [ ]

(10) 綠色 [ ] (11) 類別 [ ] (12) 洋服 [ ]

(13) 訓育 [ ] (14) 夏服 [ ] (15) 永生 [ ]

(16) 火災 [ ] (17) 順理 [ ] (18) 電球 [ ]

(19) 場面 [ ] (20) 首都 [ ] (21) 敎訓 [ ]

(22) 山川草木 [ ] [ ] [ ]   (23) 樂山樂水 [ ] [ ] [ ]

3 다음 漢字의 筆順을 밝히세요.

(1) 氷 자를 필순대로 구별하여 쓰세요. ( )

(2) 州 자에서 5번 획은 몇 번째로 쓰는 지 답하세요. ( )

4 다음 訓과 音에 맞는 漢字를 쓰세요.

(1) 얼음 빙 ☐　　(2) 길 도 ☐　　(3) 순할 순 ☐

(4) 머리 수 ☐　　(5) 공 구 ☐　　(6) 옷 복 ☐

(7) 내 천 ☐　　(8) 무리 류 ☐　　(9) 다행 행 ☐

(10) 길 영 ☐　　(11) 가벼울 경 ☐　　(12) 고을 주 ☐

(13) 낯 면 ☐　　(14) 여름 하 ☐　　(15) 구원할 구 ☐

(16) 재앙 재 ☐　　(17) 푸를 록 ☐　　(18) 물 수 ☐

(19) 가르칠 훈 ☐　　(20) 재주 술 ☐

5 다음 밑줄 친 漢字語를 큰 소리로 읽고 漢字로 써 보세요. (15과 활용 단어)

(1) 이번 안건은 우리 반 <u>급훈</u>을 정하는 것입니다.⋯⋯⋯⋯ (　　　　)

(2) <u>화재</u> 신고는 119입니다.⋯⋯⋯⋯⋯⋯⋯⋯⋯⋯⋯ (　　　　)

(3) 이 세상에 <u>영원</u>한 것은 존재하지 않는다.⋯⋯⋯⋯⋯ (　　　　)

(4) 중학생이 되면 <u>교복</u>을 입는다.⋯⋯⋯⋯⋯⋯⋯⋯⋯ (　　　　)

(5) <u>지구</u>는 둥글다.⋯⋯⋯⋯⋯⋯⋯⋯⋯⋯⋯⋯⋯⋯ (　　　　)

(6) <u>순서</u>를 기다리는 것이 질서의 기본이다.⋯⋯⋯⋯⋯ (　　　　)

　　　　地球　　校服　　永遠　　火災　　順序　　級訓

6 다음 漢字와 뜻이 같거나 비슷한 漢字를 쓰세요.

(1) 順 = ☐　　　　　(2) ☐ = 遠

(3) ☐ = 路　　　　　(4) 幸 = ☐

7 다음 漢字와 뜻이 상대 또는 반대되는 漢字를 쓰세요.

(1) 水 ↔ ☐　　　　　(2) 輕 ↔ ☐

8 다음 漢字語의 뜻을 쓰세요.

(1) 氷水 : (　　　　　　　　　　　　　)

(2) 救命 : (　　　　　　　　　　　　　)

사자성어

❧ 山川草木 (산천초목) : 산과 내와 풀과 나무, 곧 자연을 이르는 말.

❧ 順天者存 (순천자존) : 하늘 또는 자연 질서를 따르며 살아감. 천명에 따르는 자는 번영을 누린다는 뜻. *存(있을 존)→4급

❧ 樂山樂水 (요산요수) : 산과 물을 좋아한다는 것으로 즉 자연을 좋아함.

❧ 春夏秋冬 (춘하추동) : 봄. 여름. 가을. 겨울의 네 계절.

고사성어

水魚之交 (수어지교)   水(물 수) 魚(물고기 어) 之(갈 지)³급II 交(사귈 교)

✦ 물고기와 물의 사귐이라는 뜻으로, 떼려야 뗄 수 없는 친밀한 사이를 가리키는 말.

　삼국시대 때, 위나라의 조조는 강북의 땅을 평정하고 오나라의 손권은 강동의 땅에서 세력을 얻어 각각의 근거지를 굳히고 있었다. 하지만 유비는 아직도 근거지를 확보하지 못하고 있었다.

　또 유비에게는 관우와 장비와 같은 용장이 있었지만 천하의 계교를 세울 만한 지략이 뛰어난 선비가 없었다. 이러한 때에 제갈공명과 같은 사람을 얻었으므로, 유비의 기쁨은 몹시 컸다. 유비는 제갈공명을 절대적으로 신뢰했다.

　제갈공명은 유비에게 형주와 익주를 눌러서 그 곳을 근거지로 하고, 서쪽과 남쪽의 이민족을 어루만져 뒤의 근심을 끊을 것과 내정을 다스려 부국강병의 실리를 올리며, 손권과 결탁하여 조조를 고립시켜 조조를 토벌할 것 등을 건의했다. 유비는 제갈공명의 말에 전적으로 찬성하여 그 실현에 힘을 다하게 되었다. 이리하여 유비와 제갈공명의 교분은 날이 갈수록 친밀해졌다. 그러자 관우나 장비 등이 불만을 품었다.

　"젊은 사람인 제갈공명의 말만 중하게 여기시고, 저희들의 말은 가볍게 취급하시는 겁니까?"

　"내가 제갈공명을 얻은 것은 물고기가 물을 얻은 것과 같은 것이다. 그러니 다시는 이런저런 말을 하지 않기를 바란다."

　그 후로 관우와 장비는 더 이상 불만을 표시하지 않았다.

출전「삼국지(三國志)〈촉지 제갈전(蜀志 諸葛傳)〉」

| 갑문 | 금문 | 소전 |

진흥 5급 검정 5급	和	6급 口부 총8획	화할 화	科 ➡ 呪	和合(화합) 和答(화답) 平和(평화) 調和(조화)	중국 和 일본 和
		고른 **벼(禾)**처럼 **입(口)**으로 조화롭게 말함에서 '**화함**'을 뜻한다.				

진흥 5급 검정 5급	利	6급 刀부 총7획	이할 리:	彩彩 ➡ 彩彩 ➡ 粉	利害(이해) 便利(편리) 勝利(승리) 利己(이기)	중국 利 일본 利
		벼(禾)를 수확하던 **칼(刂)**에서 '**날카롭다**' '**이롭다**'를 뜻한다.				

진흥 5급 검정 5급	秋	7급 禾부 총9획	가을 추	龜龜 ➡ 秋 ➡ 燃	秋夕(추석) 秋夜(추야) 秋月(추월) 秋風(추풍)	중국 秋 일본 秋
		벼(禾) 논에서 **불(火)**로 **메뚜기(蟲)**를 박멸하던 '**가을**'을 뜻한다.				

	歷	5급 止부 총16획	지날 력	替替 ➡ 麻歷 ➡ 歷	歷代(역대) 歷史(역사) 學歷(학력) 來歷(내력)	중국 历 일본 歷
		논둑(厂)에 **벼(秝)**를 다스려(厤) 세우며 **발(止)**로 '**지나감**'.				

진흥 5급 검정 5급	番	6급 田부 총12획	차례 번	番番 ➡ 番	番地(번지) 當番(당번) 順番(순번) 番號(번호)	중국 番 일본 番
		발자국(釆+田)이 '**번갈아**' 차례로 **밭(田)**에 찍힌 '**차례**'를 뜻한다.				

진흥 준5급 검정 5급	老	7급 老부 총6획	늙을 로:	貟貟 ➡ 耆耆 ➡ 耆	老人(노인) 敬老(경로) 老木(노목) 老病(노병)	중국 老 일본 老
		긴머리 **노인(毛+儿=耂)**이 **지팡이(匕)**를 잡고 있어 '**늙음**'을 뜻함.				

	考	5급 老부 총6획	생각할 고(:)	利利 ➡ 耉耉 ➡ 耇	考査(고사) 考案(고안) 再考(재고) 思考(사고)	중국 考 일본 考
		노인(耂)이 경험대로 **교묘히(丂)** '**생각함**'을 뜻한다.				

진흥 준5급 검정 5급	孝	7급 子부 총7획	효도 효:	耉 ➡ 耉耉 ➡ 耇	孝道(효도) 孝子(효자) 孝親(효친) 孝行(효행)	중국 孝 일본 孝
		늙으신(老=耂) 부모를 **아이(子)**가 돕는 데서 '**효도**'를 뜻한다.				

진흥 준5급 검정 5급	敎	8급 攴부 총11획	가르칠 교:	敎敎 ➡ 敎敎 ➡ 敎	敎育(교육) 敎生(교생) 敎會(교회) 敎室(교실)	중국 教 일본 教
		독립할 집을 **엮는(爻)** **아이(子)**를 잘 다스려(攵) '**가르침**'을 뜻함.				

진흥 5급	者	6급 老부 총9획	놈 자 사람 자	耉耉 ➡ 耉耉 ➡ 耇	學者(학자) 記者(기자) 病者(병자) 讀者(독자)	중국 者 일본 者
		'**여러 물건**'(耂)을 **솥(日)**에 넣고 삶는 '**사람**'에서 '**놈**'을 뜻한다.				

한자	급수	부수·총획	훈음	갑문 → 금문 → 소전	풀이	그림	어휘	중국	일본
都	5급	邑부 총12획	도읍 도		많은 **사람(者)**이 사는 **고을(阝)**에서 '**도읍**'을 뜻한다.		都邑(도읍) 都市(도시) 都心(도심) 都賣(도매)	都	都
公	6급	八부 총4획	공평할 공 공변될 공		고루 **나눈(八) 그릇(口=厶)**안의 **물건(厶)**에서 '**공평함**'을 뜻한다.		公平(공평) 公立(공립) 公告(공고) 公開(공개)	公	公
浴	5급	水부 총10획	목욕할 욕		**물(氵)**이 있는 **계곡(谷)**에서 '**목욕함**'을 뜻한다.		浴客(욕객) 浴室(욕실) 足浴(족욕) 入浴(입욕)	浴	浴
氣	7급	气부 총10획	기운 기		하늘 **기운(气)**처럼 **쌀(米)**로 지은 밥에서 나는 '**기운**'을 뜻한다.		氣運(기운) 空氣(공기) 氣溫(기온) 氣力(기력)	气	気
汽	5급	水부 총7획	물끓는김 기		**물(氵)**을 끓일 때 오르는 **기운(气)**에서 '**물 끓는 김**'을 뜻한다.		汽車(기차) 汽船(기선) 汽力(기력) 汽動車(기동차)	汽	汽
料	5급	斗부 총10획	헤아릴 료(ː)		**쌀(米)**의 양을 **말(斗)**로 '**헤아림**'을 뜻한다.		料理(요리) 料金(요금) 給料(급료) 飮料(음료)	料	料
科	6급	禾부 총9획	과목 과		**벼(禾)**를 구분하여 **말(斗)**로 헤아려 두는 데서 '**과목**'을 뜻한다.		科擧(과거) 科目(과목) 科學(과학) 敎科(교과)	科	科
米	6급	米부 총6획	쌀 미		껍질을 벗긴 벼의 알맹이로 '**쌀**'을 뜻한다.		白米(백미) 米價(미가) 米飮(미음) 米色(미색)	米	米
過	5급	辵부 총13획	지날 과ː		잘못 **빠뜨리고(咼) 지나감(辶)**에서 '**지나다**' '**잘못**'을 뜻한다.		過去(과거) 過失(과실) 過速(과속) 過飮(과음)	过	過
關	5급	門부 총19획	관계할 관 빗장 관		두 **문(門)**을 **작은(幺幺) 빗장(丱)**으로 **꿰(𢇇)**듯 연결해 '**관계함**'.	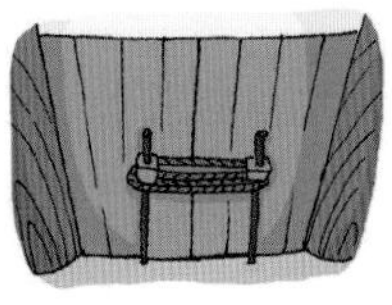	關門(관문) 關心(관심) 關節(관절) 關外(관외)	关	関

흥 준5급 / 정 5급 (氣)

진흥 5급 / 검정 5급 (科)

진흥 5급 / 검정 5급 (米)

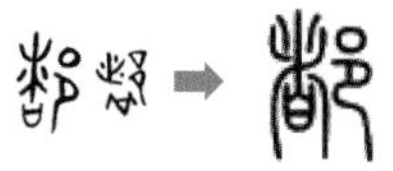

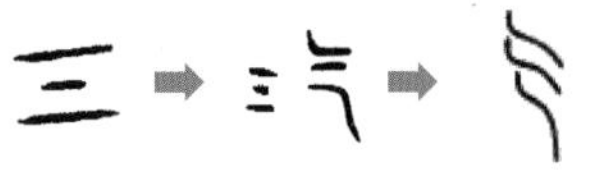

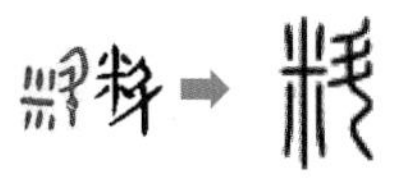

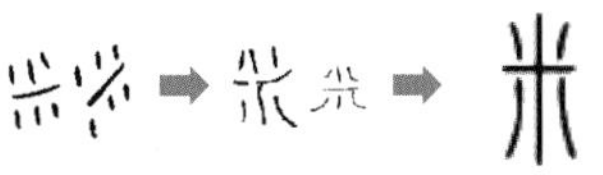

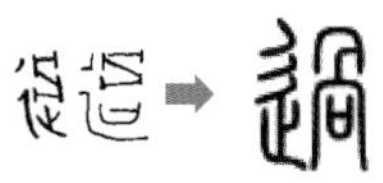

한자어 익히기

- 調和 (조화)　이것저것을 서로 잘 어울리게 함.
- 勝利 (승리)　겨루어 이김.
- 秋夜 (추야)　가을밤.
- 歷史 (역사)　인류 사회가 거쳐온 변천의 모습, 또는 그 기록.
- 當番 (당번)　번 드는 차례에 당함, 또는 그 사람.
- 考案 (고안)　새로운 방법이나 물건을 연구하여 생각해 냄, 또는 그 생각.
- 讀者 (독자)　책, 신문 등 출판물을 읽는 사람.
- 都心 (도심)　도시의 중심.
- 汽船 (기선)　증기 기관을 동력으로 하여 항행하는 배.
- 給料 (급료)　일한 데에 대한 보수.
- 米飮 (미음)　쌀 등을 끓여 체에 거른 음식.
- 過速 (과속)　일정한 표준에서 지나친 속도.
- 關心 (관심)　마음에 두고 잊지 아니함. 마음에 끌림.

유의자

敎 (가르칠 교) = 訓 (가르칠 훈)	公 (공평할 공) = 平 (평평할 평)
교훈 : 가르치고 깨우침.	공평 : 어느 한쪽에 치우치지 않고 공정함.
過 (지날 과) = 去 (갈 거)	過 (지날/허물 과) = 失 (잃을/허물 실)
과거 : 지나간 때. 지난날.	과실 : 잘못이나 허물.

반대자 · 상대자

利害 (이해)	利 (이할 리) ↔ 害 (해할 해)	이익과 손해.
都農 (도농)	都 (도읍 도) ↔ 農 (농사 농)	도시와 농촌.
敎學 (교학)	敎 (가르칠 교) ↔ 學 (배울 학)	가르치는 일과 배우는 일.

1 다음 漢字의 訓과 音을 쓰세요.

(1) 利 [　　　　]　　(2) 公 [　　　　]　　(3) 番 [　　　　]

(4) 汽 [　　　　]　　(5) 敎 [　　　　]　　(6) 過 [　　　　]

(7) 和 [　　　　]　　(8) 都 [　　　　]　　(9) 者 [　　　　]

(10) 關 [　　　　]　　(11) 孝 [　　　　]　　(12) 米 [　　　　]

(13) 秋 [　　　　]　　(14) 浴 [　　　　]　　(15) 老 [　　　　]

(16) 料 [　　　　]　　(17) 考 [　　　　]　　(18) 科 [　　　　]

(19) 氣 [　　　　]　　(20) 歷 [　　　　]

2 다음 漢字語의 讀音을 쓰세요.

(1) 孝親 [　][　]　　(2) 過飮 [　][　]　　(3) 學歷 [　][　]

(4) 都賣 [　][　]　　(5) 秋夕 [　][　]　　(6) 關心 [　][　]

(7) 和答 [　][　]　　(8) 公平 [　][　]　　(9) 番號 [　][　]

(10) 科擧 [　][　]　　(11) 思考 [　][　]　　(12) 敎會 [　][　]

(13) 白米 [　][　]　　(14) 老人 [　][　]　　(15) 料理 [　][　]

(16) 汽車 [　][　]　　(17) 氣溫 [　][　]　　(18) 浴室 [　][　]

(19) 利害 [　][　]　　(20) 孝行 [　][　]　　(21) 記者 [　][　]

(22) 不老長生 [　][　][　][　]　　　　(23) 秋風落葉 [　][　][　][　]

3 다음 漢字의 筆順을 밝히세요.

(1) 者 자의 삐침(ノ)은 몇 번째에 쓰는 지 번호로 답하세요.　난이도▨▨▨□□　　(　　　　)

(2) 米 자의 4번 획은 몇 번째로 쓰는 지 답하세요.　난이도▨▨▨□□　　(　　　　)

4 다음 訓과 音에 맞는 漢字를 쓰세요.

(1) 쌀 미 ☐   (2) 차례 번 ☐   (3) 효도 효 ☐

(4) 도읍 도 ☐   (5) 가을 추 ☐   (6) 놈 자 ☐

(7) 관계할 관 ☐   (8) 화할 화 ☐   (9) 늙을 로 ☐

(10) 가르칠 교 ☐   (11) 공평할 공 ☐   (12) 목욕할 욕 ☐

(13) 생각할 고 ☐   (14) 물끓는김 기 ☐   (15) 헤아릴 료 ☐

(16) 과목 과 ☐   (17) 지날 력 ☐   (18) 이할 리 ☐

(19) 기운 기 ☐   (20) 지날 과 ☐

5 다음 밑줄 친 漢字語를 큰 소리로 읽고 漢字로 써 보세요. (16과 활용 단어)

(1) 우리 아버님은 <u>효자</u>이시다. ………………………… (   )

(2) <u>교육</u>은 백년대계이다. ………………………… (   )

(3) 물이 고여 있어 <u>욕실</u> 바닥이 미끄럽다. ………………… (   )

(4) 지금은 모두 한마음으로 <u>화합</u>할 때이다. ………………… (   )

(5) 그 계획은 <u>재고</u>할 여지가 있다. ………………………… (   )

(6) 어머님이 편찮으셔서 <u>미음</u>을 끓여 드렸다. ……………… (   )

> 教育 浴室 再考 和合 米飮 孝子

6 다음 漢字와 뜻이 상대 또는 반대되는 漢字를 쓰세요.

(1) ☐ ↔ 農   (2) 教 ↔ ☐

(3) 利 ↔ ☐

7 다음 四字成語의 ☐ 안에 알맞은 漢字를 쓰세요.

(1) 不☐長生   (2) ☐風落葉

(3) ☐衆道德   (4) 適☐生存

🏯 사자성어

♣ **秋風落葉** (추풍낙엽) : 가을바람에 흩어져 떨어지는 낙엽. 세력 같은 것이 일순간에 실추됨을 비유함.

♣ **不老長生** (불로장생) : 늙지 아니하고 오래 삶.

♣ **適者生存** (적자생존) : 생존 경쟁의 결과, 환경에 적응하는 생물만 살아 남고 적응하지 못하는 것은 도태되어 사라짐. *適(맞을 적)→4급, 存(있을 존)→4급

♣ **公衆道德** (공중도덕) : 공중을 위하는 덕의. *衆(무리 중)→4급Ⅱ

♣ **逆天者亡** (역천자망) : 하늘의 순리를 거역하는 자는 망함. 진리에 어긋나면 잘못됨.
*逆(거스를 역)→4급Ⅱ

📖 고사성어

脣亡齒寒 (순망치한)   脣(입술 순)³급   亡(없을 망)   齒(이 치)⁴급Ⅱ   寒(찰 한)

✚ '입술이 없으면 이가 드러나 시리다'라는 뜻으로, 서로 의지하고 돕는 사이에 한쪽이 망하면 다른 한쪽도 망하게 됨을 비유하여 이르는 말.

춘추시대 때 진나라 헌공은 괵나라를 치기 위해 우나라에게 길을 빌려 달라고 요청하였다. 왜냐 하면 우나라를 거쳐야만 괵나라로 갈 수 있었기 때문이다.

헌공은 사신을 보내 명마와 구슬 등 많은 재물을 우나라 임금에게 뇌물로 바치며 길을 빌려 달라고 간청하였다. 이에 우나라 임금은 재물에 눈이 멀어 헌공의 청을 순순히 받아들이려고 하였다. 그러나 진나라의 속셈을 눈치 챈 궁지기라는 신하가 이를 반대하며 말했다.

"괵은 우나라의 울타리입니다. 괵나라가 망하면 우나라도 반드시 망하게 됩니다. 진나라에게 길을 열어주어서는 안 됩니다. 입술이 없으면 이가 시리다고 한 것은 바로 우나라와 괵나라를 두고 한 말입니다."

하지만 진나라의 뇌물에 눈이 어두워진 우공은 궁지기의 말을 따르지 않고 길을 내주었다. 결국 진나라는 괵나라로 쳐들어가서 괵을 멸망시킨 뒤 돌아오는 길에 우나라도 공격해서 멸망시키고 말았다.

출전「춘추좌씨전(春秋左氏傳)〈희공오년조(僖公五年條)〉」

			갑문	금문	소전			
진흥 5급 검정 5급	樂	6급 木부 총15획	즐길 락 노래 악 좋아할 요				樂園(낙원) 音樂(음악) 安樂(안락) 樂山(요산)	중국 乐 일본 樂
		엄지(白)로 연주하는 **줄(絲)**을 매단 **나무(木)** 받침**악기**를 뜻한다.						
진흥 5급	藥	6급 艸부 총19획	약 약				藥局(약국) 藥效(약효) 藥草(약초) 藥物(약물)	중국 药 일본 藥
		초목(艸) 중에 건강을 찾아 **즐겁게(樂)** 해주는 '약'을 뜻한다.						
진흥 5급	孫	6급 子부 총10획	손자 손(:)				孫子(손자) 後孫(후손) 王孫(왕손) 子孫(자손)	중국 孙 일본 孫
		자식(子)의대를 이은(系) '손자'를 뜻한다.						
	變	5급 言부 총23획	변할 변				變化(변화) 變身(변신) 變動(변동) 事變(사변)	중국 变 일본 変
		계속 이어(絲) 다스려(攵) 조금씩 '변함'을 뜻한다.						
	觀	5급 見부 총25획	볼 관				觀光(관광) 觀心(관심) 美觀(미관) 觀望(관망)	중국 观 일본 観
		뿔 털(艹)과 눈(吅)이 있는 새(隹)인 황새(雚)가 봄(見)에서 '보다'.						
	集	6급 隹부 총12획	모을 집				集合(집합) 集中(집중) 全集(전집) 集會(집회)	중국 集 일본 集
		새들(雥=隹)이 나무(木) 위에 모여 있는 데서 '모임'을 뜻한다.						
	舊	5급 臼부 총18획	예 구:				舊面(구면) 舊習(구습) 舊式(구식) 親舊(친구)	중국 旧 일본 旧
		부엉이(雈)가 절구(臼) 모양 집에서 '옛'부터 '오래' 삶을 뜻한다.						
	曜	5급 日부 총18획	빛날 요:				曜日(요일) 月曜日(월요일) 土曜日(토요일) 火曜日(화요일)	중국 曜 일본 曜
		해(日)가 깃(羽)이 아름다운 새(隹)인 꿩의 깃(翟)에 '빛남'.						
	雄	5급 隹부 총12획	수컷 웅				英雄(영웅) 雄大(웅대) 雄才(웅재) 雄心(웅심)	중국 雄 일본 雄
		손(又=ナ)을 구부린(厶) 것처럼 튼튼한(厷) 힘 센 새(隹)인 '수컷'.						
	島	5급 山부 총10획	섬 도				落島(낙도) 獨島(독도) 半島(반도) 海島(해도)	중국 岛 일본 島
		새(鳥=鸟)들이 살거나 쉬는 물 가운데 산(山)처럼 솟은 '섬'.						

갑문	금문	소전

	급수	훈·음	자형 변천	그림	한자어	중국·일본
馬 흥 준5급 정 6급	5급 馬부 총10획	말 마:	→ →		馬車(마차) 名馬(명마) 鐵馬(철마) 競馬(경마)	중국 马 일본 馬
	말의 **눈(目)**과 **깃털(彡)**과 **다리(灬)**를 강조한 '**말**'을 뜻한다.					
長 흥 준5급 정 5급	8급 長부 총8획	긴 장(ː) 어른 장(ː)	→ →		長短(장단) 長男(장남) 長成(장성) 長期(장기)	중국 长 일본 長
	긴 머리 노인이 지팡이를 들고 서 있어 '**길다**' '**어른**'을 뜻한다.					
班 정 5급	6급 玉부 총10획	나눌 반	→		班長(반장) 班家(반가) 合班(합반) 分班(분반)	중국 班 일본 班
	서옥(珏=玨; 쌍옥 **각**)을 **칼(刂)**로 나누는 데서 '**나눔**'을 뜻한다.					
王 흥 8급 정 준5급	8급 玉부 총4획	임금 왕	→ →		王室(왕실) 王國(왕국) 王子(왕자) 王朝(왕조)	중국 王 일본 王
	넓적하고 큰 **도끼 모양(王)**을 들던 '**왕**'을 뜻한다.					
主 흥 6급 정 준5급	7급 丶부 총5획	주인 주	→ →		主人(주인) 主動(주동) 主力(주력) 物主(물주)	중국 主 일본 主
	중심에 두던 **등불(丶)**과 **등받침(王)**에서 '**주인**' '**임금**'을 뜻한다.					
住 흥 준5급 정 5급	7급 人부 총7획	살 주:			住民(주민) 住所(주소) 安住(안주) 住宅(주택)	중국 住 일본 住
	사람(亻)이 횃대 **중심(主)**처럼 한곳에 머물러 '**삶**'을 뜻한다.					
注	6급 水부 총8획	부을 주: 물댈 주:	→		注油(주유) 注目(주목) 注力(주력) 注入(주입)	중국 注 일본 注
	물(氵)을 어느 곳의 **중심(主)**에 붓는 데서 '**붓다**'를 뜻한다.					
黃 진흥 5급 검정 5급	6급 黃부 총12획	누를 황	→ →		黃金(황금) 黃色(황색) 黃土(황토) 黃太(황태)	중국 黄 일본 黄
	허리춤에 차던 누런 **노리개(黃·黃)**에서 '**누르다**' '**가로**'를 뜻함.					
廣	5급 广부 총15획	넓을 광:	→ →		廣野(광야) 廣告(광고) 廣場(광장) 廣大(광대)	중국 广 일본 広
	벽이 없어 **집(广)**안이 **누렇고(黃)** '**넓음**'을 뜻한다.					
漢 진흥 준5급 검정 5급	7급 水부 총14획	한수 한: 한나라 한:	→		漢陽(한양) 漢字(한자) 漢文(한문) 漢江(한강)	중국 汉 일본 漢
	물(氵)이 노란 **진흙(堇=菫)**땅을 지나는 '**한수**'유역의 '**한나라**'.					

한자어 익히기

- **樂山** (요산)　산을 좋아함.
- **藥效** (약효)　약의 효험.
- **變化** (변화)　사물의 모양·성질·상태 등이 달라짐.
- **觀望** (관망)　한발 물러나서 어떤 일이 되어가는 형편을 바라봄.
- **全集** (전집)　한 사람, 또는 같은 종류나 시대의 저작을 한데 모아서 한 질로 출판한 책.
- **舊習** (구습)　옛날 습관. 예부터 내려오는 낡은 습관.
- **落島** (낙도)　뭍에서 멀리 떨어져 있는 섬.
- **名馬** (명마)　이름난 말.
- **長成** (장성)　아이가 자라 어른이 됨.
- **班家** (반가)　양반의 집안.
- **主動** (주동)　어떤 일에 주장이 되어 행동함.
- **注入** (주입)　액체를 물체 안에 흘러 넣음. 지식을 기계적으로 기억하게 하여 가르침.
- **廣告** (광고)　세상에 널리 알림, 또는 그런 일.

유의자

變(변할 변) = 化(될 화)	集(모을 집) = 合(합할 합)
변화 : 사물의 모양·성질·상태 등이 달라짐.	집합 : 한군데로 모임.
分(나눌 분) = 班(나눌 반)	
분반 : 한 반을 몇 개의 반으로 나눔.	

반대자 · 상대자

長短(장단)	長(길 장)	↔	短(짧을 단)	길고 짧음.
主客(주객)	主(주인 주)	↔	客(손 객)	주인과 손님.
祖孫(조손)	祖(할아버지 조)	↔	孫(손자 손)	할아버지와 손자.

1 다음 漢字의 訓과 音을 쓰세요.

(1) 注 [   ]　　(2) 王 [   ]　　(3) 觀 [   ]

(4) 樂 [   ]　　(5) 漢 [   ]　　(6) 班 [   ]

(7) 集 [   ]　　(8) 孫 [   ]　　(9) 黃 [   ]

(10) 變 [   ]　　(11) 島 [   ]　　(12) 雄 [   ]

(13) 廣 [   ]　　(14) 舊 [   ]　　(15) 曜 [   ]

(16) 藥 [   ]　　(17) 馬 [   ]　　(18) 主 [   ]

(19) 長 [   ]　　(20) 住 [   ]

2 다음 漢字語의 讀音을 쓰세요.

(1) 廣野 [   ]　　(2) 英雄 [   ]　　(3) 王孫 [   ]

(4) 長成 [   ]　　(5) 藥局 [   ]　　(6) 曜日 [   ]

(7) 住宅 [   ]　　(8) 漢江 [   ]　　(9) 注油 [   ]

(10) 樂園 [   ]　　(11) 馬車 [   ]　　(12) 合班 [   ]

(13) 事變 [   ]　　(14) 主力 [   ]　　(15) 黃金 [   ]

(16) 海島 [   ]　　(17) 舊面 [   ]　　(18) 集合 [   ]

(19) 觀光 [   ]　　(20) 王朝 [   ]　　(21) 音樂 [   ]

(22) 黃金萬能 [   ]　　　(23) 敎學相長 [   ]

3 다음 漢字의 筆順을 밝히세요.

(1) 長 자에서 파임(乀)은 몇 번째에 쓰는 지 번호로 답하세요.　　(   )

(2) 雄 자에서 좌측의 삐침(丿)은 몇 번째에 쓰는 지 번호로 답하세요.(   )

4 다음 訓과 音에 맞는 漢字를 쓰세요.

(1) 살 주 [ ]　　(2) 부을 주 [ ]　　(3) 주인 주 [ ]

(4) 즐길 락 [ ]　　(5) 모을 집 [ ]　　(6) 한수 한 [ ]

(7) 예 구 [ ]　　(8) 나눌 반 [ ]　　(9) 빛날 요 [ ]

(10) 말 마 [ ]　　(11) 임금 왕 [ ]　　(12) 볼 관 [ ]

(13) 수컷 웅 [ ]　　(14) 손자 손 [ ]　　(15) 긴 장 [ ]

(16) 섬 도 [ ]　　(17) 누를 황 [ ]　　(18) 넓을 광 [ ]

(19) 약 약 [ ]　　(20) 변할 변 [ ]

5 다음 밑줄 친 漢字語를 큰 소리로 읽고 漢字로 써 보세요. (17과 활용 단어)

(1) 우리는 서로 <u>구면</u>입니다. ……………………………………… (　)

(2) 요즘은 진정한 <u>영웅</u>이 존재하지 않는 불행한 시기다. ……… (　)

(3) 내일은 <u>반장</u> 선거가 있는 날이다. …………………………… (　)

(4) 대도시로 인구 <u>집중</u> 현상이 일어나다. ……………………… (　)

(5) <u>낙도</u>의 어린이들은 참 순수한 것 같다. ……………………… (　)

(6) 조금 더 사태를 <u>관망</u>해 보자. ………………………………… (　)

> 英雄　觀望　舊面　集中　班長　落島

6 다음 漢字와 뜻이 같거나 비슷한 漢字를 쓰세요.

(1) 變 = [　]　　　　(2) [　] = 合

(3) [　] = 班

7 다음 漢字語의 뜻을 쓰세요.

(1) 廣場 : (　　　　　　　　　　)

(2) 藥效 : (　　　　　　　　　　)

(3) 馬車 : (　　　　　　　　　　)

📚 사자성어

❤ **千變萬化** (천변만화) : 한없이 변화함을 일컫는 말.

❤ **千萬多幸** (천만다행) : 아주 다행함.

❤ **竹馬故友** (죽마고우) : 대나무 말을 타고 함께 놀던 친구라는 뜻으로, 어릴 때부터 같이 놀며
자란 벗을 이르는 말. *故(연고 고)→4급Ⅱ

❤ **敎學相長** (교학상장) : 남을 가르치는 일과 스승에게서 배우는 일이 서로 도와서 자기의 학문
을 길러 줌.

❤ **黃金萬能** (황금만능) : 돈만 있으면 만사가 뜻대로 될 수 있다는 말.

📖 고사성어

梁上君子(양상군자)　梁(들보 량)³급Ⅱ　上(윗 상)　君(임금 군)⁴급　子(아들 자)

➕ 대들보 위의 군자라는 뜻으로, 집 안에 들어온 도둑을 비유하여 이르는 말.

후한 말기, 진식이라는 사람이 태구현이라는 곳의 원님으로 부임했다. 그는
사람됨이 거만하지도 않고 청렴하고 온화한 성품으로 마을을 잘 다스려 나
갔다.

그러던 어느 해에 흉년이 들어 백성들이 괴로움을 겪고 있을 때였다. 진
식이 책을 읽고 있었는데, 한 사나이가 그 방으로 숨어 들어와서 대들보 위에
엎드렸다. 도둑이라고 생각한 진식은 모르는 체하고 있다가 잠시 후,
아이들과 손자들을 불러들여 정색을 하고 그들에게 훈계를 하기 시작했다.

"사람은 스스로 노력하지 않으면 안 된다. 나쁜 사람이라도 본성이 다 악한 것이 아니라 나쁜 습관으로 인해 본
성이 변해 버린 것이다. 바로 저 대들보 위에 있는 군자도 그렇다."

도둑은 진식의 말에 감동되어 대들보에서 내려와 머리를 조아리며 사죄했다. 진식은 그를 물끄러미 바라보다
가 "자네의 모습을 보니 악한 사람 같지는 않네. 아마도 가난에 못 이겨 한 짓이겠지."라고 말하면서 비단 두 필을
주어 돌려보냈다.

이 일이 있은 후부터 그 지역에는 도둑질하는 사람이 없어졌다고 한다.

출전 「후한서(後漢書) 〈진식전(陳寔傳)〉」

	갑문	금문	소전		중국/일본

진흥 준5급 검정 5급	**示** 5급 示부 총5획	보일 **시:**	干祘 ➡ 亦 ➡ 示	展示(전시) 訓示(훈시) 表示(표시) 告示(고시)	중국 示 일본 示
	제물(一)과 제단(丁), 흐르는 핏물(八)로 '신'에 정성을 '보임'.				
진흥 준5급 검정 준5급	**衣** 6급 衣부 총6획	옷 **의**	⬆⬇ ➡ 호호 ➡ ⬆	衣服(의복) 衣食(의식) 內衣(내의) 衣類(의류)	중국 衣 일본 衣
	옷깃(亠)과 소매와 옷자락(仄)인 웃옷(企)으로 '옷'을 뜻한다.				
진흥 5급	**表** 6급 衣부 총8획	겉 **표**	恚 ➡ 恚	表示(표시) 表現(표현) 圖表(도표) 表記(표기)	중국 表 일본 表
	털(毛=龷)이 겉으로 보이는 옷(衣)에서 '겉' '나타남'을 뜻한다.				
	園 6급 口부 총13획	동산 **원**	圓 ➡ 圓	公園(공원) 樂園(낙원) 庭園(정원) 花園(화원)	중국 园 일본 園
	경계(口)를 이룬 넓은(袁) '과수원'에서 '동산'을 뜻한다.				
진흥 5급 검정 5급	**遠** 6급 辶부 총14획	멀 **원:**	術徍 ➡ 遽遠 ➡ 遠	永遠(영원) 遠近(원근) 遠大(원대) 遠洋(원양)	중국 远 일본 遠
	길고(袁) 먼 길을 걸어가는(辶) 데서 '멀다'를 뜻한다.				
	卒 5급 十부 총8획	마칠 **졸** 군사 **졸**	衾衾 ➡ 쬒卒 ➡ 쬒	卒業(졸업) 卒年(졸년) 卒兵(졸병) 病卒(병졸)	중국 卒 일본 卒
	옷(衣=仄)에 갑편(十=一)을 단 옷(卒·쬒) 입은 '군사'가 '죽어' '마침'.				
진흥 5급	**窓** 6급 穴부 총11획	창문 **창**	窗	窓門(창문) 同窓(동창) 窓口(창구) 車窓(차창)	중국 窗 일본 窓
	구멍(穴) 뚫린 창(囪=厶)으로, 마음(心)을 밝히는 '창(窓)'을 뜻한다.				
	然 7급 火부 총12획	그럴 **연**	然 ➡ 然	自然(자연) 本然(본연) 當然(당연) 然後(연후)	중국 然 일본 然
	고기(月)로 만들 개(犬)를 불(灬)에 '그렇게' 구움을 뜻한다.				
진흥 8급 검정 8급	**父** 8급 父부 총4획	아비 **부** 아버지 **부**	攴攴 ➡ 乶攴 ➡ 攴	生父(생부) 父王(부왕) 父女(부녀) 父子(부자)	중국 父 일본 父
	사냥도구(丨)를 손(又=乂)에 들고 사냥하는 '아비'를 뜻한다.				
진흥 5급 검정 5급	**交** 6급 亠부 총6획	사귈 **교**	亣亣 ➡ 亥亥 ➡ 亥	交流(교류) 交代(교대) 交分(교분) 交通(교통)	중국 交 일본 交
	사람(大=六)의 두 발(乂)이 엇갈려 있어 '서로' '사귐'을 뜻한다.				

	갑문	금문	소전		중국

			갑문 → 금문 → 소전		
校 흥 준5급 정 5급	8급 木부 총10획	학교 교:	🜨 ➡ 校 ➡ 校	校長(교장) 校服(교복) 校門(교문) 校訓(교훈)	중국 校 일본 校
	나무(木)를 엇갈려(交) 만든 **'형틀'**로, 사람을 **'바로잡는' '학교'**.				
效 흥 6급 정 준5급	5급 攴부 총10획	본받을 효:	🜨 ➡ 敥 ➡ 敫	效能(효능) 效用(효용) 效果(효과) 效力(효력)	중국 效 일본 効
	서로(交) 같아지도록 **치는(攵)** 데서 **'본받다' '효험'**을 뜻한다.				
文 흥 6급 정 준5급	7급 文부 총4획	글월 문	🜨 ➡ 🜨 ➡ 文	文法(문법) 文明(문명) 文學(문학) 文化(문화)	중국 文 일본 文
	몸에 **'문신'**을 한 모양으로, **'무늬' '글월'** 등을 뜻한다.				
雲 흥 5급 정 5급	5급 雨부 총12획	구름 운	🜨 ➡ 🜨 ➡ 雲	雲集(운집) 白雲(백운) 靑雲(청운) 雲海(운해)	중국 云 일본 雲
	비(雨)를 내리게 하는 **구름(云)**에서 **'구름'**을 뜻한다.				
雨 흥 5급 정 5급	5급 雨부 총8획	비 우:	🜨 ➡ 雨 ➡ 雨	雨期(우기) 風雨(풍우) 雨衣(우의) 雨天(우천)	중국 雨 일본 雨
	하늘에서 내리는 **'비'**의 모양(🜨·🜨)으로, **기상상태**를 뜻한다.				
電 흥 준5급 정 5급	7급 雨부 총13획	번개 전:	🜨 ➡ 電	電子(전자) 電力(전력) 電車(전차) 電流(전류)	중국 电 일본 電
	비(雨)가 내릴 때 **펼쳐(申=电)** 내리치는 **'번개'**를 뜻한다.				
雪 흥 6급 정 6급	6급 雨부 총11획	눈 설	🜨 ➡ 雪	雪山(설산) 白雪(백설) 雪景(설경) 大雪(대설)	중국 雪 일본 雪
	비(雨)처럼 내려 **비(彗=⇒)**로 쓸어야 하는 **'눈'**을 뜻한다.				
己 흥 준5급 정 6급	5급 己부 총3획	몸 기	己 ➡ 己 ➡ 己	利己(이기) 自己(자기) 知己(지기) 己物(기물)	중국 己 일본 己
	주살이나, 그물 중심 몸인, 벼리가 되는 실에서 **'몸'**을 뜻한다.				
記 흥 준5급 정 5급	7급 言부 총10획	기록할 기	記 ➡ 記	登記(등기) 記者(기자) 記事(기사) 日記(일기)	중국 记 일본 記
	말(言)의 **몸(己)**이 되는 사실을 **'기록하여' '적음'**을 뜻한다.				
改 흥 준5급 정 5급	5급 攴부 총7획	고칠 개:	改 ➡ 改 ➡ 改	改良(개량) 改善(개선) 改名(개명) 改過(개과)	중국 改 일본 改
	어린아이(巳=己)의 잘못된 **몸(己)**을 다스려(攵) **'고침'**을 뜻한다.				

한자어 익히기

- 展示 (전시) 여러 가지 물품을 한곳에 벌여 놓고 보임.
- 表示 (표시) 겉으로 드러내 보임.
- 圖表 (도표) 그림과 표.
- 遠大 (원대) 규모가 큼. 뜻이 큼.
- 卒業 (졸업) 규정된 교과, 학과 과정을 마침.
- 交流 (교류) 문화, 사상 등의 조류가 서로 통함.
- 交分 (교분) 친구 사이의 사귄 정분.
- 校服 (교복) 학교의 제복.
- 效用 (효용) 보람 있게 쓰거나 쓰임.
- 雲集 (운집) 구름처럼 많이 모임.
- 靑雲 (청운) 푸른빛을 띤 구름. 높은 명예나 벼슬을 비유하여 이르는 말.
- 雪景 (설경) 눈 내리는 경치. 눈이 쌓인 경치.
- 登記 (등기) 민법상의 권리나 사실의 존재를 공시하기 위해 일정 사항을 등기부에 기재하는 일.
- 改善 (개선) 좋게 고침.

유의자

衣 (옷 의)	=	服 (옷 복)	表 (겉 표)	=	示 (보일 시)
의복 : 옷.			표시 : 겉으로 드러내 보임.		
文 (글월 문)	=	章 (글 장)	永 (길 영)	=	遠 (멀 원)
문장 : 어떤 생각이나 느낌을 글로 나타낸 것.			영원 : 끝없는 세월.		

반대자 · 상대자

遠近 (원근)	遠 (멀 원) ↔ 近 (가까울 근)	멀고 가까움.
父子 (부자)	父 (아비 부) ↔ 子 (아들 자)	아버지와 아들.

1 다음 漢字의 訓과 音을 쓰세요.

(1) 雪 〔　　　〕　　(2) 園 〔　　　〕　　(3) 卒 〔　　　〕

(4) 文 〔　　　〕　　(5) 示 〔　　　〕　　(6) 電 〔　　　〕

(7) 改 〔　　　〕　　(8) 父 〔　　　〕　　(9) 然 〔　　　〕

(10) 效 〔　　　〕　　(11) 表 〔　　　〕　　(12) 雨 〔　　　〕

(13) 校 〔　　　〕　　(14) 己 〔　　　〕　　(15) 記 〔　　　〕

(16) 交 〔　　　〕　　(17) 雲 〔　　　〕　　(18) 窓 〔　　　〕

(19) 遠 〔　　　〕　　(20) 衣 〔　　　〕

2 다음 漢字語의 讀音을 쓰세요.

(1) 交代 〔　　〕　　(2) 風雨 〔　　〕　　(3) 同窓 〔　　〕

(4) 校長 〔　　〕　　(5) 遠大 〔　　〕　　(6) 訓示 〔　　〕

(7) 效能 〔　　〕　　(8) 樂園 〔　　〕　　(9) 當然 〔　　〕

(10) 改良 〔　　〕　　(11) 利己 〔　　〕　　(12) 父女 〔　　〕

(13) 卒兵 〔　　〕　　(14) 衣服 〔　　〕　　(15) 卒業 〔　　〕

(16) 靑雲 〔　　〕　　(17) 電子 〔　　〕　　(18) 雪山 〔　　〕

(19) 日記 〔　　〕　　(20) 文明 〔　　〕　　(21) 告示 〔　　〕

(22) 白衣民族 〔　　　　〕　　　　(23) 電光石火 〔　　　　〕

3 다음 漢字의 筆順을 밝히세요.

(1) 己 자를 필순대로 구별하여 쓰세요. 　　(　　　　　　　　　)

(2) 示 자의 쓰는 순서가 올바른 것을 고르세요. 　　(　　　　　)

　　　㉮ 1-2-3-4-5　　　　　　㉯ 2-1-3-5-4
　　　㉰ 1-2-5-3-4　　　　　　㉱ 2-1-5-3-4

4 다음 訓과 音에 맞는 漢字를 쓰세요.

(1) 학교 교 ☐　　(2) 아비 부 ☐　　(3) 몸 기 ☐

(4) 비 우 ☐　　(5) 겉 표 ☐　　(6) 마칠 졸 ☐

(7) 고칠 개 ☐　　(8) 보일 시 ☐　　(9) 본받을 효 ☐

(10) 기록할 기 ☐　　(11) 멀 원 ☐　　(12) 글월 문 ☐

(13) 사귈 교 ☐　　(14) 구름 운 ☐　　(15) 창문 창 ☐

(16) 옷 의 ☐　　(17) 번개 전 ☐　　(18) 동산 원 ☐

(19) 눈 설 ☐　　(20) 그럴 연 ☐

5 다음 밑줄 친 漢字語를 큰 소리로 읽고 漢字로 써 보세요. (18과 활용 단어)

(1) 우리 교장 선생님은 참 인자하신 분이다. ··················· (　　　　)

(2) 전기 사용량이 많은 한여름에는 전력이 부족하다. ········· (　　　　)

(3) 오늘 저녁 동창 모임이 있다. ····························· (　　　　)

(4) 지하철의 개통으로 교통문제가 일부 해소되었다. ········· (　　　　)

(5) 너의 마음을 표현해야 다른 사람이 이해할 수 있다. ······· (　　　　)

(6) 네 본연의 임무를 소홀히 하지 마라. ····················· (　　　　)

交通　校長　表現　電力　本然　同窓

6 다음 漢字와 뜻이 상대 또는 반대되는 漢字를 쓰세요.

(1) 遠 ↔ ☐　　　　　(2) ☐ ↔ 子

7 다음 四字成語의 ☐ 안에 알맞은 漢字를 쓰세요.

(1) 千變☐化　　(2) 千萬☐幸　　(3) ☐金萬能

(4) 白☐民族　　(5) 電光☐火

사자성어

♣ **白衣民族** (백의민족) : 흰옷을 입은 민족이라는 뜻으로, '한민족'을 이르는 말.

♣ **父傳子傳** (부전자전) : 아버지가 아들에게 대대로 전함.

♣ **電光石火** (전광석화) : 몹시 짧은 시간.

♣ **改過遷善** (개과천선) : 지나간 허물을 고치어 착하게 됨. * 遷(옮길 천)→3급Ⅱ

♣ **朝變夕改** (조변석개) : 아침저녁으로 뜯어 고침 곧 일을 자주 뜯어고침.

고사성어

緣木求魚 (연목구어) 緣(인연/오를 연)⁴급 木(나무 목) 求(구할 구)⁴급Ⅱ 魚(물고기 어)

✛ 나무에 올라가서 물고기를 구하려 한다는 뜻으로, 도저히 불가능한 일을 하려는 것을 비유하는 말.

제나라의 선왕이 맹자에게, 춘추시대 때 중국을 통일했던 제환공과 진 문공의 일을 듣고 싶다고 말했다. 그에게는 제후국의 통일이 주된 관심사였기 때문이었다. 이에 대해 맹자는 지금의 자기 자리에 만족할 줄 알아야 한다고 말했다.

그러나 왕은 끝끝내 영토를 확장하고 전쟁을 일으켜서 중국 전체를 지배하며 사방의 오랑캐들을 다스리고자 하는 야욕을 버리지 않았다. 이에 맹자는 다시 선왕에게 말했다.

"무력을 통해 영토를 확장하여 진나라나 초나라 같은 큰 나라를 굴복시키고, 나아가 중국 전체를 지배하고자 하는 욕망을 이루려는 것은 마치 나무에 올라가서 물고기를 얻고자 하는 것과 같습니다."

왕이 깜짝 놀라며 물었다.

"그게 그토록 터무니없는 일이란 말인가?"

"예, 나무에 올라가서 물고기를 잡으려는 것보다 더 무리한 일입니다. 나무에 올라가 물고기를 구하는 짓은 고기만 얻지 못할 뿐 후환은 없습니다. 그러나 전쟁을 통한 영토 확장은 백성들을 괴롭히고 나라를 망쳐 재난을 초래할 뿐입니다."

출전 「맹자(孟子) 〈양혜왕편(梁惠王篇)〉」

| 갑문 | 금문 | 소전 |

邑
진흥 준5급 / 검정 5급
7급 · 邑부 · 총7획 · 고을 읍
성곽(口)아래 꿇어앉은 사람(巴=巴)으로, '고을'을 뜻한다.
邑長(읍장) / 邑內(읍내) / 食邑(식읍) / 都邑(도읍)
중국 邑 / 일본 邑

色
진흥 준5급 / 검정 5급
7급 · 色부 · 총6획 · 빛 색
선 사람(⺈)과 꿇어앉은 사람(巴=巴)에서 '각양각색' '색'을 뜻함.
色相(색상) / 色感(색감) / 原色(원색) / 氣色(기색)
중국 色 / 일본 色

地
진흥 준5급 / 검정 6급
7급 · 土부 · 총6획 · 따 지 / 땅 지
흙(土)이 길게(也) 펼쳐진 '땅(따)'을 뜻한다.
地球(지구) / 地方(지방) / 地位(지위) / 土地(토지)
중국 地 / 일본 地

他
5급 · 人부 · 총5획 · 다를 타
사람(亻)이 긴뱀(它=也)과 '다름' 또는 '다른 일'을 뜻한다.
出他(출타) / 他人(타인) / 他界(타계) / 他國(타국)
중국 他 / 일본 他

女
진흥 8급 / 검정 8급
8급 · 女부 · 총3획 · 계집 녀
두 손이 묶여 잡혀온 노예나 '여자'에서 '계집'을 뜻한다.
女性(여성) / 仙女(선녀) / 女軍(여군) / 長女(장녀)
중국 女 / 일본 女

安
진흥 준5급 / 검정 5급
7급 · 宀부 · 총6획 · 편안 안
집(宀)안 일을 하는 노예(女)나 여자(女)에서 '편안함'을 뜻한다.
安全(안전) / 問安(문안) / 便安(편안) / 安心(안심)
중국 安 / 일본 安

案
5급 · 木부 · 총10획 · 책상 안:
편안하게(安) 밥 먹고 책 보는, 나무(木)로 만든 '책상'이나 '밥상'.
答案(답안) / 法案(법안) / 案件(안건) / 草案(초안)
중국 案 / 일본 案

要
5급 · 襾부 · 총9획 · 요긴할요(:)
덮어(襾)잡은 여자(女)의 허리에서 '중요함' '요긴함'을 뜻한다.
重要(중요) / 要因(요인) / 要所(요소) / 要望(요망)
중국 要 / 일본 要

母
진흥 8급 / 검정 8급
8급 · 母부 · 총5획 · 어미 모: / 어머니 모:
여자(女) 가슴에 두 점(丶)을 표해 아이가 있는 '어미'를 뜻한다.
母情(모정) / 母親(모친) / 父母(부모) / 母子(모자)
중국 母 / 일본 母

每
진흥 준5급 / 검정 5급
7급 · 母부 · 총7획 · 매양 매(:)
매일 머리에 장식(⺈)을 한 여자(母)에서 '매양' '매일'을 뜻한다.
每番(매번) / 每日(매일) / 每年(매년) / 每事(매사)
중국 每 / 일본 每

			갑문	금문	소전		
홍 준5급 정 5급	海	7급 水부 총10획	바다 해:	博 → 海		海流(해류) 海水(해수) 海洋(해양) 近海(근해)	중국 海 일본 海
		큰 물(氵)로 매양(每) 변치 않는 '바다'를 뜻한다.					
홍 6급 정 준5급	方	7급 方부 총4획	모 방	方 → 方 → 方		方向(방향) 方法(방법) 方式(방식) 近方(근방)	중국 方 일본 方
		쟁기나, 형틀(一)에 묶인 사방의 이방인에서, '모' '방향'을 뜻함.					
홍 5급 정 5급	放	6급 攴부 총8획	놓을 방(:)	我放 → 放		放心(방심) 放學(방학) 放生(방생) 放火(방화)	중국 放 일본 放
		이방인(方)을 다스려(攵) 풀어 주는 데서 '놓다' '내침'을 뜻한다.					
홍 5급	族	6급 方부 총11획	겨레 족	族 → 族 → 族		家族(가족) 民族(민족) 族長(족장) 部族(부족)	중국 族 일본 族
		한 깃발(认) 아래 화살(矢)처럼 뭉친 '겨레' '무리'를 뜻한다.					
	旅	5급 方부 총10획	나그네 려	旅 → 旅 → 旅		旅行(여행) 旅情(여정) 旅費(여비) 旅客(여객)	중국 旅 일본 旅
		깃발(认) 따라 떠도는 사람(从=氏)인 군대나 '나그네'를 뜻한다.					
홍 준5급 정 5급	市	7급 巾부 총5획	저자 시:	市 → 市 → 市		市場(시장) 市內(시내) 市長(시장) 市民(시민)	중국 市 일본 市
		많은 발(止=亠)이 모이던 깃발(巾) 걸린 '시장(市=市)' '저자'를 뜻함.					
	角	6급 角부 총7획	뿔 각	角 → 角 → 角		角木(각목) 角度(각도) 直角(직각) 角質(각질)	중국 角 일본 角
		짐승의 뿔(仒·仒) 모양에서 '뿔'을 뜻한다.					
진흥 5급 검정 5급	用	6급 用부 총5획	쓸 용:	用 → 用 → 用		用法(용법) 用量(용량) 費用(비용) 使用(사용)	중국 用 일본 用
		여러 용도로 쓰이는 나무로 만든 '통(用)'에서 '쓰다'를 뜻한다.					
진흥 5급	勇	6급 力부 총9획	날랠 용:	勇 → 勇		勇氣(용기) 勇士(용사) 勇兵(용병) 大勇(대용)	중국 勇 일본 勇
		솟는(甬) 힘(力), 즉 힘 솟는 '용기'에서 '날래다'를 뜻한다.					
진흥 5급 검정 5급	通	6급 辵부 총11획	통할 통	通通 → 通通 → 通		通信(통신) 通風(통풍) 開通(개통) 通路(통로)	중국 通 일본 通
		솟듯(甬) 뚫고 가서(辶) 도달함에서 '통달함' '통함'을 뜻한다.					

한자어 익히기

- **原色** (원색)   본디 제 빛깔. 모든 빛깔의 바탕이 되는 빨강·파랑·노랑을 이름.
- **出他** (출타)   집에 있지 않고 다른 곳에 나감.
- **他界** (타계)   다른 세계. 특히 귀인의 죽음을 이름.
- **案件** (안건)   토의하거나 조사해야 할 사실.
- **要因** (요인)   사물, 사건의 성립 또는 발현에 직접적인 원인이 되는 요소.
- **每事** (매사)   일마다. 모든 일.
- **海流** (해류)   일정 방향을 거의 일정 속도로 이동하는 바닷물의 흐름.
- **放心** (방심)   마음을 다잡지 않고 놓아 버림. 정신을 차리지 않음.
- **放生** (방생)   불교에서 사람에게 잡혀 죽게 된 생물을 놓아 주는 일.
- **族長** (족장)   한 부족의 우두머리.
- **旅情** (여정)   여행할 때 마음에 우러나는 회포
- **旅費** (여비)   여행 비용. 노자.
- **費用** (비용)   물건을 사거나 어떤 일을 하는 데 드는 돈.
- **勇兵** (용병)   용감한 병사.

유의자

安 (편안 안) = 全 (온전 전)	要 (요긴할/구할 요) = 望 (바랄 망)
안전 : 위험하지 않음.	요망 : 희망이 이루어지기를 간절히 바람.
海 (바다 해) = 洋 (큰바다 양)	方 (모 방) = 正 (바를 정)
해양 : 넓은 바다.	방정 : 말이나 행동이 바르고 점잖음.

반대자 · 상대자

方圓 (방원)	方 (모 방) ↔ 圓 (둥글 원)	모진 것과 둥근 것.

1 다음 漢字語의 訓과 音을 쓰세요.

(1) 方 　　　　　　　　(2) 安 　　　　　　　　(3) 每

(4) 族 　　　　　　　　(5) 案 　　　　　　　　(6) 通

(7) 他 　　　　　　　　(8) 要 　　　　　　　　(9) 母

(10) 旅 　　　　　　　(11) 地 　　　　　　　(12) 用

(13) 海 　　　　　　　(14) 色 　　　　　　　(15) 市

(16) 邑 　　　　　　　(17) 放 　　　　　　　(18) 各

(19) 勇 　　　　　　　(20) 女

2 다음 漢字語의 讀音을 쓰세요.

(1) 他界 　　　　　(2) 民族 　　　　　(3) 勇氣

(4) 問安 　　　　　(5) 市長 　　　　　(6) 母親

(7) 旅行 　　　　　(8) 海水 　　　　　(9) 重要

(10) 直角 　　　　(11) 地位 　　　　(12) 都邑

(13) 安全 　　　　(14) 每事 　　　　(15) 使用

(16) 方向 　　　　(17) 女性 　　　　(18) 放學

(19) 草案 　　　　(20) 原色 　　　　(21) 開通

(22) 男女老少 　　　　　　(23) 人山人海

3 다음 漢字의 筆順을 밝히세요.

(1) 安 자에서 중간의 一은 몇 번째에 쓰는 지 번호로 답하세요. (　　　　)

(2) 市 자의 쓰는 순서가 올바른 것을 고르세요. (　　　　)

㉮ 2-1-3-4-5　　　　　　㉯ 1-2-4-5-3

㉰ 1-2-3-4-5　　　　　　㉱ 2-1-4-5-3

4 다음 訓과 音에 맞는 漢字를 쓰세요.

(1) 요긴할 요 ☐　　(2) 나그네 려 ☐　　(3) 뿔 각 ☐

(4) 책상 안 ☐　　(5) 저자 시 ☐　　(6) 통할 통 ☐

(7) 다를 타 ☐　　(8) 바다 해 ☐　　(9) 고을 읍 ☐

(10) 날랠 용 ☐　　(11) 따/땅 지 ☐　　(12) 겨레 족 ☐

(13) 어미 모 ☐　　(14) 놓을 방 ☐　　(15) 쓸 용 ☐

(16) 빛 색 ☐　　(17) 모 방 ☐　　(18) 계집 녀 ☐

(19) 편안 안 ☐　　(20) 매양 매 ☐

5 밑줄 친 漢字語를 큰 소리로 읽고 漢字로 써 보세요. (19과 활용 단어)

(1) 약의 용법을 잘 지켜야 약효가 있다. ……………………… (　　)

(2) 환경 파괴로 인해 지구의 온도가 점점 높아지고 있다. …… (　　)

(3) 시내 관광을 하고 난 뒤 저녁을 먹자. …………………… (　　)

(4) 이 터널은 통풍 시설에 문제가 있는 것 같다. …………… (　　)

(5) 가족이 건강해야 사회 전체가 건강해진다. ……………… (　　)

(6) 자기 잘못을 인정할 수 있는 용기가 필요하다. ………… (　　)

通風　用法　地球　勇氣　家族　市內

6 다음 漢字와 뜻이 같거나 비슷한 漢字를 쓰세요.

(1) 安 = ☐　　　(2) ☐ = 洋

(3) 要 = ☐　　　(4) ☐ = 正

7 다음 漢字語의 뜻을 쓰세요.

(1) 角木 : (　　　　)

(2) 海水 : (　　　　)

(3) 問安 : (　　　　)

사자성어

❤ **易地思之** (역지사지) : 처지를 바꾸어서 생각함. * 易(바꿀 역)→4급, 之(갈 지)→3급Ⅱ

❤ **南男北女** (남남북녀) : 우리나라에서 남자는 남쪽 지방 사람이 잘나고 여자는 북쪽 지방 사람이 고움을 이르는 말.

❤ **男女老少** (남녀노소) : 남자와 여자, 늙은이와 젊은이란 뜻으로, 모든 사람을 이르는 말.

❤ **甲男乙女** (갑남을녀) : 보통의 평범한 남녀를 가리킴. * 甲(갑옷 갑)→4급, 乙(새 을)→3급Ⅱ

❤ **人山人海** (인산인해) : 사람이 수없이 많이 모인 상태를 이르는 말.

고사성어

烏合之衆(오합지중)　　烏(까마귀 오) 合(합할 합) 之(갈 지) 衆(무리 중)

✛ 까마귀 떼와 같은 무리라는 뜻으로, 까마귀가 모인 것 같이 질서와 규칙이 없는 군대를 말함. 지금은 통솔이 잘 되지 않는 일반 군중을 가리킬 때도 이 말을 쓰는데, 흔히 '烏合之卒(오합지졸)'이란 말로 자주 쓰임.

　전한 말, 왕망이 세운 신나라가 망하자 천하는 다시 혼란에 빠졌다. 그 중 한나라 황제 성제의 아들이라고 사칭한 왕랑은 군사를 일으켜 스스로 황제라 칭하면서 그 위세가 당당했다. 그래서 왕망의 신나라를 멸망시킨 유수는 군사를 이끌고 왕랑을 치기 위해 나섰다.

　평소 유수를 흠모하던 경감은 그의 지휘 아래 들어가려고 군대를 이끌고 달려갔다. 그러나 부하인 손창과 위포가 반대하면서 경감을 말렸다.
　"왕랑은 성제의 아들로서 한나라 혈통의 직계입니다. 이런 사람을 두고 어디로 가자는 말씀입니까?"
　그러자 경감은 화가 나서 칼을 뽑아들고 말했다.
　"왕랑은 도둑일 뿐이다. 그 놈은 황제의 이름을 사칭하면서 난을 일으키고 있다. 우리가 돌격대로 공격하면 왕랑의 까마귀 떼 같은 군대를 격파하기란 마른 나뭇가지를 부러뜨리듯 쉬운 일이라서 반드시 놈을 생포할 수 있을 것이다. 너희들이 놈과 한패가 된다면 얼마 안 가 패망해서 너희 일가족들이 몰살될 것이다."
　그 날 밤 두 사람은 왕랑에게 가기 위해 도주했지만 경감은 뒤쫓지 않았다. 그리고 서둘러 유수의 토벌군에 합류한 경감은 많은 무공을 세우고, 마침내 건위대장군(建威大將軍)에 임명되었다.

출전「후한서(後漢書)〈경엄전(耿弇傳)〉」

갑문	금문	소전		

한자	급수·부수·획수	훈음	자형 변화	예시 단어	중국/일본
週	5급 / 辵부 / 총12획	주일 주	宙(소전)	週間(주간) 週末(주말) 每週(매주) 今週(금주)	중국 週 / 일본 週
		주마다 밭을 **두루(周) 돌아다님(辶)**에서 '돌다' '주일'을 뜻한다.			
調	5급 / 言부 / 총15획	고를 조	調(소전)	調和(조화) 調理(조리) 曲調(곡조) 調節(조절)	중국 调 / 일본 調
		말(言)을 **두루(周)** 조화롭게 하여 '고름'을 뜻한다.			
傳	5급 / 人부 / 총13획	전할 전	傳(소전)	傳來(전래) 傳說(전설) 傳記(전기) 口傳(구전)	중국 传 / 일본 伝
		문서를 전하는 **사람(亻)**의 말을 **돌려(專)** 바꿔 주던 '역'에서 '전함'.			
團	5급 / 口부 / 총14획	둥글 단	團(소전)	團合(단합) 團束(단속) 團結(단결) 集團(집단)	중국 团 / 일본 団
		물레가 **둥글게(○→口) 돌듯(專)** 감쌈에서 '둥굶'을 뜻한다.			
福	5급 / 示부 / 총14획	복 복	福(소전)	幸福(행복) 福音(복음) 祝福(축복) 萬福(만복)	중국 福 / 일본 福
		제단(示)에 **가득(畐)**담긴 술동이를 바쳐 '복'을 바람을 뜻한다.			
朴	6급 / 木부 / 총6획	성 박 / 소박할 박	朴(소전)	朴野(박야) 質朴(질박) 朴牛(박우) 朴直(박직)	중국 朴 / 일본 朴
	진흥 5급	**나무(木)**가 **점(卜)**괘처럼 갈라져, 자연의 '순박함' '성씨'로 쓰임.			
外	8급 / 夕부 / 총5획	바깥 외:	外(소전)	外出(외출) 外國(외국) 外界(외계) 外交(외교)	중국 外 / 일본 外
	진흥 6급 / 검정 7급	**저녁(夕)**에 밖에서 **점(卜)**치는 데서 '바깥'을 뜻한다.			
店	5급 / 广부 / 총8획	가게 점:	店(소전)	書店(서점) 商店(상점) 本店(본점) 賣店(매점)	중국 店 / 일본 店
		집(广)안을 물건들이 **차지하고(占)** 있는 '가게'를 뜻한다.			
罪	5급 / 网부 / 총13획	허물 죄:	罪(소전)	罪人(죄인) 罪惡(죄악) 罪名(죄명) 罪責(죄책)	중국 罪 / 일본 罪
		법망(罒)을 피하지 **아니(非)**해 걸린 데서 '허물' '범죄'를 뜻한다.			
食	7급 / 食부 / 총9획	밥 식 / 먹을 식	食(소전)	食堂(식당) 食費(식비) 食水(식수) 飮食(음식)	중국 食 / 일본 食
	진흥 준5급 / 검정 준5급	**뚜껑(亼)**과 **고소한(皀)** 밥이 담긴 그릇에서 '밥' '먹다'를 뜻한다.			

		갑문 금문 소전		중국
흥 7급 **정 7급**	手	7급 / 손 수(ː) / 手부 총4획	手足(수족) / 先手(선수) / 洗手(세수) / 選手(선수)	手 일본 手
		사람의 다섯 손가락과 손목을 그려(手) '**손**'을 뜻한다.		
흥 5급	洋	6급 / 큰바다 양 / 水부 총9획	洋服(양복) / 西洋(서양) / 遠洋(원양) / 海洋(해양)	洋 일본 洋
		물(氵)이 양(羊) 무리처럼 많은 '**큰 바다**'를 뜻한다.		
흥 5급	養	5급 / 기를 양ː / 食부 총15획	養育(양육) / 養成(양성) / 養子(양자) / 入養(입양)	养 일본 養
		양(羊)을 잘 먹여(食) 기르는 데서 '**기르다**'를 뜻한다.		
흥 5급	美	6급 / 아름다울 미(ː) / 羊부 총9획	美人(미인) / 美國(미국) / 美術(미술) / 美談(미담)	美 일본 美
		양(羊) 뿔이나 깃으로 장식한 큰(大) 성인에서 '**아름다움**'.		
흥 5급	着	5급 / 붙을 착 / 닿을 착 / 目부 총12획	着用(착용) / 着地(착지) / 着服(착복) / 着工(착공)	着 일본 着
		著(저)의 속자. 양(羊 ⇒ 䒑) 털이 삐쳐(丿) 눈(目)에 '**붙음**'.		
흥 5급	善	5급 / 착할 선ː / 口부 총12획	善心(선심) / 善惡(선악) / 善行(선행) / 最善(최선)	善 일본 善
		양(羊)고기가 맛있어 사람이 말함(誩)에서 '**좋다**' '**착함**'을 뜻함.		
흥 5급	害	5급 / 해할 해ː / 宀부 총10획	公害(공해) / 利害(이해) / 寒害(한해) / 害惡(해악)	害 일본 害
		집(宀)을 흐트러지게(丯=土) 하는 말(口)에서 '**해함**'을 뜻한다.		
진흥 5급 **검정 5급**	春	7급 / 봄 춘 / 日부 총9획	春風(춘풍) / 春信(춘신) / 立春(입춘) / 春心(춘심)	春 일본 春
		풀(艹) 싹(屯)이 무성해(夫)지는 햇볕(日)이 따뜻한 '**봄**'을 뜻한다.		
5급	奉	5급 / 받들 봉ː / 大부 총8획	奉仕(봉사) / 奉祝(봉축) / 信奉(신봉) / 奉養(봉양)	奉 일본 奉
		무성히(丰) 두 손(廾)으로 많이(夫) 받드는 손(扌)에서 '**받듦**'.		
진흥 5급	勝	6급 / 이길 승 / 力부 총12획	勝利(승리) / 勝算(승산) / 必勝(필승) / 完勝(완승)	胜 일본 勝
		자신(朕;나 짐)의 일을 힘(力)써 행함에서 '**이기다**'를 뜻한다.		

한자어 익히기

- 曲調 (곡조)   음악이나 가사의 가락.
- 調節 (조절)   사물의 상태를 알맞게 조정하거나 균형이 잘 잡혀 어울리도록 함.
- 團束 (단속)   주의를 기울려 단단히 함. 경계를 단단히 하여 다잡음.
- 質朴 (질박)   꾸민 데가 없이 수수함.
- 本店 (본점)   영업의 본거지가 되는 점포.
- 罪惡 (죄악)   중죄가 될 만한 악행.
- 遠洋 (원양)   육지에서 멀리 떨어진 넓은 바다.
- 養成 (양성)   길러 냄.
- 着服 (착복)   옷을 입음. 남의 금품을 부당하게 자기 것으로 함.
- 寒害 (한해)   추위로 말미암아 입은 농작물의 피해.
- 信奉 (신봉)   믿고 받듦.
- 勝算 (승산)   이길 가망.

유의자

調 (고를 조) = 和 (화할 화)	罪 (허물 죄) = 惡 (악할 악)
조화 : 서로 잘 어울림, 균형이 잘 잡힘.	죄악 : 도덕이나 종교의 가르침을 어기는 일.
養 (기를 양) = 育 (기를 육)	
양육 : 돌보아 길러 자라게 함.	

반대자 · 상대자

手足 (수족)	手 (손 수) ↔ 足 (발 족)	손과 발.
善惡 (선악)	善 (착할 선) ↔ 惡 (악할 악)	착함과 악함.
勝敗 (승패)	勝 (이길 승) ↔ 敗 (패할 패)	이기고 짐.
着發 (착발)	着 (붙을 착) ↔ 發 (필 발)	도착과 출발.

1 다음 漢字語의 訓과 音을 쓰세요.

(1) 朴 ☐   (2) 養 ☐   (3) 店 ☐

(4) 奉 ☐   (5) 洋 ☐   (6) 週 ☐

(7) 福 ☐   (8) 食 ☐   (9) 善 ☐

(10) 調 ☐   (11) 着 ☐   (12) 害 ☐

(13) 勝 ☐   (14) 外 ☐   (15) 團 ☐

(16) 美 ☐   (17) 罪 ☐   (18) 傳 ☐

(19) 春 ☐   (20) 手 ☐

2 다음 漢字語의 讀音을 쓰세요.

(1) 害惡 ☐☐   (2) 食堂 ☐☐   (3) 每週 ☐☐

(4) 洗手 ☐☐   (5) 外交 ☐☐   (6) 美術 ☐☐

(7) 必勝 ☐☐   (8) 商店 ☐☐   (9) 調節 ☐☐

(10) 養育 ☐☐   (11) 罪名 ☐☐   (12) 春心 ☐☐

(13) 質朴 ☐☐   (14) 奉祝 ☐☐   (15) 福音 ☐☐

(16) 洋服 ☐☐   (17) 着地 ☐☐   (18) 善心 ☐☐

(19) 傳說 ☐☐   (20) 集團 ☐☐   (21) 公害 ☐☐

(22) 善男善女 ☐☐☐☐   (23) 立春大吉 ☐☐☐☐

3 다음 漢字의 筆順을 밝히세요.

(1) 手 자에서 ㅣ 획은 몇 번째에 쓰는 지 번호로 답하세요.   (난이도)   (   )

(2) 春 자에서 삐침(丿)은 몇 번째에 쓰는 지 번호로 답하세요.   (난이도)   (   )

4 다음 訓과 音에 맞는 漢字를 쓰세요.

(1) 복 복		(2) 기를 양		(3) 착할 선	
(4) 붙을 착		(5) 주일 주		(6) 손 수	
(7) 이길 승		(8) 가게 점		(9) 전할 전	
(10) 밥 식		(11) 큰바다 양		(12) 해할 해	
(13) 봄 춘		(14) 받들 봉		(15) 아름다울 미	
(16) 둥글 단		(17) 허물 죄		(18) 바깥 외	
(19) 성 박		(20) 고를 조			

5 밑줄 친 漢字語를 큰 소리로 읽고 漢字로 써 보세요. (20과 활용 단어)

(1) 학교 가는 길에 <u>서점</u>에 들러 책 한 권을 샀다. ……………… (　　　　　)

(2) 부모님께서 <u>외출</u>하셔서 집에는 나 혼자 있다. ……………… (　　　　　)

(3) 각종 <u>공해</u>로 환경오염이 심각하다. ……………… (　　　　　)

(4) <u>행복</u>은 각자의 마음속에 존재한다. ……………… (　　　　　)

(5) 자원 <u>봉사</u>의 기쁨은 경험해본 사람만이 안다. ……………… (　　　　　)

　公害　書店　外出　奉仕　幸福

6 다음 漢字와 뜻이 같거나 비슷한 漢字를 쓰세요.

(1) 　　　 ＝ 惡　　　　　　(2) 養 ＝ 　　　

7 다음 漢字와 뜻이 상대 또는 반대되는 漢字를 쓰세요.

(1) 善 ↔ 　　　　　　　　(2) 　　　 ↔ 足

(3) 勝 ↔ 　　　　　　　　(4) 着 ↔ 　　　

8 다음 四字成語의 □ 안에 알맞은 漢字를 쓰세요.

(1) 南男北□　　(2) 男女老□　　(3) □體行動

(4) 善男□女　　(5) 立□大吉

🏛 사자성어

❧ **團體行動** (단체행동) : 개인적이 아닌 단체로서 하는 행동.

❧ **吉凶禍福** (길흉화복) : 길함과 흉함과 재앙과 행복, 곧 '사람의 운수'를 말함.

   * 禍(재앙 화) → 3급Ⅱ

❧ **外柔內剛** (외유내강) : 겉은 부드럽고 순한 듯하나 속은 꿋꿋하고 곧음.

   * 柔(부드러울 유) → 3급Ⅱ, 剛(굳셀 강) → 3급Ⅱ

❧ **善男善女** (선남선녀) : 성품이 착한 남자와 여자란 뜻으로, 착하고 어진 사람들을 이르는 말.

❧ **立春大吉** (입춘대길) : 입춘을 맞이하여 길운을 기원하는 글.

📖 고사성어

愚公移山 (우공이산)   愚(어리석을 우) 公(공변될 공) 移(옮길 이) 山(메 산)

3급Ⅱ   4급Ⅱ

✚ 우공이 산을 옮긴다는 뜻으로, 어떤 큰 일이라도 노력하면 반드시 이루어짐을 비유하는 말.

   옛날 중국에 태행산과 왕옥산이라는 두 산 사이에 조그만 마을이 있었다. 그 마을 사람들은 산을 넘지 않으면 다른 곳에 갈 수 없었는데, 이 마을에 사는 우공이라는 노인이 어느 날 산을 쳐다보다가 큰 산을 깎아서 사람 다니기에 편리한 길을 만들기로 마음먹었다. 그리고는 가족들을 모두 불러놓고 물었다.

   "난 너희들과 힘을 합해 저 산을 깎아서 길을 만들고 싶은데, 어떻게 생각하느냐?"

   대부분의 가족들은 찬성했지만, 아내만이 반대를 했다.

   "우리 힘으로 어떻게 태행산과 왕옥산과 같은 큰 산을 없애요? 게다가 파낸 흙이나 돌은 어디다 버립니까?"

   우공이 대답했다.

   "발해나 북쪽 지방에 갖다버리면 될 거요."

   그리하여 우공은 가족들과 함께 돌과 흙을 파서 산을 깎기 시작했다. 그들이 하는 짓을 본 마을 사람들은 어리석다고 모두 비웃었다. 그러나 우공은 조금도 뜻을 굽히지 않고, "내가 죽으면 내 아들, 또 손자가, 또 증손자가……." 하는 식으로 산을 파헤쳐 나갔다. 그러자 하늘에 있는 신이 우공의 한결같은 마음에 감동하여 태행산과 왕옥산을 삭동과 옹남에 옮겨 놓았다고 한다.

출전 「열자(列子) 〈탕문편(湯問篇)〉」

21과 一·西·五·七·八·十 모양을 가진 한자

급수	한자	부수·획수	훈·음	갑문 → 금문 → 소전	예	중국/일본
진흥 8급 검정 8급	一	8급 / 一부 / 총1획	한 일	一 → 一 → 一	一念(일념) 一等(일등) 一生(일생) 一年(일년)	중국 一 / 일본 一
		물건 **하나(一)**에서 '**하나**'를 뜻하며, 일의 **시초** '**처음**'을 뜻한다.				
진흥 8급 검정 8급	二	8급 / 二부 / 총2획	두 이ː	二 → 二 → 二	二重(이중) 二世(이세) 二月(이월) 二言(이언)	중국 二 / 일본 二
		물건 **둘(二)**을 놓아 '**둘**' **같음**'이나, 때로 **하늘과 땅**을 뜻한다.				
진흥 8급 검정 8급	三	8급 / 一부 / 총3획	석 삼	三 → 三 → 三	三寸(삼촌) 三月(삼월) 三角(삼각) 三軍(삼군)	중국 三 / 일본 三
		주살(弋) 셋(三)인 '**弎(삼)**'으로, 물건 셋에서 '**삼**'을 뜻한다.				
진흥 8급 검정 8급	四	8급 / 口부 / 총5획	넉 사ː	三 → 四 → 四	四方(사방) 四面(사면) 四物(사물) 四書(사서)	중국 四 / 일본 四
		콧물이 갈라져 나오는 모양이나, 숫자 **넷**에서 '**넉**'을 뜻한다.				
진흥 6급 검정 8급	西	8급 / 襾부 / 총6획	서녘 서	西 → 西 → 西	西海(서해) 西山(서산) 西方(서방) 西向(서향)	중국 西 / 일본 西
		대소쿠리나 **새둥지 모양(卤)**으로, 서쪽인 '**서녘**'으로 쓰인다.				
5급	價	5급 / 人부 / 총15획	값 가	價	代價(대가) 物價(물가) 時價(시가) 價格(가격)	중국 价 / 일본 価
		사람(亻)이 덮어(襾) 놓은 재물(貝)을 장사(賈)하여 파는 '**값**'.				
6급	醫	6급 / 酉부 / 총18획	의원 의	醫 → 醫	醫術(의술) 醫藥(의약) 醫院(의원) 名醫(명의)	중국 医 / 일본 医
		상자(匚)의 침(矢)과 수술 칼(殳), 소독용 술(酉)을 지닌 '**의원**'.				
진흥 8급 검정 8급	五	8급 / 二부 / 총4획	다섯 오ː	五 → 五 → 五	五福(오복) 五行(오행) 五音(오음) 五目(오목)	중국 五 / 일본 五
		물건이 교차한(X·×) 중간에서 숫자 중간인 '**다섯**'을 뜻한다.				
진흥 준5급 검정 5급	語	7급 / 言부 / 총14획	말씀 어ː	語 → 語	國語(국어) 英語(영어) 言語(언어) 語學(어학)	중국 语 / 일본 語
		나에게 말(言)로 자신(吾)의 의견을 말해주는 '**말씀**'을 뜻한다.				
진흥 8급 검정 8급	六	8급 / 八부 / 총4획	여섯 륙	六 → 六 → 六	六朝(육조) 六法(육법) 六書(육서) 六親(육친)	중국 六 / 일본 六
		지붕(亠)과 육 면으로 나뉘어(八) 쌓인 집에서 '**여섯**'을 뜻한다.				

급수	한자	급 / 부수·획수	훈음	갑문 → 금문 → 소전	그림	낱말	중국	일본
진흥 8급 검정 8급	七	8급 一부 총2획	일곱 칠		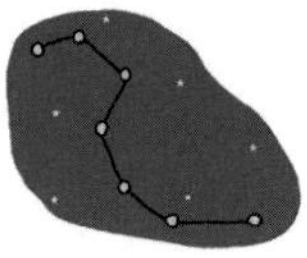	七夕(칠석) 七音(칠음) 七情(칠정) 七言(칠언)	七	七
		물건(一)을 **자름(丨=乚)**으로, 음이 같아 **'칠' '자름'**을 뜻한다.						
	切	5급 刀부 총4획	끊을 절 온통 체			親切(친절) 切望(절망) 切開(절개) 一切(일체)	切	切
		자르는(七) 칼(刀)로, **'끊다' '온통'**을 뜻한다.						
진흥 8급 검정 8급	八	8급 八부 총2획	여덟 팔			八月(팔월) 八道(팔도) 八字(팔자) 八方(팔방)	八	八
		양쪽으로 **'나누어()()' 분별함**을 뜻하며, 숫자로 **'팔'**을 뜻한다.						
진흥 준5급 검정 5급	分	6급 刀부 총4획	나눌 분(ː)			分校(분교) 分家(분가) 充分(충분) 名分(명분)	分	分
		나누어(八) 칼(刀)로 쪼개는 데서 **'나누다' '구별하다'**를 뜻한다.						
진흥 8급 검정 8급	九	8급 乙부 총2획	아홉 구			九重(구중) 九思(구사) 九族(구족) 九夏(구하)	九	九
		팔이나 물체가 많이 굽어짐에서, 숫자의 **많은 끝**인 **'아홉'**을 뜻한다.						
진흥 8급 검정 8급	十	8급 十부 총2획	열 십			十里(십리) 十字(십자) 十分(십분) 十全(십전)	十	十
		가로줄(丨)이나 나무 중간을 **묶어(丶=一) '십'**의 단위로 쓰인다.						
진흥 5급 검정 5급	計	6급 言부 총9획	셀 계ː			生計(생계) 計量(계량) 大計(대계) 計算(계산)	计	計
		말(言)로 수를 **완전히(十)** 헤아리는 데서 **'세다' '꾀'**를 뜻한다.						
진흥 6급 검정 8급	南	8급 十부 총9획	남녘 남		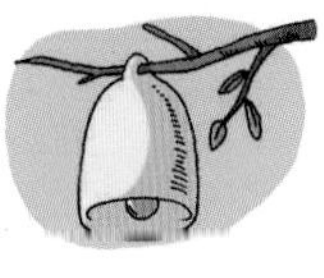	南風(남풍) 南部(남부) 正南(정남) 南美(남미)	南	南
		남쪽에 누던 **악기(·)** 모양에서 **'남쪽'**을 뜻한다.						
진흥 7급 검정 6급	千	7급 十부 총3획	일천 천			千年(천년) 千里(천리) 千代(천대) 千念(천념)	千	千
		사람(亻)을 **일(一)**렬로 세운 많은 사람에서 **'천'**을 뜻한다.						
진흥 준5급 검정 준5급	不	7급 一부 총4획	아닐 불 아닐 부			不良(불량) 不發(불발) 不足(부족) 不同(부동)	不	不
		땅(一) 아래 **뿌리(小)**에서 아직 싹이 트지 **'아니함'**을 뜻한다.						

한자어 익히기

- **四書** (사서) 유교의 경전인 논어·맹자·중용·대학의 네 가지 책을 아울러 이르는 말.
- **西海** (서해) 서쪽에 있는 바다.
- **時價** (시가) 일정한 시기의 물건 값.
- **五音** (오음) 국악의 다섯 음계. 곧 궁(宮)·상(商)·각(角)·치(徵)·우(羽).
- **六書** (육서) 한자의 구조 및 사용에 관한 여섯 가지의 구별 명칭. 곧 상형(象形), 指事(지사), 회의(會意), 형성(形聲), 전주(轉注), 가차(假借).
- **七情** (칠정) 사람의 일곱 가지 감정. 곧 희(喜)·노(怒)·애(哀)·락(樂)·애(愛)·오(惡)·욕(慾).
- **切望** (절망) 간절히 바람. 절실한 소망.
- **分家** (분가) 가족의 한 구성원이 결혼 따위로 살림을 차려 따로 나감.
- **九重** (구중) 아홉 겹. 구중궁궐.
- **十分** (십분) 충분히.
- **生界** (생계) 살림을 살아나갈 방도. 현재 살림을 살아가고 있는 형편.
- **不良** (불량) 행실이나 성품이 나쁨.

유의자

言 (말씀 언)	=	語 (말씀 어)	計 (셀 계)	=	算 (셀 산)
언어 : 생각이나 느낌을 음성으로 전달하는 수단과 체제.			계산 : 수를 헤아림.		
計 (셀 계)	=	量 (헤아릴 량)			
계량 : 분량이나 무게 따위를 잼.					

반대자·상대자

南北 (남북)	南 (남녘 남) ↔ 北 (북녘 북)	남쪽과 북쪽.

1 다음 漢字의 訓과 音을 쓰세요.

(1) 語 　　　　　　 (2) 分 　　　　　　 (3) 西

(4) 一 　　　　　　 (5) 二 　　　　　　 (6) 三

(7) 四 　　　　　　 (8) 五 　　　　　　 (9) 六

(10) 七 　　　　　 (11) 八 　　　　　 (12) 九

(13) 十 　　　　　 (14) 計 　　　　　 (15) 南

(16) 不 　　　　　 (17) 醫 　　　　　 (18) 價

(19) 切 　　　　　 (20) 千

2 다음 漢字語의 讀音을 쓰세요.

(1) 價格 　　　 (2) 計量 　　　 (3) 六法

(4) 三寸 　　　 (5) 一等 　　　 (6) 八道

(7) 七夕 　　　 (8) 醫藥 　　　 (9) 言語

(10) 二世 　　　 (11) 五福 　　　 (12) 南美

(13) 十里 　　　 (14) 分校 　　　 (15) 不足

(16) 四書 　　　 (17) 西向 　　　 (18) 親切

(19) 九重 　　　 (20) 千里 　　　 (21) 不發

(22) 一心同體 　　　　　 (23) 九牛一毛

3 다음 漢字의 筆順을 밝히세요.

(1) 不자에서 삐침(ノ)은 몇 번째에 쓰는 지 번호로 답하세요. (　　　　)

(2) 四 자의 쓰는 순서가 올바른 것을 고르세요. (　　　　)

㉮ 1-2-4-5-3 　　　　　 ㉯ 2-1-3-4-5

㉰ 1-2-3-4-5 　　　　　 ㉱ 2-1-4-5-3

④ 다음 訓과 音에 맞는 漢字를 쓰세요.

(1) 의원 의 ☐　　(2) 여덟 팔 ☐　　(3) 셀 계 ☐

(4) 한 일 ☐　　(5) 서녘 서 ☐　　(6) 넉 사 ☐

(7) 일천 천 ☐　　(8) 여섯 륙 ☐　　(9) 값 가 ☐

(10) 일곱 칠 ☐　　(11) 끊을 절 ☐　　(12) 아홉 구 ☐

(13) 석 삼 ☐　　(14) 말씀 어 ☐　　(15) 아닐 불 ☐

(16) 두 이 ☐　　(17) 다섯 오 ☐　　(18) 열 십 ☐

(19) 남녘 남 ☐　　(20) 나눌 분 ☐

⑤ 다음 밑줄 친 漢字語를 큰 소리로 읽고 漢字로 써 보세요. (21과 활용 단어)

(1) 진정한 <u>명의</u>는 마음의 병까지 치료하는 사람이다. ·········· (　　　)

(2) 그 점원은 손님들에게 매우 <u>친절</u>하다. ················· (　　　)

(3) 우리는 휴가 때 <u>서해</u>로 가서 일몰을 보았다. ········· (　　　)

(4) 이번 태풍으로 인해 <u>남부</u> 지방의 피해가 컸다. ······· (　　　)

(5) 결혼한 형은 <u>분가</u>하여 살고 있다. ················· (　　　)

(6) 가뭄으로 인해 물 공급량이 턱 없이 <u>부족</u>하다. ······· (　　　)

　　南部　名醫　不足　西海　分家　親切

⑥ 다음 漢字와 뜻이 같거나 비슷한 漢字를 쓰세요.

(1) 計 ＝ ☐　　　　　(2) 言 ＝ ☐

⑦ 다음 漢字語의 뜻을 쓰세요.

(1) 分校 : (　　　　　　　)

(2) 南風 : (　　　　　　　)

(3) 一念 : (　　　　　　　)

사자성어

♣ 一心同體 (일심동체) : 한마음 한 몸이라는 뜻으로, 서로 굳게 결합함을 이르는 말.

♣ 一場春夢 (일장춘몽) : 한바탕의 봄꿈이란 뜻으로 부귀영화의 덧없음을 비유한 말.
    * 夢(꿈 몽)→3급Ⅱ

♣ 文房四友 (문방사우) : 종이, 벼루, 붓, 먹의 네 가지 문방구를 말함. * 房(방 방)→4급Ⅱ

♣ 九死一生 (구사일생) : 여러 차례 죽을 고비를 넘기고 살아남.

♣ 九牛一毛 (구우일모) : 대단히 많은 것 중에서 아주 적은 부분, 또는 아주 하찮고 미미한 존재
    를 뜻함. * 毛(털 모)→4급Ⅱ

고사성어

朝三暮四(조삼모사)　　朝(아침 조) 三(석 삼) 暮(저물 모)[3급] 四(넉 사)

✛아침에는 세 개, 저녁에는 네 개를 준다는 뜻으로, 혼돈되게 하여 상대를 우롱하는 의미로 쓰이는 말.

　　송나라에 저공이라는 사람이 있었다. 그는 원숭이를 좋아해 매우 많은 원숭이를 기르고 있었다. 그는 원숭이의 생각을 이해할 수 있었으며 원숭이도 저공의 마음을 알았다. 그런데 원숭이의 수가 많이 늘어나면서 저공은 원숭이들에게 줄 사료를 제한할 수밖에 없었다. 그러나 그것 때문에 자기를 따르고 있는 원숭이들의 기분을 상하게 해서는 안 된다고 생각하여 먼저 원숭이들에게 물었다.

　　"점점 사정이 어려워져서 이제부터는 너희들의 먹이를 조금이라도 줄여야
　　겠다. 오늘 이후부터 너희들에게 줄 도토리를 아침에 세 개, 저녁에 네 개씩 주려고 하는데 너희들 생각은 어떠냐?"

　　그러자 원숭이들이 모두 일어나 화를 냈다. 당장 아침에 세 개밖에 못 먹는다면 배가 고파서 못 견딜 것으로 생각했기 때문이었다.

　　저공은 원숭이들의 이런 마음을 알아차리고는 내심 잘 되었다고 생각하면서 다시 말했다.

　　"그렇다면 이렇게 하지. 아침에는 일단 네 개씩을 주고 저녁에 세 개를 주겠다. 그럼 모두들 만족하겠느냐?"

　　그러자 모든 원숭이들은 좋아서 손뼉을 쳤다고 한다.

출전 「열자(列子)」〈황제편(黃帝篇)〉

22과 小·生·止·正·先 모양을 가진 한자

		갑문 → 금문 → 소전		중국 / 일본
진흥 8급 / 검정 7급	**上**	7급 / 一부 총3획 / 윗 상:		上流(상류) 上席(상석) 最上(최상) 上空(상공) / 중국 上 / 일본 上
		기준선(一) 보다 위(卜)에 있음에서 '위'를 나타낸다.		
진흥 8급 / 검정 7급	**下**	7급 / 一부 총3획 / 아래 하:		上下(상하) 下手(하수) 下山(하산) 下校(하교) / 중국 下 / 일본 下
		기준선(一) 보다 아래(卜)에 있음에서 '아래'를 나타낸다.		
진흥 준5급 / 검정 5급	**民**	8급 / 氏부 총5획 / 백성 민		民主(민주) 民間(민간) 民生(민생) 民族(민족) / 중국 民 / 일본 民
		눈을 찔린(㝱·㝱) '노예'에서 서민 '백성'을 뜻한다.		
진흥 준5급 / 검정 5급	**紙**	7급 / 糸부 총10획 / 종이 지		紙物(지물) 紙面(지면) 休紙(휴지) 便紙(편지) / 중국 纸 / 일본 紙
		천(糸)이나 나무뿌리(氏) 등으로 만들던 '종이'를 뜻한다.		
진흥 5급	**消**	6급 / 水부 총10획 / 사라질 소		消失(소실) 消火(소화) 消化(소화) 消費(소비) / 중국 消 / 일본 消
		물(氵)이 줄어 작아지듯(肖) 물체가 점차 '사라짐'을 뜻한다.		
진흥 8급 / 검정 7급	**小**	8급 / 小부 총3획 / 작을 소:		小人(소인) 大小(대소) 小生(소생) 小兒(소아) / 중국 小 / 일본 小
		작은 물건(八)을 뜻하며, '작고' '적음'을 뜻한다.		
진흥 6급 / 검정 준5급	**少**	7급 / 小부 총4획 / 적을 소:		少女(소녀) 多少(다소) 少量(소량) 少數(소수) / 중국 少 / 일본 少
		작은 물건(小)이 흩어진 모양(少)에서, 少는 '적다'를 뜻한다.		
진흥 5급	**省**	6급 / 目부 총9획 / 살필 성 · 덜 생		反省(반성) 定省(정성) 自省(자성) 省文(생문) / 중국 省 / 일본 省
		작은 싹(屮=少)을 눈(目)으로 '살핌'에서 '덜다'를 뜻한다.		
진흥 5급	**飮**	6급 / 食부 총13획 / 마실 음:		過飮(과음) 飮料(음료) 飮食(음식) 飮用(음용) / 중국 饮 / 일본 飮
		음식(食=皀)을 입 벌려(欠) 씹지 않고 먹는 데서 '마심'을 뜻한다.		
	赤	5급 / 赤부 총7획 / 붉을 적		赤色(적색) 赤道(적도) 赤土(적토) 赤手(적수) / 중국 赤 / 일본 赤
		크고(大=土) 붉은 불(火=灬=小)빛에서 '붉음'을 뜻한다.		

갑문	금문	소전

					중국
흥 7급 정 6급	生 8급 生부 총5획	날 생	↗ → ↗ → 生		生命(생명) 生氣(생기) 生日(생일) 生死(생사)	生
					일본 生
초목(⊻=屮)이 땅(一)에서 싹터 자람에서 '낳다' '살다'를 뜻한다.						

					중국
흥 5급 정 5급	性 5급 心부 총8획	성품 성:	⊻		性別(성별) 性品(성품) 性急(성급) 性格(성격)	性
					일본 性
고유한 마음(忄)을 가지고 태어난(生) 데서 '성품'을 뜻한다.						

					중국
흥 준5급 정 6급	姓 7급 女부 총8획	성 성:	業 → 姓 → 姓		姓名(성명) 同姓(동성) 百姓(백성) 他姓(타성)	姓
					일본 姓
모계사회 때, 여자(女)가 낳은(生) 아이의 '성씨'를 뜻한다.						

					중국
흥 5급 정 6급	止 5급 止부 총4획	그칠 지	↗ → ↗ → 止		止水(지수) 停止(정지) 中止(중지) 擧止(거지)	止
					일본 止
서있는 발(止) 모양으로, '그침' '머무름'을 뜻한다.						

					중국
흥 6급 정 준5급	正 7급 止부 총5획	바를 정(:)	足 → 正 → 正		正直(정직) 正答(정답) 正面(정면) 正大(정대)	正
					일본 正
잘못된 나라(口=一)를 발(止)로 나아가 '바르게' 함을 뜻한다.						

					중국
정 6급	定 6급 宀부 총8획	정할 정:	宿 → 宿 → 定		定立(정립) 定式(정식) 定價(정가) 定着(정착)	定
					일본 定
물건이 집(宀)안에 바르게(正=疋) 정리되어 '정함'을 뜻한다.						

					중국
진흥 7급 검정 7급	足 7급 足부 총7획	발 족	↗ → 足 → 足		充足(충족) 手足(수족) 足球(족구) 四足(사족)	足
					일본 足
무릎(口)부터 발(止)까지의 '발', 발이 머문 '만족'을 뜻한다.						

					중국
진흥 5급	題 6급 頁부 총18획	제목 제	題 → 題		題目(제목) 問題(문제) 宿題(숙제) 課題(과제)	題
					일본 題
사람의 바른(是) 머리(頁) 부분 '이마'나, 책의 이마인 '제목'.						

					중국
흥 준5급 정 6급	先 8급 儿부 총6획	먼저 선	先 → 先 → 先		先生(선생) 先親(선친) 先頭(선두) 先天(선천)	先
					일본 先
발(止=屮)이 먼저 앞서간(之) 사람(儿)에서 '먼저'를 뜻한다.						

					중국
	洗 5급 水부 총9획	씻을 세:	洗 → 洗		洗手(세수) 洗車(세차) 洗面(세면) 洗足(세족)	洗
					일본 洗
돌아오면 물(氵)에 먼저(先) '씻어' '깨끗이함'을 뜻한다.						

한자어 익히기

- **上流** (상류) 물의 근원이 되는 곳.
- **民間** (민간) 일반 백성들 사이. 관청이나 정부 기관에 속하지 않음.
- **紙物** (지물) 온갖 종이를 통틀어 이르는 말.
- **消化** (소화) 먹은 음식을 삭임. 배운 것을 잘 익혀 자기 것으로 만듦.
- **反省** (반성) 자기의 언행, 생각 따위의 잘잘못이나 옳고 그름을 깨닫기 위해 스스로를 돌이켜 살핌.
- **過飮** (과음) 술을 지나치게 마심.
- **生死** (생사) 삶과 죽음. 태어남과 죽음.
- **性急** (성급) 성미가 팔팔하고 급함.
- **他姓** (타성) 다른 성. 이성(異姓).
- **止水** (지수) 흐르지 않고 괴어 있는 물.
- **定着** (정착) 한 곳에 자리 잡아 떠나지 않음.
- **宿題** (숙제) 학생에게 내어 주는 과제. 앞으로 두고 해결해야 할 문제.

유의자

消 (사라질 소) = 失 (잃을 실)	生 (날 생) = 産 (낳을 산)
소실 : 사라져 없어짐. 사라져 잃어버림.	생산 : 인간 생활에 필요한 물건을 만듦.
定 (정할 정) = 着 (붙을 착)	正 (바를 정) = 直 (곧을 직)
정착 : 다른 물건에 단단히 붙음.	정직 : 마음이 바르고 곧음.

반대자 · 상대자

上下 (상하)	上 (윗 상) ↔ 下 (아래 하)	위와 아래. 낫고 못함.
先後 (선후)	先 (먼저 선) ↔ 後 (뒤 후)	앞뒤. 먼저와 나중.

1 다음 漢字의 訓과 音을 쓰세요.

(1) 生 _____   (2) 消 _____   (3) 正 _____

(4) 洗 _____   (5) 定 _____   (6) 下 _____

(7) 性 _____   (8) 題 _____   (9) 小 _____

(10) 省 _____   (11) 上 _____   (12) 足 _____

(13) 止 _____   (14) 紙 _____   (15) 少 _____

(16) 飮 _____   (17) 姓 _____   (18) 民 _____

(19) 赤 _____   (20) 先 _____

2 다음 漢字語의 讀音을 쓰세요.

(1) 洗車 ____   (2) 自省 ____   (3) 定式 ____

(4) 最上 ____   (5) 生氣 ____   (6) 少女 ____

(7) 大小 ____   (8) 充足 ____   (9) 先親 ____

(10) 下手 ____   (11) 停止 ____   (12) 正答 ____

(13) 姓名 ____   (14) 性品 ____   (15) 民主 ____

(16) 紙物 ____   (17) 消化 ____   (18) 反省 ____

(19) 飮料 ____   (20) 問題 ____   (21) 赤色 ____

(22) 公明正大 _____   (23) 花朝月夕 _____

3 다음 漢字의 筆順을 밝히세요.

(1) 民자를 필순대로 구별하여 쓰세요. 난이도 ▰▱▱ (   )

(2) 先자에서 丿획은 몇 번째로 쓰는 지 번호로 답하세요. 난이도 ▰▰▱ (   )

4 다음 訓과 음에 맞는 漢字를 쓰세요.

(1) 백성 민 ☐ (2) 그칠 지 ☐ (3) 정할 정 ☐

(4) 사라질 소 ☐ (5) 마실 음 ☐ (6) 붉을 적 ☐

(7) 날 생 ☐ (8) 종이 지 ☐ (9) 먼저 선 ☐

(10) 성품 성 ☐ (11) 작을 소 ☐ (12) 윗 상 ☐

(13) 아래 하 ☐ (14) 바를 정 ☐ (15) 발 족 ☐

(16) 적을 소 ☐ (17) 제목 제 ☐ (18) 씻을 세 ☐

(19) 살 성 ☐ (20) 성 성 ☐

5 다음 밑줄 친 漢字語를 큰 소리로 읽고 漢字로 써 보세요. (22과 활용 단어)

(1) 훈이는 <u>성격</u>이 쾌활하다. ·························· (   )

(2) <u>숙제</u>를 먼저 하고 놀면 마음이 편하다. ·········· (   )

(3) 눈 온 뒤에는 <u>세차</u>를 하는 것이 좋다. ·········· (   )

(4) 비록 작은 생물체라도 <u>생명</u>은 고귀하다. ·········· (   )

(5) 잘못은 <u>반성</u>하고 되풀이 하지 으면 된다. ·········· (   )

(6) 어버이날에 나는 부모님께 감사의 <u>편지</u>를 썼다. ·········· (   )

> 洗車 生命 性格 反省 便紙 宿題

6 다음 漢字와 뜻이 같거나 비슷한 漢字를 쓰세요.

(1) 生 = ☐   (2) 定 = ☐

(3) ☐ = 失   (4) ☐ = 直

7 다음 漢字와 뜻이 상대 또는 반대되는 漢字를 쓰세요.

(1) 先 ↔ ☐   (2) ☐ ↔ 下

사자성어

♣ 莫上莫下 (막상막하) : 서로 우열을 가릴 수 없음을 의미함. *莫(말 막)→3급Ⅱ

♣ 天下壯士 (천하장사) : 세상에 비길 데 없는 힘센 장사. *壯(장할 장)→4급

♣ 公明正大 (공명정대) : 하는 일이나 행동이 사사로움이 없이 떳떳하고 바름.

♣ 花朝月夕 (화조월석) : 꽃피는 아침과 달뜨는 저녁, 경치가 썩 좋은 때를 일컫는 말임.

♣ 積小成大 (적소성대) : 작은 것을 쌓아서 큰 것을 이룸. 티끌 모아 태산. *積(쌓을 적)→4급

고사성어

寸鐵殺人 (촌철살인)　寸(마디 촌)　鐵(쇠 철)　殺(죽일 살) ^{4급Ⅱ}　人(사람 인)

✦ 한 치의 쇠붙이로도 사람을 죽일 수 있다는 뜻으로, 간단한 말로도 남을 감동시키거나 남의 약점을 찌를 수 있음을 이르는 말.

남송 때의 나대경(羅大徑)이라는 사람이 찾아오는 손님들과 주고받은 청담(淸談)을 시동(侍童)에게 기록하게 하여, 그 기록을 책으로 묶은 것이 '학림옥로(學林玉露)'이다. 이 책은 '천지인(天地人)'의 세 부분 18권으로 구성된 책이다. 그 중 '지부(地部)' 제7권 〈살인수단(殺人手段)〉에는 종고선사가 다음과 같이 선(禪)을 논하여 말했다.

"비유하자면, 사람이 한 수레의 병기를 싣고 와서 그 병기를 하나씩 하나씩 꺼내 휘두르지만 이것은 사람을 죽이는 수단이 아니다. 나라면 촌철(寸鐵)만으로도 사람을 죽일 수 있다."

여기서 사람을 죽이는 수단은 칼로 찌르는 것이 아니라 '자기 마음 속의 온갖 망상과 속된 생각을 없애는 것'을 뜻한다. 이를 위해 사람들은 수많은 병기를 사용하듯이 온갖 말들을 쓰고 있지만, 그 정도로는 망상을 끊고 깨달음에 이를 수 없다는 것이다. 그러므로 종고선사는 단 한 마디의 핵심적인 경구, 즉 촌철(寸鐵)만으로도 망상과 속된 생각을 끊어낼 수 있다고 말한다.

출전 「학림옥로(學林玉露)」

	갑문	금문	소전		중국

登

진흥 준5급 / 검정 5급

7급 / 癶부 / 총12획

오를 등

登校(등교)
登山(등산)
登場(등장)
登用(등용)

중국 登 / 일본 登

두 발(癶)로 제기(豆)를 들고 제단에 '오름'을 뜻한다.

發

진흥 5급

6급 / 癶부 / 총12획

필 발

發展(발전)
發生(발생)
開發(개발)
出發(출발)

중국 发 / 일본 発

두 발(癶=癶)로 딛고(癶) 활(弓)이나 창(殳)을 '쏨'에서 '핌'을 뜻한다.

冬

진흥 5급 / 검정 5급

7급 / 冫부 / 총5획

겨울 동(冫)

冬夜(동야)
冬天(동천)
冬服(동복)
冬寒(동한)

중국 冬 / 일본 冬

실의 양 끝으로, 끝에 뒤쳐오는(夂) 꽁꽁 어는(冫) '겨울'을 뜻함.

終

5급 / 糸부 / 총11획

마칠 종

終日(종일)
終末(종말)
始終(시종)
終身(종신)

중국 终 / 일본 終

실(糸)의 양쪽 끝(冬)에서 '마치다' '끝내다'를 뜻한다.

後

진흥 5급 / 검정 5급

7급 / 彳부 / 총9획

뒤 후:

後孫(후손)
後記(후기)
後食(후식)最
後(최후)

중국 后 / 일본 後

걷는(彳)데 발이 끈(糸=幺)에 묶여 뒤쳐짐(夂)에서 '뒤'를 뜻한다.

致

5급 / 至부 / 총10획

이를 치:

一致(일치)
景致(경치)
致命(치명)
合致(합치)

중국 致 / 일본 致

이르기(至) 위해 천천히 감(夂=夂)에서 '이름'을 뜻한다.

室

진흥 준5급 / 검정 5급

8급 / 宀부 / 총9획

집 실
방 실

客室(객실)
室內(실내)
敎室(교실)
畵室(화실)

중국 室 / 일본 室

집(宀)안에 이르러(至) 쉬는 방에서 '집' '방' '아내'를 뜻한다.

到

5급 / 刀부 / 총8획

이를 도:

到來(도래)
到着(도착)
到手(도수)
到門(도문)

중국 到 / 일본 到

이른(至) 사람(亻)에서 '이르다'를 뜻하나, 이른(至) 칼(刂)로 변함.

參

5급 / 厶부 / 총11획

참여할 참
석 삼

參席(참석)
參加(참가)
參考(참고)
參萬(삼만)

중국 参 / 일본 參

뭇 별(晶=厽)이 사람(人)을 비추는 빛(彡)에서, '참여함' '셋'을 뜻함.

自

진흥 7급 / 검정 준5급

7급 / 自부 / 총6획

스스로 자

自然(자연)
自動(자동)
自信(자신)
自立(자립)

중국 自 / 일본 自

'코'의 모양이나, '스스로' 코를 가리키며 '자기'를 나타냄.

鼻	5급 鼻부 총14획	코 비:	갑문 금문 소전	鼻音(비음) 鼻門(비문) 鼻祖(비조) 鼻水(비수)	중국 鼻 일본 鼻
		코(自)로 공기를 주는(畀)데서 '코'를 뜻한다.			
查	5급 木부 총9획	조사할 사		調査(조사) 査定(사정) 內査(내사) 考査(고사)	중국 査 일본 査
		나무(木)를 쌓듯(且) 엮은 '뗏목'을 살펴 '조사함'을 뜻한다.			
祖	7급 示부 총10획	할아비 조		祖國(조국) 祖上(조상) 元祖(원조) 祖父(조부)	중국 祖 일본 祖
		제단(示)에 고기를 쌓아(且) '조상' '할아버지'께 제사함.			
具	5급 八부 총8획	갖출 구(ː)		具色(구색) 家具(가구) 道具(도구) 漁具(어구)	중국 具 일본 具
		솥(鼎·貝·目)의 제물을 두 손(廾=収)으로 '갖추어' 올림을 뜻한다.			
直	7급 目부 총8획	곧을 직		直行(직행) 直線(직선) 直結(직결) 直觀(직관)	중국 直 일본 直
		곧은(丨=十) 도구를 눈(目)에 대고 직각(ㄴ)으로 '곧게' 그림.			
植	7급 木부 총12획	심을 식		植物(식물) 植木(식목) 植樹(식수) 入植(입식)	중국 植 일본 植
		나무(木)를 곧게(直) 세워두거나, 심는 데서 '심다'를 뜻한다.			
德	5급 彳부 총15획	큰 덕 덕 덕		德談(덕담) 道德(도덕) 德行(덕행) 德望(덕망)	중국 德 일본 德
		행하는(彳) 곧은(直) 마음(心)인 덕(悳=惪=悳)에서 '큰 덕'을 뜻한다.			
再	5급 冂부 총6획	두 재ː		再現(재현) 再生(재생) 再會(재회) 再考(재고)	중국 再 일본 再
		엮은 물고기 '冓(구)'를 접은 데서 '거듭' '다시'를 뜻한다.			
前	7급 刀부 총9획	앞 전		前面(전면) 前後(전후) 生前(생전) 前期(전기)	중국 前 일본 前
		제사 전에 발(止=䒑)을 그릇(舟)에 '먼저' 씻음에서 '앞'을 뜻한다.			
寒	5급 宀부 총12획	찰 한		寒食(한식) 寒流(한류) 寒氣(한기) 寒冷(한랭)	중국 寒 일본 寒
		집(宀)안 풀 속(茻·井=茻) 사람(人=八)이 얼음(冫) 바닥에 '차가움'.			

한자어 익히기

- **登用** (등용) 인재를 뽑아 씀.
- **始終** (시종) 처음과 끝.
- **致命** (치명) 죽을 지경에 이름.
- **到門** (도문) 과거(科擧)에 급제하여 홍패(紅牌)를 가지고 집으로 돌아옴.
- **參席** (참석) 어떤 자리나 모임에 참여함.
- **鼻祖** (비조) 어떤 일을 가장 먼저 시작한 사람.
- **査定** (사정) 조사. 심사하여 결정함.
- **元祖** (원조) 첫 대의 조상. 어떤 일을 시작한 사람.
- **具色** (구색) 물건 따위를 골고루 갖춤.
- **直結** (직결) 직접적인 연결.
- **德談** (덕담) 잘 되기를 비는 말. 주로 새해에 많이 나누는 말.
- **再考** (재고) 다시 생각함. 고쳐 생각함.

유의자

終(마칠 종) = 末(끝 말)	自(스스로 자) = 己(자기 기)
종말 : 끝판. 맨 끝.	자기 : 그 사람 자신.
到(이를 도) = 着(붙을 착)	寒(찰 한) = 冷(찰 랭)
도착 : 목적지에 다다름.	한랭 : 기온이 낮고 매우 추움.

반대자·상대자

發着 (발착)	發(필 발) ↔ 着(붙을 착)	출발과 도착.
自他 (자타)	自(스스로 자) ↔ 他(다를 타)	나와 남.
前後 (전후)	前(앞 전) ↔ 後(뒤 후)	앞 뒤. 먼저와 나중.

1 다음 漢字의 訓과 音을 쓰세요.

(1) 冬	(2) 具	(3) 自
(4) 致	(5) 德	(6) 參
(7) 登	(8) 查	(9) 後
(10) 直	(11) 室	(12) 再
(13) 祖	(14) 發	(15) 植
(16) 終	(17) 前	(18) 寒
(19) 到	(20) 鼻	

2 다음 漢字語의 讀音을 쓰세요.

(1) 寒氣	(2) 景致	(3) 家具
(4) 畫室	(5) 鼻音	(6) 登校
(7) 道德	(8) 到着	(9) 考查
(10) 終身	(11) 後記	(12) 祖國
(13) 自然	(14) 發生	(15) 冬服
(16) 直線	(17) 前期	(18) 參席
(19) 後孫	(20) 再現	(21) 植物
(22) 八方美人	(22) 耳目口鼻	

3 다음 漢字의 筆順을 밝히세요.

(1) 冬자를 필순대로 구별하여 쓰세요. (   )

(2) 再자에서 중간의 丨획은 몇 번째로 쓰는 지 번호로 답하세요. (   )

4 다음 訓과 音에 맞는 漢字를 쓰세요.

(1) 조사할 사 ☐ (2) 뒤 후 ☐ (3) 이를 도 ☐

(4) 참여할 참 ☐ (5) 큰 덕 ☐ (6) 코 비 ☐

(7) 스스로 자 ☐ (8) 심을 식 ☐ (9) 할아비 조 ☐

(10) 집 실 ☐ (11) 갖출 구 ☐ (12) 이를 치 ☐

(13) 오를 등 ☐ (14) 앞 전 ☐ (15) 곧을 직 ☐

(16) 마칠 종 ☐ (17) 찰 한 ☐ (18) 겨울 동 ☐

(19) 필 발 ☐ (20) 두 재 ☐

5 다음 밑줄 친 漢字語를 큰 소리로 읽고 漢字로 써 보세요. (23과 활용 단어)

(1) 이번 행사에 많은 사람들이 <u>참가</u>하였다. ·········· (   )

(2) <u>교실</u>에서는 조용히 해야 한다. ·········· (   )

(3) <u>자연</u>을 보호해야 인류가 건강하다. ·········· (   )

(4) 이 물건을 꼭 4시 안에 <u>도착</u>하게 해주 시오. ·········· (   )

(5) 날씨가 쌀쌀해져 옷장에서 <u>동복</u>을 꺼내 입었다. ·········· (   )

(6) 주말마다 우리 아버지는 <u>등산</u>을 하신다. ·········· (   )

> 自然 到着 登山 參加 冬服 教室

6 다음 漢字와 뜻이 상대 또는 반대되는 漢字를 쓰세요.

(1) 前 ↔ ☐ (2) ☐ ↔ 他

(3) 發 ↔ ☐

7 다음 漢字語의 뜻을 쓰세요.

(1) 植木 : (   )

(2) 後面 : (   )

(3) 畫室 : (   )

사자성어

♣ **自業自得** (자업자득) : 자기가 저지른 일의 결과에 대한 책임을 자신이 받음.
　　　　　　　　　　　* 得(얻을 득)→4급Ⅱ

♣ **耳目口鼻** (이목구비) : 귀·눈·입·코를 통틀어 이르는 말.

♣ **八方美人** (팔방미인) : 어느 모로 보나 아름다운 사람. 여러 방면에 능통한 사람 한가지 일에
　　　　　　　　　　　정통하지 못하고 온갖 일에 조금씩 손대는 사람을 놀림조로 이르는 말.

♣ **前代未聞** (전대미문) : 이제까지 들은 적이 없음. * 未(아닐 미)→4급Ⅱ

♣ **有終之美** (유종지미) : 시작한 일을 끝까지 잘하여 결과가 좋음. * 之(어조사 지)→3급Ⅱ

고사성어

他山之石(타산지석) 　他(다를 타) 山(메 산) 之(갈 지)^{3급Ⅱ} 石(돌 석)

+ 타산의 돌이란 뜻으로, 쓸모없게 보이는 것도 쓰기에 따라서는 얼마든지 유용할 수 있으며, 또 남의 잘못된 행
실도 자기 수양의 거울로 삼을 수 있음을 이르는 말.

학은 깊은 산 속에서 울어도	학은 깊은 산 속에서 울어도
그 소리는 온 들녘까지 들리누나.	그 소리는 하늘까지 울려퍼지네.
물고기는 깊은 연못에 잠겨 있어도	물고기는 물가에 나와 있어도
때로는 물가로 나와 노는 도다.	때로는 연못 속에 잠겨 있도다.
동산에는 향기로운 박달나무 있어서	동산에는 향기로운 박달나무 있어서
그곳에서 즐겁고 편안케 지내지만	그곳에서 즐겁고 편안케 지내지만
아래로는 더러운 낙엽이 흩어져 있네.	아래로는 형편없는 닥나무라네.
타산(他山)에 있는 조악한 돌이라도	타산(他山)에 있는 조악한 돌이라도
옥을 가는 숫돌로는 쓸 수 있으리.	옥을 가는 숫돌로는 쓸 수 있으리.

　타산의 돌. 타산(他山)은 산 이름으로 여기서 나온 돌은 보기 흉하고 별로 쓸모도 없지만 그래도 옥을 가는 데
는 소용이 된다는 말에서 유래했다.

　　　　　　　　　　출전「시경(詩經) 〈소아편(小雅篇)〉」에 나오는 학명(鶴鳴:학의 울음)이라는 시

			갑문	금문	소전			
진흥 6급 검정 7급	靑	8급 靑부 총8획	푸를 청				靑色(청색) 靑雲(청운) 靑春(청춘) 靑年(청년)	중국 靑 일본 靑
		푸르게 **자라는(生=土) 우물(丼=∄=円)**옆 초목에서 '**푸름**'을 뜻한다.						
진흥 5급	淸	6급 水부 총11획	맑을 청				淸談(청담) 淸江(청강) 淸風(청풍) 淸白(청백)	중국 淸 일본 淸
		물(氵)이 **푸르고(靑)** 깨끗함에서 '**맑다**'를 뜻한다.						
	情	5급 心부 총11획	뜻 정				情理(정리) 情表(정표) 情熱(정열) 感情(감정)	중국 情 일본 情
		마음(忄) 속의 **푸르고(靑)** 선한 '**정**'이나 '**뜻**'을 뜻한다.						
	責	5급 貝부 총11획	꾸짖을 책				責任(책임) 責望(책망) 問責(문책) 罪責(죄책)	중국 責 일본 責
		가시(束=土)처럼, **쌓인** 빚을 **재물(貝)**로 갚기를 '**꾸짖음**'을 뜻한다.						
	敗	5급 攴부 총11획	패할 패ː				敗亡(패망) 勝敗(승패) 敗因(패인) 敗北(패배)	중국 敗 일본 敗
		솥(鼎=貝)이나, 재물인 **조개(貝)**를 **쳐(攵)** 부수는 데서 '**패함**'.						
	質	5급 貝부 총15획	바탕 질				質問(질문) 品質(품질) 物質(물질) 質量(질량)	중국 质 일본 質
		도끼(斤)질 하는 **받침대(所)**처럼 **재물(貝)**의 '**바탕**'을 뜻한다.						
	則	5급 刀부 총9획	법칙 칙 곧 즉				法則(법칙) 學則(학칙) 規則(규칙) 然則(연즉)	중국 则 일본 則
		솥(鼎=貝)에 법칙을 **칼(刂)**로 새김에서 '**법칙**' '**곧**'을 뜻한다.						
	買	5급 貝부 총12획	살 매ː				買食(매식) 買入(매입) 買價(매가) 買名(매명)	중국 买 일본 買
		그물(罒)로 **조개(貝)**를 잡아 물건을 사는 데서 '**사다**'를 뜻한다.						
	賣	5급 貝부 총15획	팔 매(ː)				賣買(매매) 賣出(매출) 賣店(매점) 賣物(매물)	중국 卖 일본 賣
		내다(出=士) 남에게 보여 **사게(買)** 하는 데서 내어 '**팔다**'를 뜻한다.						
진흥 5급 검정 5급	讀	6급 言부 총22획	읽을 독 구절 두				讀書(독서) 音讀(음독) 多讀(다독) 目讀(목독)	중국 读 일본 讀
		말(言)의 뜻이 통하게(賣=賣) '**읽음**'을 뜻한다.						

			갑문	금문	소전			중국
實	5급 宀부 총14획	열매 실					實果(실과) 實用(실용) 事實(사실) 實名(실명)	实 **일본** 実
		집(宀)에 가득 꿴(田=毌)과 재물(貝)이 있어 '차다' '열매'를 뜻한다.						
貴	5급 貝부 총12획	귀할 귀:					高貴(고귀) 貴人(귀인) 貴下(귀하) 貴族(귀족)	贵 **일본** 貴
		두 손(臼)으로 사람(人)이 잠깐(臾=虫) 재물(貝)을 '귀하게' 잡음.						
能	5급 肉부 총10획	능할 능					能力(능력) 萬能(만능) 全能(전능) 本能(본능)	能 **일본** 能
		머리(厶)에 고깃덩이(月)를 문, 두 발(匕·匕)로 사냥에 '능한' '곰'.						
偉	5급 人부 총11획	클 위 거룩할 위					偉大(위대) 偉力(위력) 偉人(위인) 偉業(위업)	伟 **일본** 偉
		사람(亻)들과 달리 가죽(韋)을 두른 '크고' '훌륭한' 사람을 뜻함.						
魚	5급 魚부 총11획	고기 어 물고기 어					人魚(인어) 魚物(어물) 養魚(양어) 魚族(어족)	鱼 **일본** 魚
		머리(⺈)와 몸통(田) 꼬리(灬) 모양인 '물고기'를 뜻한다.						
漁	5급 水부 총14획	고기잡을 어					漁夫(어부) 漁村(어촌) 漁業(어업) 漁民(어민)	渔 **일본** 漁
		물(氵)속의 물고기(魚)를 잡는 데서 '고기 잡다'를 뜻한다.						
鮮	5급 魚부 총17획	고울 선					生鮮(생선) 鮮明(선명) 新鮮(신선) 朝鮮(조선)	鲜 **일본** 鮮
		깨끗한 물고기(魚)나 신선한 양(羊)고기에서 '고움'을 뜻한다.						
風	6급 風부 총9획	바람 풍					強風(강풍) 風車(풍차) 海風(해풍) 風力(풍력)	风 **일본** 風
		바람에 민감한 배의 돛(凡)과 벌레(虫)에서 '바람'을 뜻한다.						
算	7급 竹부 총14획	셈 산:					算數(산수) 計算(계산) 算出(산출) 決算(결산)	算 **일본** 算
		댓가지(竹)로 눈(目)을 만들어 두 손(廾)으로 '셈'함을 뜻한다.						
度	6급 广부 총9획	법도 도: 헤아릴 탁					角度(각도) 速度(속도) 溫度(온도) 度地(탁지)	度 **일본** 度
		집(广)에 많은(廿) 여러(庶) 사람이 손(又)으로 '헤아린' '법도'.						

한자어 익히기

- **清談** (청담)　속되지 않은 청아한 이야기. 남의 이야기를 높이어 이르는 말.
- **情表** (정표)　정을 표시하기 위하여 물건을 줌, 또는 그 물건.
- **責望** (책망)　허물을 들어 꾸짖음.
- **買名** (매명)　돈으로 명예를 삼.
- **賣店** (매점)　어떤 기관이나 단체 안에서 물건을 파는 작은 가게.
- **實果** (실과)　먹을 수 있는 초목(草木)의 열매를 통틀어 이르는 말.
- **貴人** (귀인)　신분이나 지위가 높은 사람.
- **萬能** (만능)　모든 일에 다 능통함.
- **偉業** (위업)　위대한 사업이나 업적.
- **魚物** (어물)　물고기. 가공하여 말린 해산물.
- **鮮明** (선명)　산뜻하고 밝음. 조촐하고 깨끗함.
- **計算** (계산)　셈을 헤아림.
- **速度** (속도)　빠른 정도. 움직이는 물체가 단위 시간에 이동한 거리.

유의자

敗 (패할 패) = 亡 (망할 망)	質 (바탕/물을 질) = 問 (물을 문)
패망 : 전쟁에서 져서 망함.	질문 : 모르는 것이나 알고 싶은 것을 물음.
偉 (클 위) = 大 (큰 대)	貴 (귀할 귀) = 重 (무거울 중)
위대 : 크게 뛰어나고 훌륭함.	귀중 : 매우 소중함.

반대자 · 상대자

賣買 (매매)	賣 (팔 매) ↔ 買 (살 매)	팔고 삼.
勝敗 (승패)	勝 (이길 승) ↔ 敗 (패할 패)	이김과 짐.

1 다음 漢字의 訓과 音을 쓰세요.

(1) 實 〔　　　　〕　　(2) 則 〔　　　　〕　　(3) 度 〔　　　　〕

(4) 情 〔　　　　〕　　(5) 偉 〔　　　　〕　　(6) 買 〔　　　　〕

(7) 賣 〔　　　　〕　　(8) 貴 〔　　　　〕　　(9) 靑 〔　　　　〕

(10) 鮮 〔　　　　〕　　(11) 質 〔　　　　〕　　(12) 淸 〔　　　　〕

(13) 漁 〔　　　　〕　　(14) 算 〔　　　　〕　　(15) 讀 〔　　　　〕

(16) 能 〔　　　　〕　　(17) 責 〔　　　　〕　　(18) 魚 〔　　　　〕

(19) 風 〔　　　　〕　　(20) 敗 〔　　　　〕

2 다음 漢字語의 讀音을 쓰세요.

(1) 敗亡 〔　　〕　　(2) 偉力 〔　　〕　　(3) 靑春 〔　　〕

(4) 賣買 〔　　〕　　(5) 算數 〔　　〕　　(6) 質問 〔　　〕

(7) 速度 〔　　〕　　(8) 情熱 〔　　〕　　(9) 人魚 〔　　〕

(10) 多讀 〔　　〕　　(11) 規則 〔　　〕　　(12) 責任 〔　　〕

(13) 實用 〔　　〕　　(14) 貴下 〔　　〕　　(15) 萬能 〔　　〕

(16) 淸風 〔　　〕　　(17) 買入 〔　　〕　　(18) 漁夫 〔　　〕

(19) 新鮮 〔　　〕　　(20) 風車 〔　　〕　　(21) 決算 〔　　〕

(22) 敗家亡身 〔　　　　〕　　　　(23) 利害打算 〔　　　　〕

3 다음 漢字의 筆順을 밝히세요.

(1) 貴 자에서 위의 丨획은 몇 번째로 쓰는 지 번호로 답하세요. 난이도▰▰▱▱▱ (　　　　)

(2) 責 자에서 위의 丨획은 몇 번째로 쓰는 지 번호로 답하세요. 난이도▰▰▱▱▱ (　　　　)

4 다음 訓과 音에 맞는 漢字를 쓰세요.

(1) 푸를 청 ☐   (2) 고기 어 ☐   (3) 살 매 ☐

(4) 뜻 정 ☐   (5) 바람 풍 ☐   (6) 열매 실 ☐

(7) 팔 매 ☐   (8) 읽을 독 ☐   (9) 능할 능 ☐

(10) 맑을 청 ☐   (11) 고울 선 ☐   (12) 바탕 질 ☐

(13) 법칙 칙 ☐   (14) 법도 도 ☐   (15) 꾸짖을 책 ☐

(16) 패할 패 ☐   (17) 셈 산 ☐   (18) 클 위 ☐

(19) 고기잡을 어 ☐   (20) 귀할 귀 ☐

5 다음 밑줄 친 漢字語를 큰 소리로 읽고 漢字로 써 보세요. (24과 활용 단어)

(1) 섬에 사시는 나의 이모부는 <u>어부</u>다. ·············· ( )

(2) 설명이 끝난 다음에 <u>질문</u>을 하십시오. ·············· ( )

(3) 어머니의 힘은 <u>위대</u>하다. ·············· ( )

(4) 어릴 때부터 <u>독서</u>하는 습관을 길러라. ·············· ( )

(5) 내가 제일 좋아하는 음식은 <u>생선</u> 요리이다. ·············· ( )

(6) 우리 팀은 경기가 끝난 뒤 <u>패인</u>을 분석하였다. ·············· ( )

> 讀書 生鮮 漁夫 敗因 質問 偉大

6 다음 漢字와 뜻이 같거나 비슷한 漢字를 쓰세요.

(1) 偉 = ☐   (2) 敗 = ☐

(3) 貴 = ☐   (4) ☐ = 問

7 다음 漢字와 뜻이 상대 또는 반대되는 漢字를 쓰세요.

(1) ☐ ↔ 買   (2) 勝 ↔ ☐

🏰 사자성어

♣ **青雲之志** (청운지지) : 높고 큰 뜻을 가리키는 말. *之(갈 지)→3급Ⅱ, 志(뜻 지)→4급Ⅱ

♣ **敗家亡身** (패가망신) : 가산을 없애고 몸을 망침.

♣ **漁夫之利** (어부지리) : 둘이 다투고 있는 동안 제3자가 취하는 이익을 가리킴.
*之(갈 지)→3급Ⅱ

♣ **他山之石** (타산지석) : 다른 사람의 하찮은 언행도 자기의 지식과 인격을 닦는 데 도움이 됨을 뜻함. *之(갈 지)→3급Ⅱ

♣ **利害打算** (이해타산) : 이해 관계를 따져 셈한다는 의미.

📚 고사성어

螢雪之功(형설지공)　螢³급(개똥벌레 형)　雪(눈 설)　之³급Ⅱ(갈 지)　功(공 공)

✚ 반딧불과 눈빛으로 공부하여 얻은 성과라는 뜻으로, 어려운 여건을 극복하고 꾸준히 공부하여 얻은 보람과 성과를 말함.

　진나라 효무제 때, 어렵게 공부하여 크게 된 인물 가운데 차윤과 손강이 특히 유명하다. 차윤은 어려서부터 성실하고 생각이 깊으며 학문에 뜻을 두고 있었으나, 가정 형편이 여의치 못했다. 그래서 그는 집안에 조금이나마 보탬이 되기 위해서 낮에는 밖으로 나가 일을 하지 않을 수 없었다. 밤이 되어서야 그가 그토록 하고 싶어하던 공부를 하려고 했지만, 등불을 밝힐 기름이 없어 그것 또한 여의치 않았다.

　그는 무슨 수가 없을까 고민하다가 엷은 명주 주머니를 하나 만들어 수십 마리의 반딧불을 잡아 그 속에 넣고 그 빛으로 책을 읽었다. 그리하여 차윤은 이부상서의 벼슬까지 오르게 되었다.

　또한 손강도 차윤과 마찬가지로 집이 너무 가난하여 밤을 밝힐 만한 기름이 없었다. 그래서 그는 겨울이 되면 창가에 앉아 밖에 쌓인 눈빛에 책을 비춰 가며 공부를 했다. 그리하여 훗날 어사대부의 벼슬까지 올랐다.

출전「진서(晉書)」

			갑문	금문	소전			중국

席
진흥 5급

6급	자리 석	上席(상석)	중국 席
巾부 총10획		合席(합석) 出席(출석) 立席(입석)	일본 席
집(广)에 많은(廿) 사람이 앉는 천(巾)으로 만든 '자리'를 뜻한다.			

火
진흥 8급 / 검정 8급

8급	불 화(ː)	火山(화산)	중국 火
火부 총4획		火急(화급) 火力(화력) 火災(화재)	일본 火
불이 타오르는 모습(ⵣ·ⵤ·ⵥ)으로 '불'을 뜻한다.			

談

5급	말씀 담	會談(회담)相	중국 談
言부 총15획		談(상담) 面談(면담) 德談(덕담)	일본 談
말(言)을 밝은 불꽃(炎)처럼 담백하게 하는 '말씀'을 뜻한다.			

炭

5급	숯 탄ː	石炭(석탄)	중국 炭
火부 총9획		木炭(목탄) 黑炭(흑탄) 炭火(탄화)	일본 炭
산(山) 언덕(厂) 기슭(屵)에 불(火)에 타다 꺼진 '숯'을 뜻한다.			

勞

5급	일할 로	勞動(노동)	중국 劳
力부 총12획		勞使(노사) 過勞(과로) 勞力(노력)	일본 労
등불(熒=炊)을 밝혀 힘(力)써 '일하는' '노력'을 뜻한다.			

必

5급	반드시 필	必要(필요)	중국 必
心부 총5획		必勝(필승) 期必(기필) 必然(필연)	일본 必
꼭 나눌(八) 경계의 말뚝이나 주살(弋)에서 '반드시'를 뜻한다.			

心
진흥 7급 / 검정 6급

4급	마음 심	心性(심성)	중국 心
心부 총4획		心情(심정) 孝心(효심) 心身(심신)	일본 心
심장 모양을 본떠 만든 글자로, '마음' '생각' 등을 뜻한다.			

思

5급	생각 사(ː)	思考(사고)	중국 思
心부 총9획		意思(의사) 心思(심사) 思親(사친)	일본 思
머리(囟=田)와 마음(心)으로 느끼고 '생각함'을 뜻한다.			

號
진흥 5급

6급	이름 호	國號(국호)	중국 号
虍부 총13획		番號(번호) 商號(상호) 信號(신호)	일본 号
입(口)을 크게(丂) 벌린 범(虎)처럼 '이름'을 크게 '부름'을 뜻함.			

萬
진흥 준5급 / 검정 5급

8급	일만 만ː	萬物(만물)	중국 万
艸부 총13획		萬里(만리) 萬能(만능) 萬歲(만세)	일본 万
'전갈'의 집게(艹)·몸통(田)·긴 꼬리(内)로 많은 수에서 '만'을 뜻함.			

			갑문	금문	소전			중국
商	5급 口부 총11획	장사 상					商人(상인) 商店(상점) 商品(상품) 商業(상업)	商
								일본 商
	서서(立=丬) 장사하는 셈이 밝은(冏) '장사'를 뜻한다.							
耳	5급 耳부 총6획	귀 이:					耳順(이순) 牛耳(우이) 耳目(이목) 耳學(이학)	중국 耳
								일본 耳
	귀의 윤곽과 귓구멍 모양으로, '귀'를 뜻한다.							
最	5급 日부 총12획	가장 최:					最高(최고) 最初(최초) 最善(최선) 最上(최상)	중국 最
								일본 最
	투구(冃=日) 쓴 장군의 귀를 취하던(取) 데서 '가장'을 뜻한다.							
山	8급 山부 총3획	메 산					山水(산수) 山川(산천) 山河(산하) 登山(등산)	중국 山
								일본 山
	세 개의 산봉우리가 뚜렷한 '산'(㎲·⛰)을 뜻한다.							
仙	5급 人부 총5획	신선 선					仙女(선녀) 神仙(신선) 仙果(선과) 仙童(선동)	중국 仙
								일본 仙
	사람(亻)이 산(山)에 들어가 '신선'이 됨. *'僊(선)'과 동자.							
業	6급 木부 총13획	업 업					本業(본업) 家業(가업) 失業(실업) 作業(작업)	중국 业
								일본 業
	요철을 복잡하게(丵) 만든 나무(木) 도구 여러 '일'을 함.							
對	6급 寸부 총14획	대할 대:					對面(대면) 對談(대담) 對答(대답) 對話(대화)	중국 对
								일본 対
	도구(丵)를 땅(一)에서 손(寸)으로 안면에 '대하고' 듦을 뜻한다.							
惡	5급 心부 총12획	악할 악 미워할 오					惡用(악용) 惡談(악담) 罪惡(죄악) 惡寒(오한)	중국 恶
								일본 悪
	무덤(亞)을 싫어하는 마음(心)에서 '미워함' '악함'을 뜻한다.							
凶	5급 凵부 총4획	흉할 흉					凶年(흉년) 凶作(흉작) 凶家(흉가) 凶計(흉계)	중국 凶
								일본 凶
	갈라져(×) 움푹 파인 입 벌린 함정(凵)에서 '흉하다'를 뜻한다.							
數	7급 攴부 총15획	셈 수: 자주 삭 촘촘할 촉					數學(수학) 數量(수량) 分數(분수) 小數(소수)	중국 数
								일본 数
	쌓인 여러(婁) 물건을 치며(攵) 수를 '세는' 데서 '셈'을 뜻한다.							

한자어 익히기

- 立席 (입석)　탈것, 극장 따위에서 서서 타거나 구경하는 자리.
- 火急 (화급)　매우 급함.
- 面談 (면담)　서로 만나서 이야기함.
- 過勞 (과로)　지나치게 일하여 고달픔.
- 思考 (사고)　생각하고 궁리함.
- 商品 (상품)　팔고 사는 물품.
- 耳順 (이순)　어떤 말을 들어도 귀에 거슬리지 않는 나이인 예순의 일컬음.
- 最上 (최상)　맨 위.
- 家業 (가업)　그 집안의 직업, 또는 대대로 물려받은 직업.
- 對談 (대담)　마주 대하고 말함.
- 惡用 (악용)　알맞지 않게 쓰거나 나쁜 일에 씀.
- 凶作 (흉작)　농작물의 소출이 적음.

유의자

談 (말씀 담) = 話 (말씀 화)	思 (생각 사) = 考 (생각할 고)
담화 : 허물없이 이야기를 나눔.	사고 : 생각함. 궁리함.
凶 (흉할 흉) = 惡 (악할 악)	勞 (일할 로) = 力 (힘 력)
흉악 : 성질이 몹시 악함, 또는 그러한 사람.	노력 : 힘을 다해 애씀.

반대자 · 상대자

心身 (심신)	心 (마음 심) ⟷ 身 (몸 신)	마음과 몸.
勞使 (노사)	勞 (일할 로) ⟷ 使 (부릴 사)	노동자와 사용자.
山水 (산수)	山 (메 산) ⟷ 水 (물 수)	산과 물. 자연의 경치를 말함.
山川 (산천)	山 (메 산) ⟷ 川 (내 천)	산과 내. 자연.
山河 (산하)	山 (메 산) ⟷ 河 (물/강 하)	자연. 자연의 경치.

1 다음 漢字의 訓과 音을 쓰세요.

(1) 對
(2) 思
(3) 最
(4) 火
(5) 耳
(6) 凶
(7) 號
(8) 席
(9) 商
(10) 萬
(11) 數
(12) 談
(13) 山
(14) 必
(15) 業
(16) 炭
(17) 仙
(18) 惡
(19) 勞
(20) 心

2 다음 漢字語의 讀音을 쓰세요.

(1) 數量
(2) 石炭
(3) 萬里
(4) 凶年
(5) 相談
(6) 商業
(7) 火山
(8) 國號
(9) 惡談
(10) 本業
(11) 山河
(12) 孝心
(13) 出席
(14) 耳順
(15) 最初
(16) 對面
(17) 神仙
(18) 思考
(19) 勞力
(20) 必要
(21) 火災
(22) 凶惡無道
(23) 前無後無

3 다음 漢字의 筆順을 밝히세요.

(1) 仙자에서 ㄴ획은 몇 번째에 쓰는 지 번호로 답하세요.　　(　)

(2) 必 자의 쓰는 순서가 올바른 것을 고르세요.　　(　)

㉮ 1-2-3-4-5　　　㉯ 4-3-2-1-5
㉰ 4-2-3-1-5　　　㉱ 1-3-2-4-5

4 다음 訓과 音에 맞는 漢字를 쓰세요.

(1) 신선 선 ☐   (2) 업 업 ☐   (3) 생각 사 ☐

(4) 셈 수 ☐   (5) 말씀 담 ☐   (6) 장사 상 ☐

(7) 자리 석 ☐   (8) 귀 이 ☐   (9) 이름 호 ☐

(10) 흉할 흉 ☐   (11) 일할 로 ☐   (12) 메 산 ☐

(13) 불 화 ☐   (14) 일만 만 ☐   (15) 악할 악 ☐

(16) 마음 심 ☐   (17) 대할 대 ☐   (18) 숯 탄 ☐

(19) 가장 최 ☐   (20) 반드시 필 ☐

5 다음 밑줄 친 漢字語를 큰 소리로 읽고 漢字로 써 보세요. (25과 활용 단어)

(1) <u>최선</u>을 다하면 좋은 결과가 있을 것이다. ······················ ( )

(2) 이 <u>상점</u>의 직원들은 친절하게 손님을 맞아준다. ············ ( )

(3) 너에게 꼭 <u>필요</u>한 것만 가지고 가거라. ························· ( )

(4) <u>과로</u>는 건강에 좋지 않다. ······································ ( )

(5) 이 건물은 <u>화재</u> 위험이 있다. ·································· ( )

(6) 수해로 인해 금년 농사는 <u>흉년</u>이다. ·························· ( )

> 火災 最善 凶年 商店 必要 過勞

6 다음 漢字와 뜻이 같거나 비슷한 漢字를 쓰세요.

(1) 凶 = ☐   (2) 談 = ☐

(3) ☐ = 力   (4) ☐ = 考

7 다음 四字成語의 ☐ 안에 알맞은 漢字를 쓰세요.

(1) 氷☐之間   (2) 前無後☐

(3) 忠言逆☐   (4) ☐惡無道

🏛 사자성어

❖ 氷炭之間 (빙탄지간) : 얼음과 숯처럼 서로 화합할 수 없는 사이. * 之(갈 지) → 3급Ⅱ

❖ 前無後無 (전무후무) : 전에도 없었고 앞으로도 있을 수 없음.

❖ 忠言逆耳 (충언역이) : 충고의 말은 귀에 거슬린다는 말로, 바르게 타이르는 말을 싫어함.

   * 逆(거스를 역) → 4급Ⅱ

❖ 凶惡無道 (흉악무도) : 성질이 사납고 악하며 도리에 어그러짐.

📖 고사성어

浩然之氣(호연지기)   浩(넓을 호)³급Ⅱ 然(그럴 연) 之(갈 지)³급Ⅱ 氣(기운 기)

✦ 하늘과 땅 사이에 넘치도록 가득 찬 넓고도 큰 원기라는 뜻으로, 공명정대하여 조금도 부끄러울 것이 없는 도덕적 용기, 사물에 구애됨이 없이 자유롭고 즐거운 마음을 말함.

　맹자는 제자 공손추와 함께 진정한 용기와 부동심(不動心)에 대해 문답을 하게 되었는데, 그 대화가 거의 끝날 무렵 공손추가 이렇게 물었다.

"감히 여쭙겠습니다. 선생님의 장점은 무엇입니까?"

"나는 말을 알며 나의 호연지기(浩然之氣)를 잘 기른다."

"호연지기란 무슨 뜻입니까?"

"말하기 어렵다. 그 기(氣)란 지극히 크고 굳세니, 곧게 하는 것으로써 길러서 해침이 없으면 하늘과 땅 사이에 꽉 차게 된다. 그 기의 양상은 의와 도에 짝이 되는 것이니, 이것이 없으면 쭈그러든다. 이는 거듭되는 의가 만들어 내는 것이니 하나의 의가 엄습하여 취하는 것이 아니다. 행한 것이 마음에 만족스럽지 아니함이 있으면 쭈그러든다. 나는 그러므로 '고자(告子)는 애당초 의를 알지 못한다'고 말한 것이니, 그 의를 바깥에 있는 것으로 여기기 때문이다. 반드시 호연지기를 기르는 것을 일삼으면서 효과를 미리 기대하지 말고, 마음에 잊지도 말며, 조장하지도 말아야 한다."

"조장하지 말아야 한다는 뜻은 무엇입니까?"

"송나라의 어떤 사람이 밭에 곡식을 심어 놓고는 날마다 얼마나 자랐는지 보러 나가곤 했다. 그런데 싹이 도무지 자라는 것 같지가 않아 모두 조금씩 뽑아서 올려놓았다. 그리고 집에 돌아가 아들에게 싹이 빨리 자라도록 도와주고 오는 길이라고 말했다. 아버지의 말을 듣고 아들이 밭에 나가 보니 싹은 모두 말라죽어 있었다고 한다. 이제 무슨 뜻인지 알겠느냐?"

출전 「맹자(孟子)」〈공손축편(公孫丑篇)〉

附錄

진흥회, 검정회
추가 한자 익히기

	한자	급/부수/획	훈·음	갑문	금문	소전		한자어	중국/일본
진흥 준5급 검정 준5급	巾	8급 巾부 총3획	수건 건					手巾(수건) 頭巾(두건) 巾車(건거) 巾衣(건의)	중국 巾 일본 巾
		허리춤에 **늘어뜨려(冂) 사람(丨)**이 차고 다니던 **'수건'**을 뜻한다.							
진흥 5급 검정 6급	犬	4급 犬부 총4획	개 견					犬馬(견마) 名犬(명견) 忠犬(충견) 犬馬(견마)	중국 犬 일본 犬
		개의 **옆모습(犭·犭)**으로 **'개'**를 뜻한다.							
진흥 5급 검정 5급	刀	3급Ⅱ 刀부 총2획	칼 도					竹刀(죽도) 果刀(과도) 面刀(면도) 長刀(장도)	중국 刀 일본 刀
		'칼'의 상형으로, **'칼'** 또는 **'칼의 작용'**을 나타낸다.							
진흥 5급 검정 5급	毛	4급Ⅱ 毛부 총4획	터럭 모					羊毛(양모) 毛根(모근) 毛筆(모필) 短毛(단모)	중국 毛 일본 毛
		사람이나 짐승의 몸에 난 **털(毛)**로 **'터럭' '조금'**을 뜻한다.							
진흥 5급 검정 5급	步	4급Ⅱ 止부 총7획	걸음 보					步行(보행) 步兵(보병) 步道(보도) 行步(행보)	중국 步 일본 步
		위 **발(止)**과 아래 **발(龰=少)**을 합하여 **'걷는' '걸음'**을 뜻한다.							
진흥 5급 검정 5급	詩	4급Ⅱ 言부 총13획	시 시					詩人(시인) 詩集(시집) 詩歌(시가) 詩畫(시화)	중국 詩 일본 詩
		백성에 알릴 **말(言)**을 관청·**절(寺)**에서 적은 글로 **'시'**를 뜻한다.							
검정 준5급	央	3급 大부 총3획	가운데 앙					中央(중앙) 中央線(중앙선) 中央路(중앙로)	중국 央 일본 央
		형틀이나 **어깨지게(冂)**에 **사람(大)**이 **'가운데'** 있음을 뜻한다.							
진흥 준5급 검정 6급	羊	4급 羊부 총6획	양 양					山羊(산양) 牛羊(우양) 羊毛(양모) 羊角(양각)	중국 羊 일본 羊
		두 **뿔(丷)**을 강조한 **희생 재물**로 많이 쓰이는 **'양'**을 뜻한다.							
진흥 준5급 검정 6급	玉	4급 玉부 총5획	구슬 옥					玉石(옥석) 白玉(백옥) 玉水(옥수) 玉體(옥체)	중국 玉 일본 玉
		구슬(三)을 줄(丨)에 꿴 모양(王)으로, '丶'를 더해 **'옥'**을 뜻한다.							
진흥 5급 검정 5급	肉	4급Ⅱ 肉부 총6획	고기 육					肉食(육식) 血肉(혈육) 肉體(육체) 肉身(육신)	중국 肉 일본 肉
		저민 **고깃덩이**의 모습(肉)으로 **'고기'**를 뜻한다.							

		갑문	금문	소전			

田
진흥 5급 / 검정 5급

4급Ⅱ	밭 전	⊞⊞ ➡ ⊞⊞ ➡ 田	山田(산전)	중국 田
田부 총5획			火田(화전) 田園(전원) 京田(경전)	일본 田

경계가 분명한 **농토(⊞)**인 '**밭**'으로 **삶의 터전**을 뜻한다.

竹
진흥 5급 / 검정 5급

4급Ⅱ	대 죽	➡ ➡ 竹	竹刀(죽도)	중국 竹
竹부 총6획			竹林(죽림) 竹山(죽산) 竹馬(죽마)	일본 竹

'**대나무 잎(竹)**'을 강조 한자로, '**대로 만든 도구**' 이름에 쓰인다.

貝
진흥 5급 / 검정 5급

8급	조개 패	➡ ➡ 貝	貝物(패물)	중국 貝
貝부 총7획			貝石(패석) 貝玉(패옥) 貝類(패류)	일본 貝

화폐로 쓰이던 **조개** 모양으로, '**재물**' '**돈**' '**재산**'을 뜻한다.

血
진흥 5급 / 검정 5급

4급Ⅱ	피 혈	➡ ➡ 血	血氣(혈기)	중국 血
血부 총6획			心血(심혈) 血肉(혈육) 血書(혈서)	일본 血

희생물의 피(丶)를 그릇(皿)에 담아놓은 데서 '**피**'를 뜻한다.

- **加熱(가열)[더할 가, 더울 열]**: 어떤 물질에 열(熱)을 더함(加). 열이 더 나도록 함.

- **家庭(가정)[집 가, 뜰/집안 정]**: 한 집(家) 사람이 모여 사는 집안(庭). 부부를 중심으로 혈연관계자가 모여 사는 사회의 가장 작은 집단공동체인 집안. 한 가족이 생활하는 공간.

- **角度(각도)[뿔/모 각, 법도/정도 도]**: (물체나 도형에서) 뿔(角) 모양 모진 정도(度). 두 직선의 벌어진 정도.

- **降水量(강수량)[내릴 강, 물 수, 헤아릴/분량 량]**: 기상의 변화로 내린(降) 물(水)의 분량(量). 비·눈·우박 등으로 지상에 내린 물의 총량.

- **建國(건국)[세울 건, 나라 국]**: 새로 나라(國)를 세움(建). 새로운 나라를 세움.

- **結果(결과)[맺을 결, 실과/열매 과]**: 열매(果)를 맺음(結). 어떤 원인으로 인하여 결말이 이루어짐.

- **經濟(경제)[지날/글/다스릴 경, 건널/구제할 제]**: 세상을 다스리고(經) 백성을 구제함(濟). 경세제민(經世濟民)의 준말. 인류가 재화를 획득하여 그 욕망을 충족시키는 활동.

- **經驗(경험)[지날/글 경, 시험/경험 험]**: (어떤 일을) 지내보고(經) 경험(驗)함. 실제로 보고 듣고 겪은 일을 말함. 자신이 실제로 해 보거나 겪어 봄. 감각이나 자신을 살핌을 통하여 얻게 되는 주관적 의식.

- **計算(계산)[셀/헤아릴 계, 셈 산]**: 셈(算)을 헤아림(計). 수량을 셈. 식을 세워 수치를 구하는 일. 어떤 일을 예상함. 지불해야 할 값을 치르는 일.

- **季節(계절)[계절/철 계, 마디 절]**: 날씨에 따라 나눈 계절(季)의 마디(節), 즉 그 한 철. 규칙적으로 되풀이되는 자연현상에 따라 일 년을 구분한 것. 일반적으로 온대 지방은 기온의 차이를 기준으로 하여 봄(春), 여름(夏), 가을(秋), 겨울(冬)의 네 계절로 나누고, 열대 지방에서는 강우량을 기준으로 하여 건기(乾期 : 마를 건/시기 기)와 우기(雨期 : 비 우/시기 기)로 나눈다. 천문학적으로는 춘분(春分), 하지(夏至), 추분(秋分), 동지(冬至)로 나눈다.

- **固有語(고유어)[굳을/본디 고, 있을 유, 말씀 어]**: 본디(固)부터 있는(有) 말(語). 그 나라나 민족의 역사와 함께 변천·발달해 온 고유의 언어. 그 고장 고유의 독특한 말. 토박이 말. 우리말에서는 외래어나 한자어에 상대하여 이르는 말.

- **曲線(곡선)[굽을 곡, 줄/선 선]**: 부드럽게 굽은(曲) 선(線). 모나지 아니하고 부드럽게 굽은 선. 직선만으로는 이루어지지 아니한 선.

- **恭敬(공경)[공손할 공, 공경 경]**: 남을 대할 때 몸가짐을 공손히(恭) 하고 존경(尊敬)함. 공손히 공경함. 공손히 받들어 섬김.

- **公共(공공)[공평할/공동 공, 한가지/함께 공]**: 공동(公)의 이익을 위해 함께(共) 함. 국가나 사회의 공중(公衆)과 함께 관계 되는 일. 일반사회나 공중과 함께 하는 것.

- **公演(공연)[공평할/공 공, 펼 연]**: 공개(公開)된 자리에서 펼쳐(演) 보임. 음악, 무용, 연극 따위를 많은 사람 앞에서 보이는 일. 여러 사람 앞에서 연극·무용· 음악 따위를 연출하여 공개함.

- **工程(공정)[장인/만들 공, 한도/길 정]**: 만들어(工) 가는 길(程), 즉 과정. 공부하는 정도. 일이 진척되는 정도. 계획적인 대량 생산을 위해 가공 하는 과정.

- **觀光客(관광객)[볼 관, 빛/경치 광, 손님 객]**: 관광(觀光)하는 손님(客). 관광하러 다니는 사람.

- **慣用表現(관용표현)[익숙할 관, 쓸 용, 겉 표, 나타날 현]**: 습관(習慣)처럼 쓰이는(用) 표현(表現). 습관이 되어 자주 쓰이는 표현.

- **廣告(광고)[넓을 광, 고할/알릴 고]**: 널리(廣) 알림(告). 세상에 널리 알림. 어떤 존재를 여러 사람에게 알리고 선전함.

- **區分(구분)[구분할/지경 구, 나눌 분]**: 따로따로 구분하여(區) 나눔(分). 일정한 기준에 따라 전체를 몇 개로 갈라 나눔. 구역으로 분할함.

- 求愛行動(구애행동)[구할 구, 사랑 애, 다닐/행할 행, 움직일 동]: 사랑(愛)을 구하기(求) 위한 행동(行動). 이성에게 사랑을 구하기 위해 몸을 움직여 동작을 하거나 어떤 일을 함.
- 權利(권리)[권세 권, 이할/이로울 리]: 권세(權勢)와 이익(利益). 특정한 이익을 주장하고 또 누릴 수 있는 법률상의 능력. 남에게 비리고 기대할 수 있는 정의.
- 規則(규칙)[법 규, 법칙 칙]: 단체에서 행위, 절차 등의 기준을 법(規)으로 정한 법칙(法則). 여러 사람이 다 같이 지키기로 작정한 법칙. 제정된 질서. 사람의 행위나 사무를 다루는 표준이 되는 것. 어떤 사건이나 행위의 한결 같은 성질.
- 極微細(극미세)[다할/극진할 극, 작을 미, 가늘 세]: 지극(至極)히 작고(微) 가는(細) 것. 아주 세밀하고 작은 것.
- 根據(근거)[뿌리 근, 근거/의거할 거]: 근본(根本)이 되는 거점(據點). 어떠한 행동을 하는데 터전이 되는 곳. 의논·의견 등에 그 근본이 되는 사실.
- 勤勉(근면)[부지런할 근, 힘쓸 면]: 부지런히(勤) 힘씀(勉). 아주 부지런함.
- 肯定(긍정)[즐길/긍정할 긍, 정할 정]: 긍정하여(肯) 그러하다고 인정(認定)함. 어떤 사실이나 생각·설 따위를 그러하다고 인정함.
- 氣溫(기온)[기운/공기 기, 따스할 온]: 대기(大氣)의 온도(溫度). 바람이 잘 통하는 그늘진 지면으로부터 1·5m 높이 대기의 온도.
- 基準(기준)[터 기, 준할/표준 준]: 사물의 기본(基本)이 되는 표준(標準). 선악·미추 따위의 기본적 표준.
- 單位(단위)[홀/하나 단, 자리/수(數) 위]: 하나(單)의 위패(位牌). 하나(單)의 조직 따위를 구성하는 기본적인 수(位). 길이, 무게, 수효, 시간 따위의 수량을 수치로 나타낼 때 기초가 되는 일정한 기준. 일정한 학습량. 흔히 학습 시간을 기준으로 하여 정한다.
- 端正(단정)[끝/바를 단, 바를 정]: 차림새나 몸가짐이 바르고(端) 마음이 얌전하고 바름(正). 흐트러짐 없이 얌전하고 깔끔하다. 옷차림새나 몸가짐 따위가 얌전하고 바르다.
- 團體(단체)[둥글/모일 단, 몸 체]: 같은 목적을 달성하기 위하여 모인(團) 사람들의 일정한 조직체(組織體). 같은 목적으로 모인 두 사람 이상의 모임.
- 對應(대응)[대할 대, 응할 응]: 상대(相對)에 맞서서 서로 응(應)함. 마주 대함. 서로 같음. 합동이 되는 도형의 서로 같은 점·변·면 또는 대칭 되는 두 도형에서, 서로 대하는 자리에 있는 점 등이 일정한 관계를 갖는 일.
- 導體(도체)[인도할 도, 몸 체]: 열이나 전기가 따위를 전도(傳導)하는 물체(物體). 열 또는 전기의 전도율이 비교적 큰 물체의 총칭.
- 獨立(독립)[홀로 독, 설 립]: 남의 힘을 입지 않고 홀로(獨) 섬(立). 다른 것에 딸리거나 기대지 않음. 정치적으로, 한 나라가 완전한 주권을 행사함. 따로 갈라져 나와 홀로 섬.
- 面談(면담)[낯/얼굴 면, 말씀/이야기 담]: 얼굴(面)을 대하고 하는 이야기(談). 서로 만나서 이야기를 나눔.
- 描寫(묘사)[그릴 묘, 베낄 사]: (보거나 느낀 것을) 그리듯이(描) 베낌(寫). 그림을 그리듯 글을 씀. 사물을 있는 그대로 그리거나 베끼듯 글을 씀.
- 文脈(문맥)[글월 문, 줄기 맥]: 문장(文章)의 줄거리(脈). 글의 맥락.
- 文化財(문화재)[글월 문, 될 화, 재물/재료 재]: 문화(文化)의 가치가 있는 모든 재료(財). 문화의 소산으로 역사상·예술상 가치가 높은 유형 문화재·무형 문화재 등의 총칭.
- 微笑(미소)[작을 미, 웃을 소]: 소리 없이 작게(微) 웃음(笑). 소리를 내지 않고 빙긋이 웃는 웃음.
- 博覽會(박람회)[넓을 박, 볼 람, 모일 회]: 농업, 공업, 상업 등에 관한 물품을 모아 여러 사람들에게 널리(博) 보이는(覽) 모임(會). 농, 공, 상업 등에 관한 온갖 물품을 진열하여 놓고 여러 사람에게 보이며, 판매·선전·우열·심사 등을 하여 생산물의 개량 발전 및 산업 진흥을 꾀하려고 여는 전람회.

• 半導體(반도체)[반 반, 인도할/통할 도, 몸 체]: 상온(常溫)에서 전기를 전도(傳導)하는 성질이 양도체(良導體)와 절연체(絕緣體)의 절반(折半) 정도 되는 물체(物體). 규소나 게르마늄 따위처럼, 낮은 온도에서는 거의 전기를 통하지 않으나 열을 받음에 따라 전기를 잘 통하는 물질.

• 背景(배경)[등/뒤 배, 볕/경치 경]: 뒤(背)쪽의 경치(景致). 무대 안쪽 벽에 그린 그림, 또는 무대 장치. 작품의 시대적 역사적인 환경. 뒤에서 돌보아 주는 힘.

• 分類(분류)[나눌 분, 무리 류]: 종류(種類)에 따라서 분리(分離)함. 사물을 공통되는 성질에 따라 종류별로 가름. 전체를 몇 가지로 구분하여 체계를 세움.

• 分數(분수)[나눌 분, 셈 수]: 어떤 수를 다른 수로 나누는(分) 것을 분자와 분모로 나타낸 수(數). 하나의 수 a를 다른 수 b로 나눈 몫을 a/b와 같이 나타냄. 자기의 처지에 마땅한 한도. 사물을 분별하는 슬기.

• 分布(분포)[나눌 분, 베/펼 포/보시 보]: 여기저기 나뉘어(分) 널리 퍼져(布) 있음. 여기저기 흩어져 널리 퍼져 있음. 동식물이, 그 종류에 따라 서로 다른 구역에 나서 자라는 일.

• 比較(비교)[견줄 비, 견줄/비교할 교]: 둘 이상의 사물을 서로 대비(對比)하여 견주어(較) 봄. 둘 이상의 것을 견주어 차이·우열·공통점 등을 살피는 것.

• 比例式(비례식)[견줄 비, 법식 례, 법 식]: 비례(比例)를 나타내는 식(式). 두 분량의 비가 다른 두 분량의 비와 같음을 보이는 식. 두 비의 값이 같음을 나타내는 식. [a:b=c:d 따위.]

• 比率(비율)[견줄 비, 비율 율/거느릴 솔]: 일정한 양이나 수에 견주는(比) 다른 양이나 수의 비율(比率). 사건 따위가 일어날 확실성의 정도나 비율.

• 司法府(사법부)[맡을 사, 법 법, 부][맡을 사, 법 법, 마을/관청 부]: 대법원 및 그에 속한 모든 사법권(司法權)을 받은 관청(府). 삼권분립에 따라, 사법권을 행사하는 '법원'을 이르는 말.

• 社會(사회)[모일 사, 모일 회]: 촌민(村民)이 사일(社日)에 모이던 모임(會). 함께 모여 공동생활을 하는 인간의 집단. 같은 무리끼리 모여 이루는 집단. 모든 형태의 인간의 집단적 생활을 일컬음.

• 想像(상상)[생각 상, 모양/형상 상]: 형상(像)을 생각함(想). 어떤 사물의 사정이나 마음을 미루어 생각함. 이미 아는 사실이나 관념을 재료로 하여 새 사실과 새 관념을 만드는 작용.

• 生態系(생태계)[살 생, 모습/모양 태, 이어맬/이을 계]: 생물의 군집과 그 생태(生態) 환경을 이어(系)합친 체계. 어느 환경 안에서 생육하는 생물군과 그 생물들을 제어하는 제반 요인을 포함한 체계.

• 選擧(선거)[가릴 선, 들/뽑을 거]: (임원이나 대표를) 가려(選) 뽑음(擧). 일정한 조직이나 집단에서 그 대표자나 임원을 투표 등의 방법으로 뽑아냄.

• 選擇(선택)[가릴 선, 가릴/뽑을 택]: 가려(選) 뽑음(擇). 둘 이상의 것에서 마음에 드는 것을 고름.

• 說得(설득)[말씀/말할 설, 얻을 득]: 잘 설명(說明)하거나 타이르거나 해서 납득(納得)시킴. 여러 가지를 설명하여 의도하는 바를 이해하도록 함.

• 稅金(세금)[세금 세][세금 세, 쇠/돈 금/성 김]: 세금(稅金)으로 바치는 돈(金). 국가나 지방 단체가 조세(租稅)로서 징수하는 돈.

• 消極的(소극적)[사라질 소, 다할/극진할 극, 과녁/것 적]: 적극적(積極的)인 마음이 사라진(消) 것(的). 자진하여 나아가려는 태도나 마음가짐이 부족하고 활동적이 아닌 것.

• 俗談(속담)[풍속 속, 말씀/이야기 담]: 속(俗)된 이야기(談). 세속의 이야기. 옛날부터 민간에 전하여 오는 쉬운 격언이나 잠언.

• 收入(수입)[거둘 수, 들 입]: 거두어(收)들임(入). 개인·국가·단체 등이 합법적으로 얻어 들이는 금액. 돈이나 물건 따위를 벌어들이거나 거두어들이는 일.

• 輸出(수출)[보낼/나를 수, 날 출]: 실어 날라(輸) 내보냄(出). 국내에서 외국으로 물건이나 기술을 팔아 내보냄.

- 時調(시조)[때 시, 고를/가락 조]: 주로 자신이 살던 시대(時代)를 읊은 가락(調). 고려 말부터 발달하여온 우리나라 고유의 정형시의 한 형태. 보통 초장·중장·종장의 삼장으로 이루어지며, 형식에 따라 평시조·엇시조·사설시조 등으로 나뉨.

- 樂器(악기)[즐길 락/노래/음악 악, 그릇/기구 기]: 음악(音樂)을 연주하는 기구(器具). 음악을 연주하는데 쓰는 기구를 통틀어 이르는 말.

- 巖石(암석)[바위 암, 돌 석]: 바윗(巖)돌(石). 부피가 썩 큰 돌. 지각의 주성분을 구성하는 물질.

- 約束(약속)[맺을 약, 묶을 속]: 서로 언약(言約)한 내용을 지키기로 모아서 묶음(束). 어떤 일을 지키도록 정하는 일. 전부터 정해져 있는 운명.

- 餘暇(여가)[남을 여, 틈/겨를 가]: 시간이 남아(餘) 쉴 틈(暇)이 있음. 시간이 남아 한가로운 시간. 겨를. 틈. 일이 없어 한가로운 시간.

- 餘韻(여운)[남을 여, 운/울림 운]: 소리가 그친 다음 귀에 남아(餘)도는 울림(韻). 일이 끝난 다음에도 남아 있는 느낌이나 정취. 시문 따위에서, 말로 직접 표현하지 않은 데서 느껴지는 정취.

- 旅行(여행)[나그네 려, 다닐 행]: 나그네로(旅) 길을 떠나 다님(行). 자기 집을 떠나 다른 곳에 다니는 일. 일이나 유람을 목적으로 다른 고장이나 외국에 가는 일을 기록한 것.

- 歷史(역사)[지날 력, 사기/역사 사]: 지난(歷) 역사(史). 인류 사회의 변천과 흥망의 과정. 또는 그 기록. 어떠한 사물이나 사실이 존재해 온 연혁.

- 役割(역할)[부릴/일 역, 벨/나눌 할]: 나누어(割) 맡은 일(役). 제가 하여야 할 제 앞의 일. 구실. 특별히 맡은 소임.

- 聯想(연상)[연이을/잇닿을 련, 생각 상]: 관련(關聯)하여 생각함(想). 하나의 관념이 다른 관념을 불러일으키는 현상.

- 汚染(오염)[더러울 오, 물들 염]: 더럽게(汚) 물듦(染). 더러워 짐. 물이나 환경을 더럽게 물들임.

- 宇宙(우주)[집/하늘 우, 집/하늘 주]: 하늘(宇)의 공간과 하늘(宙)의 시간. 하늘. 세계 또는 천지 간. 만물을 포용하고 있는 공간. 처마와 마룻대 사이. 공간과 시간. 천체를 포함한 시간.

- 原因(원인)[언덕/근원 원, 인할/까닭 인]: 근원(原)이 되는 까닭(因). 어떤 일의 근본이 되는 까닭.

- 衛星(위성)[지킬 위, 별 성]: 행성(行星)의 주위를 지키듯(衛) 돌면서 운행하는 별(星). 주된 것 가까이에 있어, 그것을 지키거나 그것에 딸려 있음을 나타낸 말.

- 陸地(육지)[뭍 륙/육, 땅 지]: 물에 잠기지 않은 육지 거죽의 땅(陸=地). 물에 덮이지 않은 지구 표면. 땅.

- 以上(이상)[부터 이, 윗 상]: ~로부터(以) 위(上). 수량이나 정도가 일정한 기준보다 더 많거나 나음. 위치나 차례로 보아 어느 기준 보다 위.

- 印象(인상)[도장/새길 인, 코끼리/형상 상]: 마음에 깊이 새겨진(印) 형상(形象). 어떤 대상을 보거나 듣거나 하였을 때, 그 대상이 사람의 마음에 주는 느낌. 어떤 대상에 대해 마음속이 느껴진 표현.

- 自然(자연)[스스로 자, 그럴 연]: 사람의 힘이 더해지지 않은 스스로(自) 그러한(然) 상태. 사람의 힘을 더하지 않는 천연(天然) 그대로의 상태. 저절로 그렇게 되는 모양으로 사람의 힘을 더하지 않는 천연 그대로의 상태.

- 自由(자유)[스스로 자, 말미암을 유]: 스스로(自)의 생각에 말미암아(由) 행동함. 남의 구속을 받지 않고, 자기 마음대로 함. 남에게 얽매이거나 구속받거나 하지 않고, 자기 마음대로 행동하는 일. 법률이 정한 범위 내에서 자기 뜻대로 할 수 있는 행위.

- 障碍(장애)[막을/가로막을 장, 거리낄 애]: 가로 막아서(障) 거리낌(碍). 신체 기관이 본래의 제 기능을 하지 못하거나 정신 능력에 결함이 있는 상태. 거치적거리어 지장이 되는 것. 유선 통신이나 무선 통신에서 신호의 전송을 방해하는 잡음이나 혼신 따위의 물리적 현상. *碍(애)=礙(애)의 속자(俗字).

- 貯金(저금)[쌓을/쌓아둘 저, 금/성/돈 금]: 돈(金)을 모아 둠(貯). 돈을 절약하여 모아 둠. 또는 그 돈. 금융 기관에 돈을 맡김. 또는 그 돈.

- 積極的(적극적)[쌓을 적, 극진할/다할 극, 과녁/것 적]: 일을 이루려는 의욕이 쌓여(積) 극(極)에 이른 것(的). (어떤 일을 처리 하거나 활동함에 있어) 바짝 다잡아 하는 것. 어떤 일에 대하여 긍정적·자발적·진취적으로 힘을 다하는 태도나 성향을 갖는 것.

- 適應(적응)[맞을 적, 응할 응]: 일정한 조건이나 환경 따위에 맞추어(適) 응(應)하거나 알맞게 됨. 어떤 상황이나 환경에 익숙해져 어울림. 개인이 환경에 순응하기에 이르는 과정.

- 戰爭(전쟁)[싸움 전, 다툴 쟁]: 국가사이나 단체사이의 싸움(戰)이나 다툼(爭). 국가와 국가, 또는 교전 단체 사이에 무력을 사용하여 싸움. 나라나 단체들 사이에서 무력을 써서 행하는 싸움. 일부 명사 뒤에 쓰여, 극심한 경쟁이나 혼란을 비유적으로 이르는 말.

- 傳統(전통)[전할 전, 거느릴/계통 통]: 계통(系統)을 이어받아 전(傳)함. 이미 계통을 이루며 전하여 내려오는 사상, 관습, 행동 따위의 양식. 관습 가운데서 역사적 배경을 가지며, 특히 높은 규범적 의의를 지니고 전하여 내려오는 것. 어떤 집단이나 공동체에서 전해 내려오는 양식.

- 轉學(전학)[구를/옮길 전, 배울 학]: 다니던 학교에서 다른 학교로 옮기어(轉) 배움(學). 다른 학교로 학적을 옮겨 학업을 계속함.

- 情報(정보)[뜻/사정 정, 갚을/알릴 보]: 사정(情)이나 정황에 대해 알려 보고(報告)함. 사물의 내용이나 형편에 관한 소식이나 자료. 어떤 일에 관한 소식이나 자료가 되는 것들. 관찰이나 측정을 통하여 수집한 자료를 실제 문제에 도움이 될 수 있도록 정리한 지식. 사물이나 어떤 상황에 대한 새로운 소식이나 자료.

- 政治(정치)[정사 정, 다스릴 치]: 정사(政事)를 다스림(治). 나라를 다스리는 일. 통치자나 정치가가 사회 구성원들의 다양한 이해관계를 조정하거나 통제하고 국가의 정책과 목적을 실현시키는 일. 개인이나 집단이 이익과 권력을 얻거나 늘이기 위하여 사회적으로 교섭하고 정략적으로 활동하는 일.

- 尊重(존중)[높을 존, 무거울/중할 중]: 높이어(尊) 귀중(貴重)하게 대함. 높이고 중히 여김.

- 種類(종류)[씨/혈통 종, 무리 류]: 사물의 혈통(種)이나 특징에 따라 무리(類)지어 나눈 갈래. 물건을 부문에 따라 나눈 갈래. 일정한 특질에 따라 나누어지는 사물의 갈래.

- 地球村(지구촌)[따/땅 지, 공 구, 마을 촌]: 지구(地球)를 하나의 마을(村)로 비유하여 이르는 말. 텔레비전·컴퓨터 등의 전자 통신 매체의 개발과 교통수단의 눈부신 발달로 모든 나라가 하나의 마을처럼 상호 의존적으로 깊은 관계를 맺고 살아가게 된 지구.

- 地震(지진)[따/땅 지, 우레/떨릴 진]: 땅(地)이 갈라지거나 요동치며 떨리는(震) 현상. 땅이 흔들리고 갈라지는 지각 변동 현상. 땅속에서의 화산 활동, 단층 운동, 지하수 침식 따위로 지각이 일정한 기간 동안 갑자기 흔들리며 움직이는 것.

- 地層(지층)[따/땅 지, 층 층]: 바다나 호수 밑이나 지표(地表)에 퇴적물이 쌓인 층(層). 물, 눈, 바람 등의 작용으로 자갈, 모래, 진흙, 화산회 등의 물질이 강이나 바다의 밑 또는 지표면에서 퇴적하여 이루어진 층. 건축물에서, 절반쯤이 지면 보다 낮은 위치에 있는 층.

- 秩序(질서)[차례 질, 차례 서]: 사물의 차례(秩=序). 사물의 순서나 차례. 차례차례 이루어지는 순서. 사회가 올바른 상태를 유지하기 위해서 지켜야 할 일정한 차례나 규칙.

- 參政權(참정권)[참여할 참, 정사 정, 권세/권리 권]: 국민이 국정(國政)에 참여할(參) 권리(權). 국민이 국정에 직접 또는 간접으로 참여하는 권리.

- 創意的(창의적)[비롯할/만들 창, 뜻 의, 과녁/것 적]: 처음으로 창조(創造)한 생각(意)이나 의견인 것(的). 새로운 생각이나 의견을 가진 것.

- 尖端(첨단)[뾰족할 첨, 끝 단]: 물건의 뾰족(尖)한 끝(端). 시대의 흐름이나 유행에 앞장서는 것.

- 超過(초과)[뛰어넘을 초, 지날/지나갈 과]: 일정한 한도를 뛰어넘어(超) 지나감(過). 일정한 수나 한도를 넘어섬. 사물의 한도를 넘어섬.

- 縮尺(축척)[모을 축, 쌓을 적]: 많이 모이어(蓄) 쌓임(積). 많이 모아서 쌓음. 지식, 자금, 경험 등을 모아서 쌓음.
- 針葉樹(침엽수)[바늘 침, 잎/나뭇잎 엽, 나무 수]: 바늘(針)같이 생긴 잎(葉)을 가진 나무(樹)를 통틀어 이르는 말. 잎이 침엽으로 된 나무의 종류. 소나무, 잣나무와 같이 잎이 바늘 모양으로 생긴 나무의 총칭.
- 快適(쾌적)[쾌할/기쁠 쾌, 맞을 적]: 기분이 기쁠(快) 정도로 적합(適合)함. 심신에 적합하여 기분이 썩 좋음. 기분이 상쾌하고 즐겁다. 심신에 적합하여 기분이 썩 좋음.
- 妥協(타협)[온당할 타, 화할/협력할 협]: 두 편이 온당하게(妥) 협의(協議)함. 어떤 일을 서로 양보하여 협의함. 어떤 일을 서로 양보하여 협의함.
- 態度(태도)[모습 태, 법도/모양 도]: 몸을 가지는 모습(態)이나 모양(度). 속의 뜻이 드러나 보이는 겉모양. 몸의 동작이나 몸을 거두는 보양새. 어떤 사물이나 상황 따위를 대하는 자세.
- 太陽系(태양계)[클 태, 별 양, 이어맬/이을 계]: 태양(太陽)의 인력을 중심으로 이어져(系) 공전하는 천체의 집합. 태양과 그것을 중심으로 공전하는 천체의 집합. 태양, 9개의 행성, 50개 이상의 위성, 화성과 목성 사이에 흩어져 있는 소행성, 태양 주위를 지나는 혜성, 긴 빛줄기를 만드는 유성 따위로 이루어져 있다.
- 討議(토의)[칠/찾을 토, 의논할 의]: 어떤 문제에 대하여 검토(檢討)하고 의논(議論)함. 어떤 사물에 대하여 각자의 의견을 내걸어 검토하고 협의하는 일.
- 統一(통일)[거느릴/엮을 통, 한 일]: 여럿을 엮어서(統) 하나(一)로 만듦. 하나로 합침. 나누어진 것들을 몰아 하나의 완전한 것으로 만듦. 여러 요소를 서로 같거나 일치되게 맞춤. (주로 '정신'과 함께 쓰여) 여러 가지 잡념을 버리고 마음을 한곳으로 모음.
- 投資(투자)[던질 투, 재물 자]: 사업에 자금(資金)을 투입(投入)함. 이익을 얻을 목적으로 사업 등에 자금을 댐.
- 投票(투표)[던질 투, 표 표]: 자신이 원하는 곳에 의사를 표시하여 표(票)를 던짐(投). 선거를 하거나 가부를 결정할 때에 투표용지에 의사를 표시하여 일정한 곳에 내는 일. 선거 또는 채결할 때에 각 사람의 뜻을 나타내기 위하여 표지에 이름, 부호 또는 의견을 기입하여 일정한 장소나 투표함 등에 넣는 일.
- 便紙(편지)[편할/소식 편, 종이 지]: 소식(便)을 묻는 종이(紙). 안부·소식·용무 따위를 적어 보내는 종이. 소식을 서로 알리거나, 용건을 적어 보내는 글. 편지(片紙)와 같음.
- 標準語(표준어)[표할 표, 준할 준, 말씀 어]: 한 나라의 공용문이나 학교·방송 등에서 쓰이는 표준(標準)으로 정한 언어(言語). 교양 있는 사람들이 두루 쓰는 현대 서울말. 한 나라에서 공용어로 쓰는 규범으로서의 언어. 의사소통의 불편을 덜기 위하여 전 국민이 공통적으로 쓸 공용어의 자격을 부여받은 말로, 우리나라에서는 교양 있는 사람들이 두루 쓰는 현대 서울말로 정함을 원칙으로 한다.
- 合唱(합창)[합할/맞을 합, 부를 창]: 여러 사람이 목소리를 맞추어서(合) 노래를 부름(唱). 또는 그 노래. 여러 사람이 여러 성부로 나뉘어 서로 화성을 이루면서 다른 선율로 노래를 부름. 또는 그 노래. 다른 사람이 주장하는 의견이나 견해에 동조하여 같이 주장함.
- 解決(해결)[풀 해, 결단할/정할 결]: 얽힌 일을 풀어(解) 결정(決定)하여 처리함. 제기된 문제를 해명하거나 얽힌 일을 잘 처리함.
- 協同(협동)[합할 협, 한가지/같을 동]: 힘을 합하고(協) 마음을 같이함(同). 마음을 같이하고 힘을 합함. 힘과 마음을 함께 합함.
- 確率(확률)[굳을 확, 비율 률]: 어떤 일이 일어날 확실성(確實性)의 비율(比率). 일정한 양이나 수에 견주어 계산한 다른 양이나 수의 율. 어떤 일이 일어날 확실성의 정도를 나타내는 수치.
- 環境(환경)[고리 환, 지경/장소 경]: 둥근 고리(環) 같이 둘러싸고 있는 장소(境). 생활체를 둘러싸고, 그것과 일정한 접촉을 유지하고 있는 외계. 거주하는 주위의 외계. 사람이나 동식물의 생존에 커다란 영향을 미치는, 눈·비·바람 등의 기후적 조건이나 산·강·바다·공기·햇빛·흙 등의 초자연적 조건.
- 闊葉樹(활엽수)[넓을 활, 잎 엽, 나무 수]: 넓은(闊) 잎(葉)을 가진 나무(樹)종류. 잎이 넓은 나무.

memo

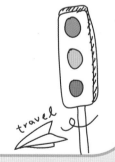

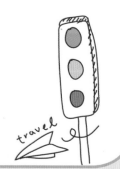

한자능력
검정시험

5급

통합 급수 시험 대비

• 한국어문회 • 진흥회 • 검정회

책속의 책

✓ 쓰기 노트
✓ 정답

어시스트하모니(주)

5급

5급

배정 한자 쓰기

::01 과

停 머무를 정
필순 ノ イ イ 广 俨 停 停 停 停 停 停

貯 쌓을 저
필순 丨 冂 冃 月 貝 貝 貝 貯 貯 貯 貯

打 칠 타
필순 一 十 扌 打 打

可 옳을 가
필순 一 冂 冂 冂 可

歌 노래 가
필순 一 可 可 可 哥 哥 哥 歌 歌 歌

河 물/강 하
필순 丶 冫 氵 沪 沪 沪 河 河

力 힘 력
필순 フ 力

加 더할 가
필순 フ 力 加 加 加

初 처음 초
필순 丶 ラ オ ネ ネ 初 初

別 다를 별
필순 丶 冂 口 号 另 別 別

土 흙 토
필순 一 十 土

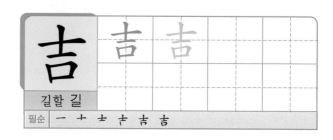

吉
길할 길
필순 一 十 士 吉 吉 吉

陸
뭍 륙
필순 ' ʼ ß ßˉ ß⁺ ß± ß坴 陸 陸 陸

結
맺을 결
필순 ⺊ ⺈ ⺌ 幺 幺 糹 糸 紶 紶 結 結 結

熱
더울 열
필순 一 十 土 产 专 查 查 查 剪 執 執 熱

任
맡길 임
필순 ノ イ 亻 仁 仟 任

士
선비 사
필순 一 十 士

庭
뜰 정
필순 ' ⺀ 广 户 庁 庄 庄 庭 庭 庭

∷ O2 과

仕
섬길/벼슬 사
필순 ノ イ 亻 什 仕

活
살 활
필순 ' ⺀ 冫 氵 沪 沪 汗 活 活 活

社
모일 사
필순 一 ⺈ 亍 亓 亓 示 示 社 社

話
말씀 화
필순 ' ⺀ 言 言 言 言 言 訐 訐 話 話

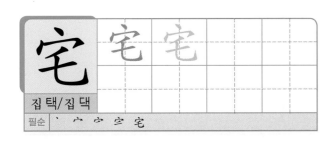

宅
집 택/집 댁
필순 丶 宀 宀 宅 宅

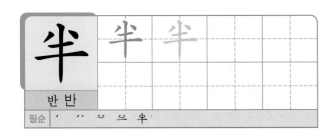

半
반 반
필순 丶 丷 ソ 스 半

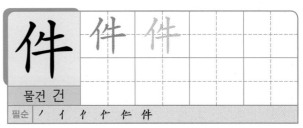

件
물건 건
필순 丿 亻 亻 仁 件 件

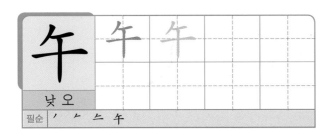

午
낮 오
필순 丿 一 二 午

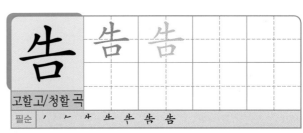

告
고할 고/청할 곡
필순 丿 一 丄 牛 牛 告 告

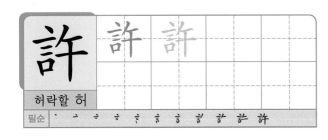

許
허락할 허
필순 丶 二 言 言 言 言 計 計 許 許

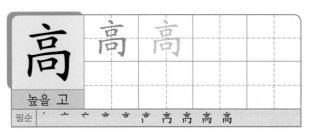

高
높을 고
필순 丶 二 六 亠 古 古 高 高 高 高

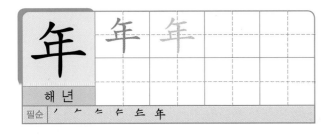

年
해 년
필순 丿 一 二 二 年 年

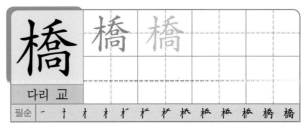

橋
다리 교
필순 一 十 才 才 木 杧 杧 杯 桥 桥 橋 橋

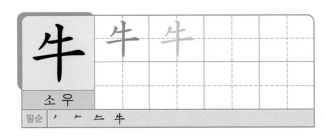

牛
소 우
필순 丿 一 二 牛

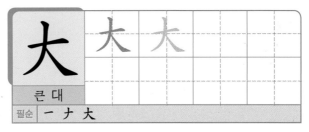

大
큰 대
필순 一 ナ 大

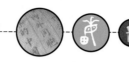

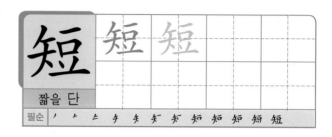

短
짧을 단
필순 ノ ト ヒ 午 矢 矢 知 知 知 短 短 短

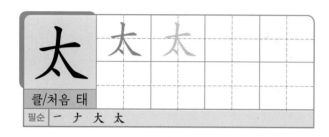

太
클/처음 태
필순 一 ナ 大 太

果
실과 과
필순 丶 口 曰 旦 甲 果 果

:: 03 과

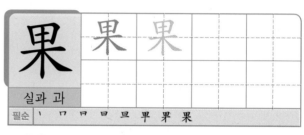

天
하늘 천
필순 一 二 チ 天

課
과정/공부할 과
필순 丶 亠 亠 言 言 言 訶 訶 課 課 課

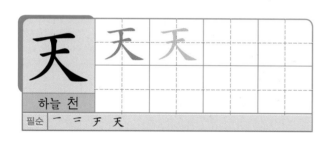

夫
지아비/사나이 부
필순 一 二 夫 夫

末
끝 말
필순 一 二 十 才 末

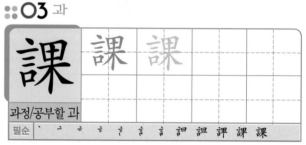

失
잃을 실
필순 ノ ヒ 二 牛 失

木
나무 목
필순 一 十 才 木

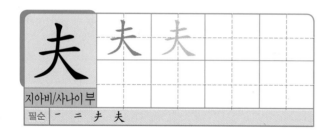

知
알 지
필순 ノ ヒ 二 チ 矢 矢 知 知

本
근본 본
필순 一 十 才 木 本

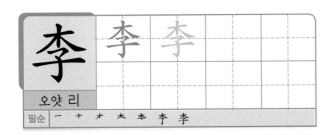

李
오얏 리
필순 一 十 才 木 本 李 李

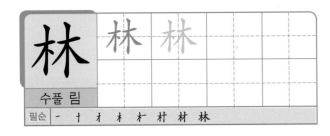

林
수풀 림
필순 一 十 才 木 木 村 材 林

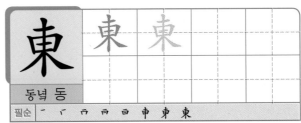

東
동녘 동
필순 一 厂 下 下 百 申 東 東

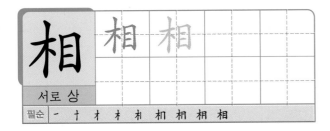

相
서로 상
필순 一 十 才 木 木 相 相 相 相

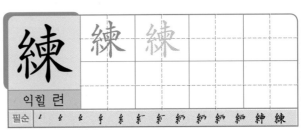

練
익힐 련
필순 ㄥ ㄥ ㄠ 幺 牟 糸 糸 紵 紵 紵 紳 練

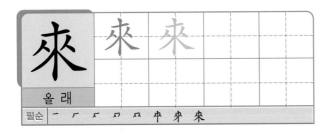

來
올 래
필순 一 厂 ㅈ ㅈ 卪 夾 來 來

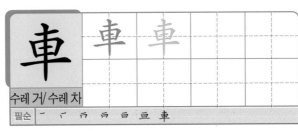

車
수레 거/수레 차
필순 一 厂 下 下 百 亘 車

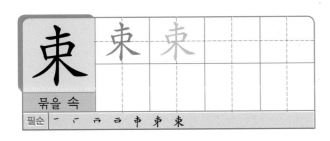

束
묶을 속
필순 一 厂 下 口 申 申 束

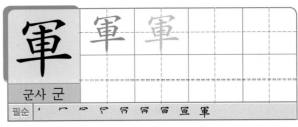

軍
군사 군
필순 ' 冖 冖 冖 軍 宣 官 宣 軍

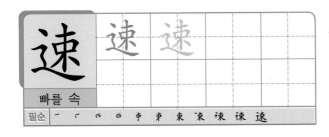

速
빠를 속
필순 ' 厂 下 口 申 申 束 束 涑 涑 速

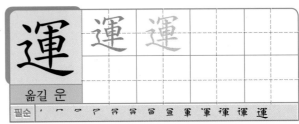

運
옮길 운
필순 ' 冖 冖 冖 軍 宣 官 宣 軍 渾 渾 運

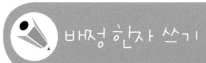

:: **04** 과

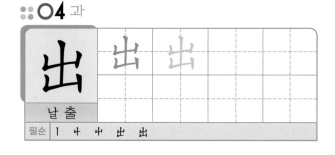

出
날 출
필순 丨 屮 屮 出 出

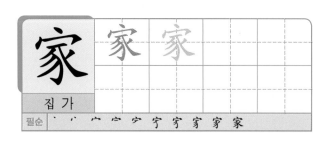

家
집 가
필순 丶 宀 宀 宁 宇 字 字 家 家

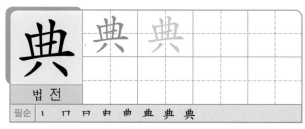

典
법 전
필순 丨 冂 曰 由 曲 曲 典 典

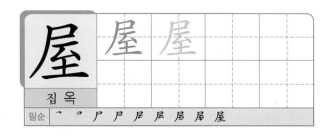

屋
집 옥
필순 ㄱ 尸 尸 尸 尸 居 居 屋 屋

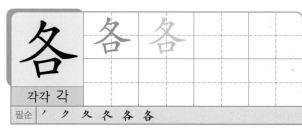

各
각각 각
필순 ノ ク 夂 夂 各 各

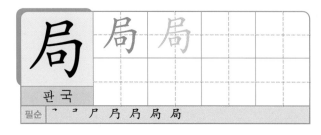

局
판 국
필순 ㄱ 尸 尸 月 局 局 局

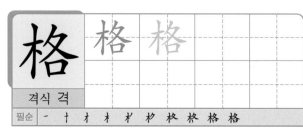

格
격식 격
필순 一 十 オ 朮 枚 格 格 格

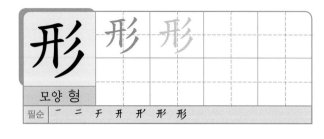

形
모양 형
필순 一 二 干 开 形 形 形

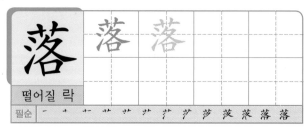

落
떨어질 락
필순 一 十 卄 艹 艹 莎 莎 莎 落 落 落 落

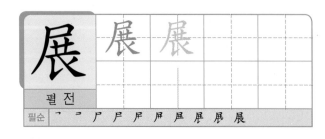

展
펼 전
필순 ㄱ 尸 尸 尸 屈 屈 屈 展 展

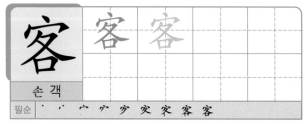

客
손 객
필순 丶 宀 宀 宀 灾 客 客 客

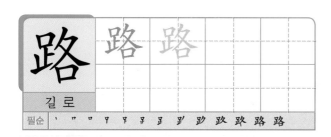

路　길 로
필순 `丶口口口罗罗罗罗距距路路`

夕　저녁 석
필순 `ノク夕`

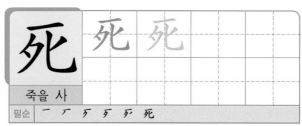

死　죽을 사
필순 `一丆歹歹死`

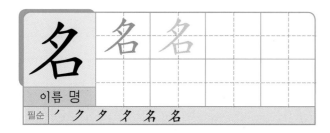

名　이름 명
필순 `ノク夕夕名名`

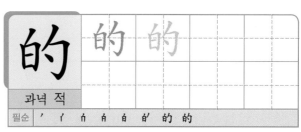

的　과녁 적
필순 `丶丿白白白的的的`

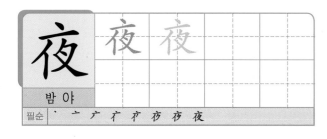

夜　밤 야
필순 `丶一广产产齐夜夜`

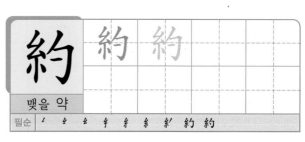

約　맺을 약
필순 `丶幺幺幺幺糸糸約約`

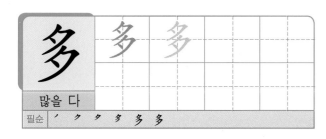

多　많을 다
필순 `ノク夕夕多多`

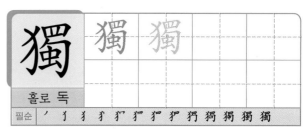

獨　홀로 독
필순 `ノ丿犭犭狆狆狆狆猸獨獨獨`

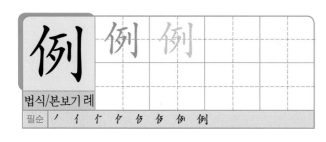

例　법식/본보기 례
필순 `ノ亻亻佇佇例例`

口　입 구
필순 `丨口口`

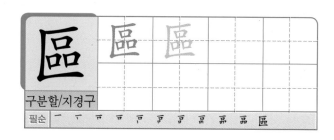

區
구분할/지경구
필순 一 ナ 戸 后 后 屈 品 品 品 區

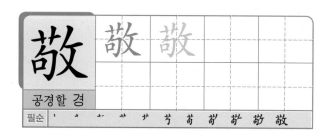

敬
공경할 경
필순 ' ' ゙ ナ ヰ ゙ ゙ ゙ 芍 苟 苟 敬 敬 敬

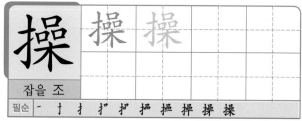

操
잡을 조
필순 一 † ‡ ‡ 扩 护 押 押 捏 捏 操 操

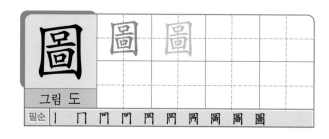

圖
그림 도
필순 丨 冂 冂 冂 冂 胃 周 周 圖 圖 圖

元
으뜸 원
필순 一 二 テ 元

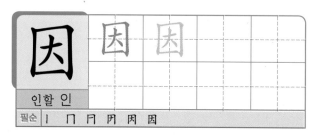

因
인할 인
필순 丨 冂 冂 月 円 因 因

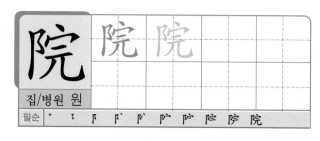

院
집/병원 원
필순 ' ゙ ゙ ゙ ゙ 阝 阝 阝 陀 陀 陀 院

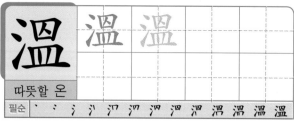

溫
따뜻할 온
필순 ' ' ゙ ; ; 沪 沪 沪 沪 沪 泗 溫 溫 溫 溫

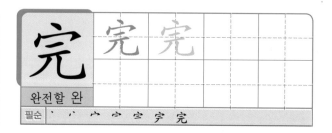

完
완전할 완
필순 ' ' 宀 宀 宀 宇 完

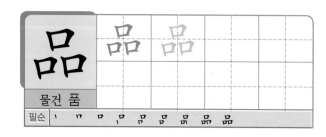

品
물건 품
필순 丨 冂 口 吕 吕 品 品 品 品

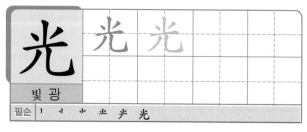

光
빛 광
필순 丨 丨 丨 业 业 光 光

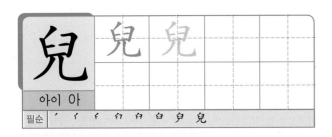

兒
아이 아
필순 ´ ⺊ ⺋ 白 白 臼 臼 兒

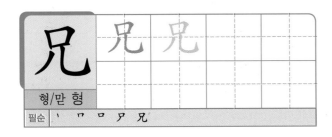

兄
형/맏 형
필순 ⺁ ⼝ 口 口 尸 兄

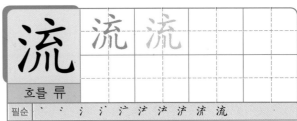

流
흐를 류
필순 ` ⺀ 氵 氵 泸 泸 浐 浐 流 流

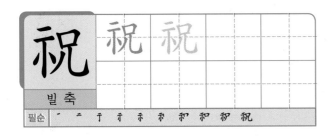

祝
빌 축
필순 ⺀ ⼆ 千 才 禾 禾 和 和 祀 祝

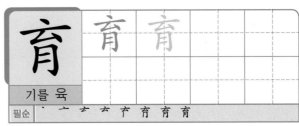

育
기를 육
필순 ⺀ ⼆ 云 云 产 育 育 育

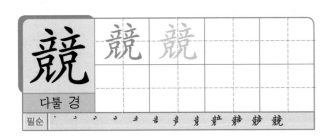

競
다툴 경
필순 ⺀ ⺀ 立 立 产 吾 夛 鲈 競 競 競 競

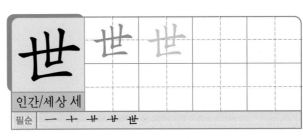

世
인간/세상 세
필순 一 十 廿 廿 世

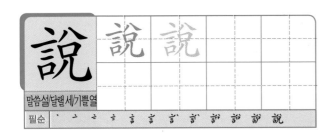

說
말씀설/달랠 세/기쁠열
필순 ` ⺀ 亠 言 言 言 言 訂 訒 說 說 說

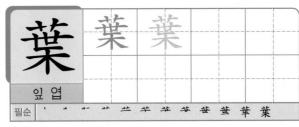

葉
잎 엽
필순 ⺀ ⼀ 十 卄 芋 芋 芏 堂 堂 華 華 葉

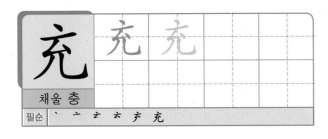

充
채울 충
필순 ` ⺀ 云 云 产 充

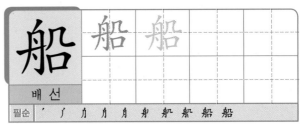

船
배 선
필순 ´ ⺁ 月 月 月 舟 舟 船 船 船

배정한자 쓰기

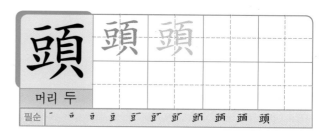

頭	頭	頭			
머리 두					
필순 一 ﾃ 百 豆 豆 豆 豆 頭 頭 頭 頭					

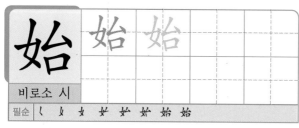

始	始	始			
비로소 시					
필순 ㄥ ㄠ ㄢ 妙 妙 妙 始 始					

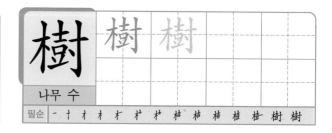

樹	樹	樹			
나무 수					
필순 一 十 オ オ 术 オ 杧 桔 桔 桔 桂 桂 樹 樹					

 ::06 과

古	古	古			
예 고					
필순 一 十 十 古 古					

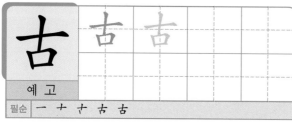

曲	曲	曲			
굽을 곡					
필순 ㅣ 冂 日 内 曲 曲					

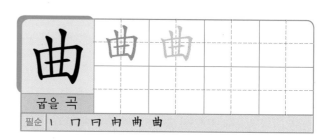

苦	苦	苦			
쓸 고					
필순 丶 ㅗ ㅛ 牛 芦 芒 芒 苦 苦					

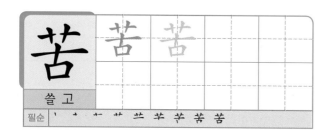

農	農	農			
농사 농					
필순 ㅣ 冂 日 曲 曲 曲 曲 芦 芦 芦 農 農 農					

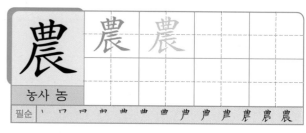

固	固	固			
굳을 고					
필순 ㅣ 冂 日 日 円 円 固 固 固					

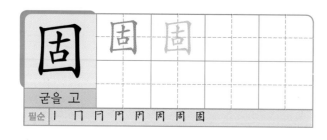

禮	禮	禮			
예도 례					
필순 一 二 千 ㅠ 示 示 示 祀 袒 禮 禮 禮 禮 禮 禮					

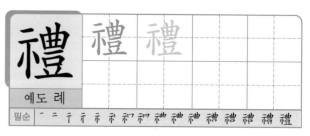

湖	湖	湖			
호수 호					
필순 丶 丶 冫 冫 沽 沽 沽 沽 湖 湖 湖 湖					

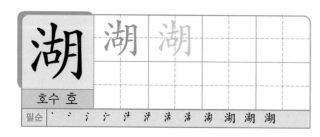

體	體	體			
몸 체					
필순 ㅣ 冂 日 田 丹 骨 骨 骨 骨 體 體 體 體 體					

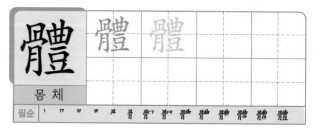

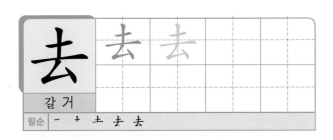

去 갈 거
필순 一 十 土 去 去

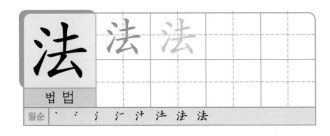

法 법 법
필순 丶 丶 氵 氵 汁 法 法 法

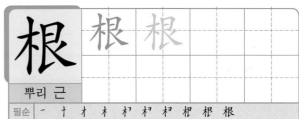

根 뿌리 근
필순 一 十 才 木 杧 柈 柈 根 根 根

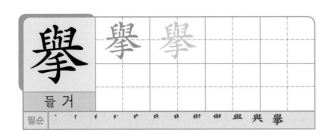

擧 들 거
필순 ⺈ ⺤ 手 ⺤ 钅 舁 卽 卽 興 與 擧

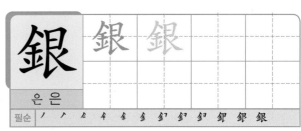

銀 은 은
필순 ノ 人 亼 仐 牟 金 釒 釒 釘 鈤 鈤 銀

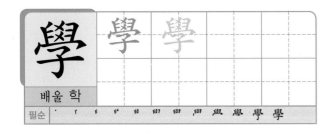

學 배울 학
필순 ⺈ ⺤ 手 手 ⺤ 臼 與 與 學 學 學

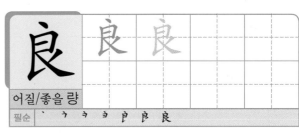

良 어질/좋을 량
필순 丶 ⺄ ⺕ ⺕ 卢 良 良

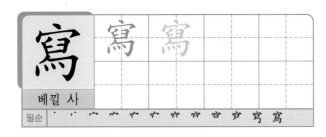

寫 베낄 사
필순 丶 丶 ⼧ ⼧ 宀 宀 宮 宮 宮 寫 寫

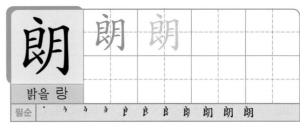

朗 밝을 랑
필순 丶 ⺄ ⺕ ⺕ 自 良 良 郎 朗 朗 朗

::07 과

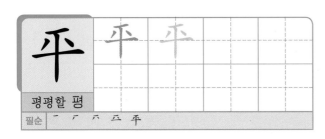

平 평평할 평
필순 一 ⺅ ⺅ 丐 平

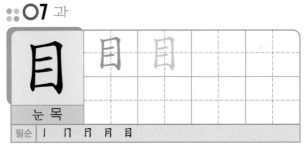

目 눈 목
필순 丨 冂 月 月 目

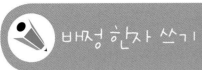 배정한자 쓰기

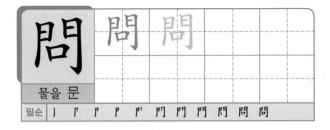

問	問	問				
물을 문						

필순 丨 冂 冂 冃 門 門 門 門 問 問 問

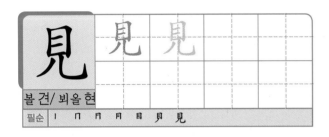

見	見	見				
볼 견/뵈올 현						

필순 丨 冂 冂 冃 目 見 見

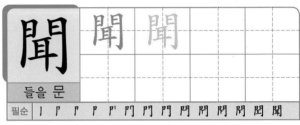

聞	聞	聞				
들을 문						

필순 丨 冂 冂 冃 冃 門 門 門 門 門 門 聞 聞

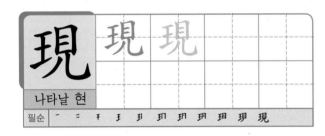

現	現	現				
나타날 현						

필순 一 二 干 王 担 玥 玥 珇 珇 現 現

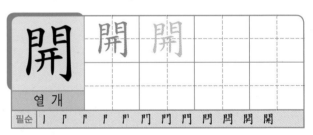

開	開	開				
열 개						

필순 丨 冂 冂 冃 冃 門 門 門 門 開 開

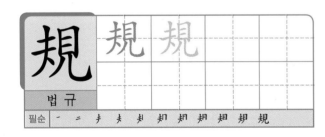

規	規	規				
법 규						

필순 一 二 丰 夫 担 却 却 却 規 規 規

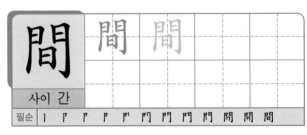

間	間	間				
사이 간						

필순 丨 冂 冂 冃 冃 門 門 門 門 間 間 間

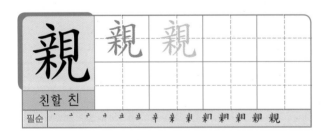

親	親	親				
친할 친						

필순 ` 亠 立 立 辛 亲 亲 亲 親 親 親 親 親

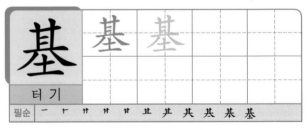

基	基	基				
터 기						

필순 一 十 甘 甘 甘 其 其 其 基 基 基

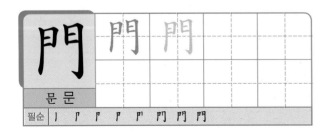

門	門	門				
문 문						

필순 丨 冂 冂 門 門 門 門 門

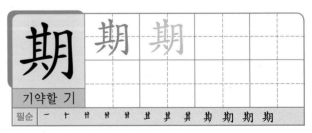

期	期	期				
기약할 기						

필순 一 十 甘 甘 甘 其 其 期 期 期 期

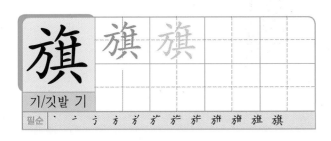

旗
기/깃발 기
필순 ` 二 亍 方 方 扩 扩 扩 旗 旗 旗

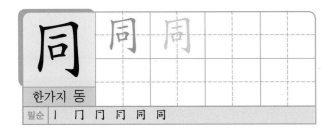

同
한가지 동
필순 ｜ 冂 冃 同 同 同

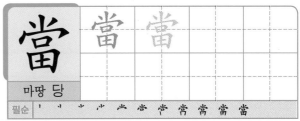

當
마땅 당
필순 ｜ ｜ ⺌ ⺌ 屵 屵 常 常 當 當 當 當

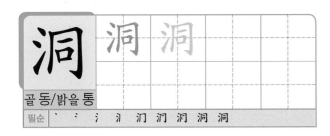

洞
골 동/밝을 통
필순 ` ` 氵 汩 汩 汩 洞 洞 洞

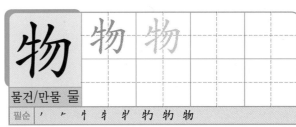

物
물건/만물 물
필순 ' ⺧ 牛 牛 牛 物 物 物

::○8 과

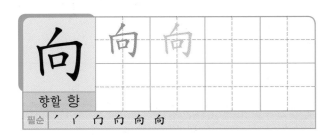

向
향할 향
필순 ' ' 广 向 向 向

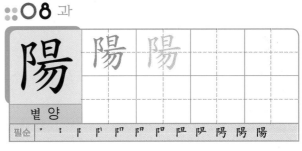

陽
볕 양
필순 ' ⻏ ⻏ 阝 阝 阝 阳 阳 阳 陽 陽 陽

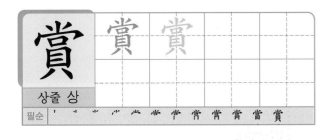

賞
상줄 상
필순 ｜ ｜ ⺌ ⺌ 屵 尚 常 常 常 賞 賞

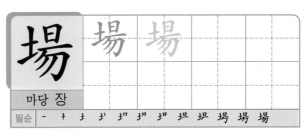

場
마당 장
필순 一 十 土 圹 圻 圻 坦 坦 場 場 場

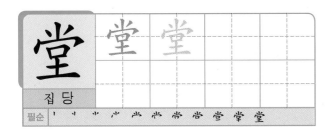

堂
집 당
필순 ｜ ｜ ⺌ ⺌ 屵 尚 常 常 堂 堂 堂

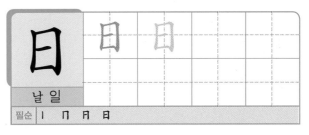

日
날 일
필순 ｜ 冂 日 日

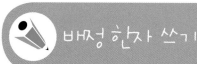 배정한자 쓰기

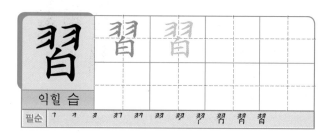

習
익힐 습
필순 ⁊ ⁊ ⁊ ⁊⁊ ⁊⁊ ⁊⁊ ⁊⁊ ⁊⁊ 習 習 習

壇
단/제터 단
필순 一 十 土 圹 圹 圹 圹 埣 壇 壇 壇 壇

百
일백 백
필순 一 ⁊ 丆 丙 百 百

草
풀 초
필순 ` ⁺ ⁺ ⁺ ⁺ ⁺ ⁺ ⁺ ⁺ 草 草

宿
잘숙/별자리 수
필순 ` ` 宀 宀 宀 宀 宀 宿 宿 宿 宿

卓
높을/뛰어날 탁
필순 ⁺ ⁺ ⁺ ⁺ ⁺ ⁺ ⁺ ⁺ 卓

線
줄 선
필순 ⁄ ⁄ ⁄ ⁺ ⁺ ⁺ ⁺ 紵 紵 紵 緽 線

唱
부를 창
필순 ⁊ ⁊ ⁊ ⁊ ⁊ ⁊ ⁊ ⁊ 唱 唱 唱

原
언덕 원
필순 一 厂 厂 厂 厂 厂 厚 原 原 原

白
흰 백
필순 ⁄ ⁄ 白 白 白

願
원할 원
필순 一 厂 厂 厂 厚 原 原 原 願 願 願 願

18 · 쓰기노트

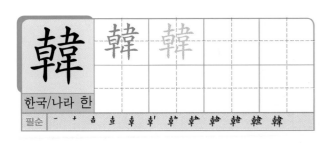

韓
한국/나라 한
필순 ー + 古 古 直 卓 卓' 화 화 화 화 韓

:: O9 과

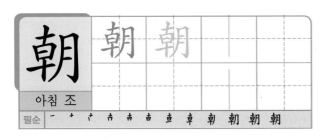

朝
아침 조
필순 ー + 古 古 古 吉 直 卓 朝 朝 朝 朝

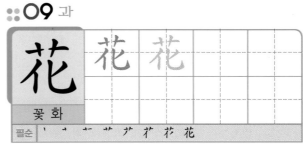

花
꽃 화
필순 ' 十 十 艹 グ 花 花 花

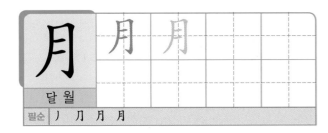

月
달 월
필순 丿 刀 月 月

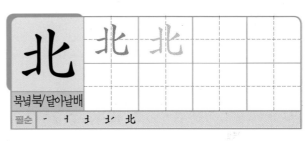

北
북녘 북/달아날 배
필순 ー ナ 北 北 北

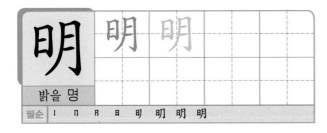

明
밝을 명
필순 丨 冂 日 日 旫 明 明 明

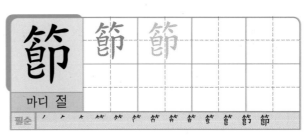

節
마디 절
필순 丿 广 ⺮ ⺮ 竹 竹 竹 笁 笁 笁 節 節

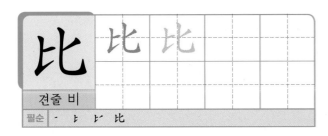

比
견줄 비
필순 ー 냐 片 比

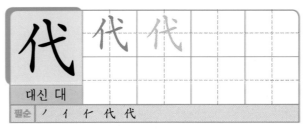

代
대신 대
필순 丿 亻 亻 代 代

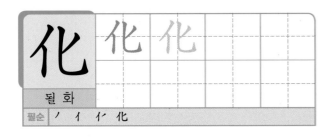

化
될 화
필순 丿 亻 亻 化

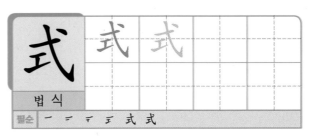

式
법 식
필순 ー 二 二 式 式 式

 배정한자 쓰기

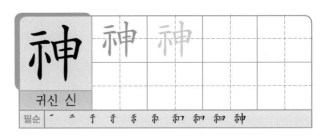

神
귀신 신
필순 ⌐ 二 亍 示 示 示 和 和 神

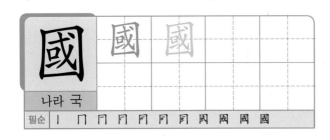

國
나라 국
필순 丨 冂 冂 冃 冃 冃 國 國 國 國 國

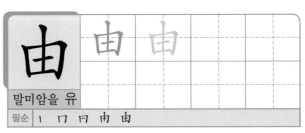

由
말미암을 유
필순 丨 冂 曰 由 由

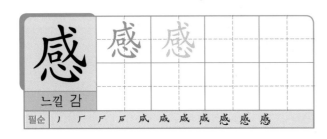

感
느낄 감
필순 丿 厂 厂 戶 戶 成 成 咸 咸 感 感 感

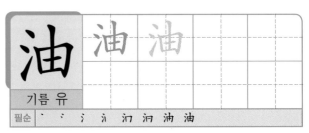

油
기름 유
필순 丶 丶 氵 氵 沪 沪 油 油

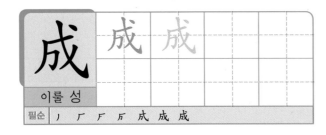

成
이룰 성
필순 丿 厂 厂 戶 成 成 成

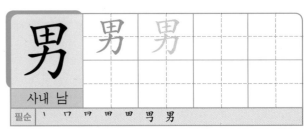

男
사내 남
필순 丨 冂 曰 田 田 男 男

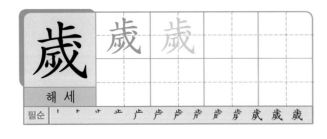

歲
해 세
필순 丨 ⺊ ⺊ 止 止 广 产 产 芹 芹 歲 歲 歲

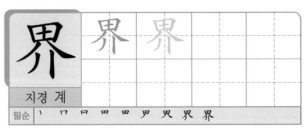

界
지경 계
필순 丨 冂 曰 田 田 卯 界 界 界

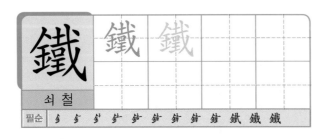

鐵
쇠 철
필순 金 金 釒 釤 鈝 鈝 鐽 鐽 鐽 鐵 鐵 鐵

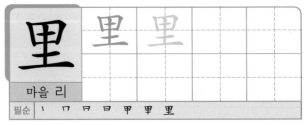

里
마을 리
필순 丨 冂 曰 曰 甲 甲 里

20 · 쓰기 노트

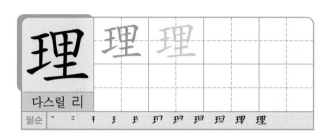

理
다스릴 리
필순 一 一 T 王 王 刊 刊 理 理 理 理

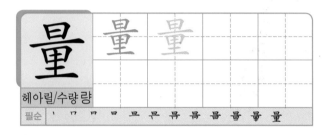

量
헤아릴/수량 량
필순 丶 一 口 日 旦 昌 를 를 를 量 量 量

黑
검을 흑
필순 丶 口 口 田 田 四 甲 里 黑 黑 黑 黑

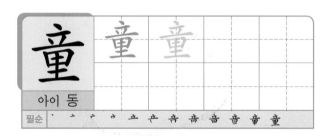

童
아이 동
필순 丶 一 立 立 产 音 音 音 童 童

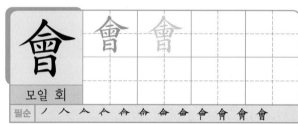

會
모일 회
필순 丿 人 人 A 今 今 合 命 合 會 會 會

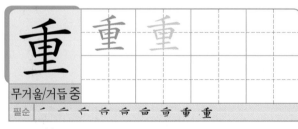

重
무거울/거듭 중
필순 一 一 仨 行 台 台 盲 重 重

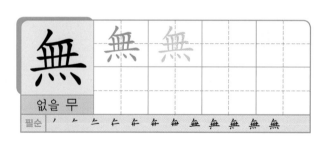

無
없을 무
필순 丿 丶 二 午 午 余 無 無 無 無 無 無

 10 과

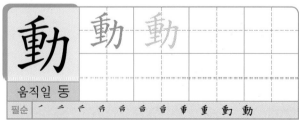

動
움직일 동
필순 丿 一 仨 台 台 台 盲 重 重 動 動

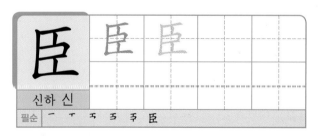

臣
신하 신
필순 一 一 T 耳 耳 臣

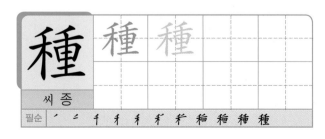

種
씨 종
필순 丶 一 千 千 禾 禾 秆 秆 稻 稻 種 種

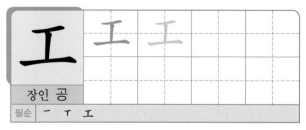

工
장인 공
필순 一 T 工

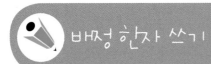 

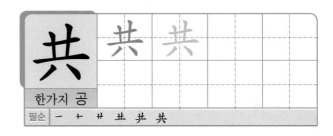

共
한가지 공
필순 一 十 卅 卅 共 共

功
공 공
필순 一 丁 工 功 功

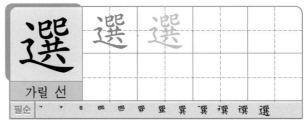

選
가릴 선
필순 ⁀ ⁀ ⁀ ⁀ ⁀ ⁀ 巽 巽 巽 巽 選 選

空
빌 공
필순 丶 宀 宀 宀 宓 空 空 空

中
가운데 중
필순 丨 口 口 中

江
강 강
필순 丶 丶 氵 氵 江 江

患
근심 환
필순 丶 口 口 口 串 串 患 患 患 患

亡
망할 망
필순 丶 二 亡

英
꽃부리 영
필순 丶 艹 艹 艹 芇 芇 苎 英 英

望
바랄 망
필순 丶 亡 亡 亡 亡 朝 朝 朝 朝 望 望

決
결단할 결
필순 丶 丶 氵 氵 江 決 決

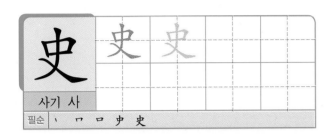

史 史
사기 사
필순 丶 口 口 史 史

使 使
하여금/부릴 사
필순 丿 亻 仁 仨 俨 俥 使

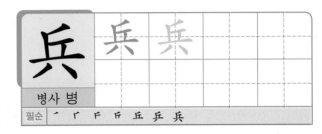

兵 兵
병사 병
필순 丶 丆 斤 斤 丘 兵 兵

:: **11** 과

便 便
편할편/똥오줌변
필순 丿 亻 仁 仨 佢 佢 便 便

愛 愛
사랑 애
필순 丶 丷 爫 爫 𠘨 𠘨 恩 悉 愛 愛 愛

近 近
가까울 근
필순 丶 丆 斤 斤 近 近 近

爭 爭
다툴 쟁
필순 丶 丷 爫 爫 爭 爭

所 所
바 소
필순 丶 丆 户 户 所 所 所 所

技 技
재주 기
필순 一 十 扌 扌 扩 技 技

新 新
새 신
필순 丶 亠 立 立 产 亲 亲 新 新 新

石 石
돌 석
필순 一 丆 石 石 石

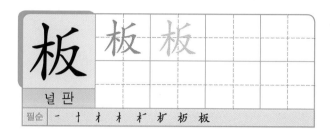

널 판

필순 一 十 才 才 ボ 枦 枊 板

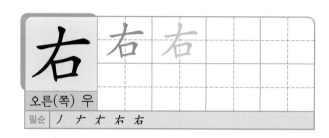

오른(쪽) 우

필순 ノ ナ オ 右 右

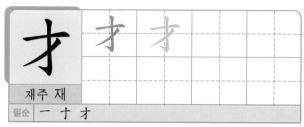

재주 재

필순 一 十 才

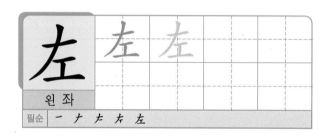

왼 좌

필순 一 ナ 左 左 左

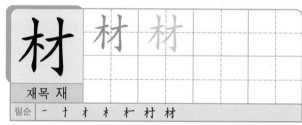

재목 재

필순 一 十 才 木 材 村 材

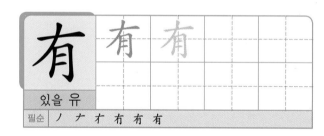

있을 유

필순 ノ ナ オ 有 有 有

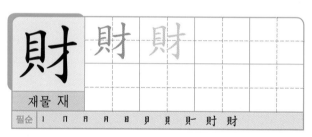

재물 재

필순 ｜ 冂 冂 冃 目 貝 貝 貯 財 財

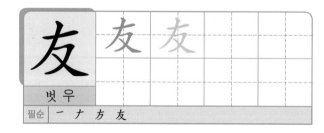

벗 우

필순 一 ナ 方 友

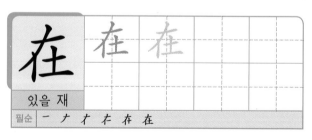

있을 재

필순 一 ナ 才 木 存 在

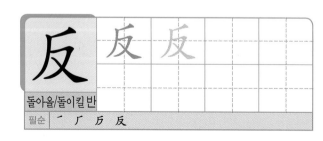

돌아올/돌이킬 반

필순 一 厂 反 反

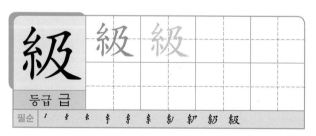

등급 급

필순 ノ ㄠ ㄠ 乡 乡 糸 幻 紉 級 級

12 과

5급

急
급할 급
필순 ノ ⺈ 𠂊 ⺈ 刍 刍 急 急 急

事
일/섬길 사
필순 一 ㄒ 𠮛 亘 亖 写 写 事

建
세울 건
필순 ㄱ ⺕ ⺕ ⺕ 聿 聿 聿 建 建

筆
붓 필
필순 ノ ㅏ ㅏ ⺮ ⺮ ⺮ 笁 筀 筀 筀 筆 筆

健
굳셀 건
필순 ノ 亻 亻 亻 亻 亻 亻 侓 侓 健 健

書
글 서
필순 ㄱ ⺕ ⺕ ⺕ 聿 聿 聿 書 書 書

寸
마디 촌
필순 一 十 寸

晝
낮 주
필순 ㄱ ⺕ ⺕ ⺕ 聿 聿 聿 晝 晝 晝 晝

村
마을 촌
필순 一 十 才 木 木 村 村

畫
그림 화/그을 획
필순 ㄱ ⺕ ⺕ ⺕ 聿 聿 聿 書 書 書 畫 畫

時
때 시
필순 丨 冂 月 日 日 旪 旪 旪 時 時

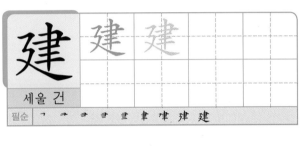

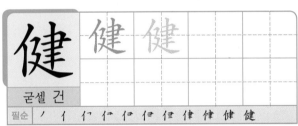

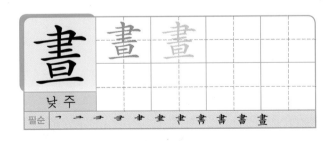

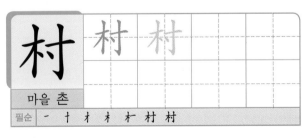

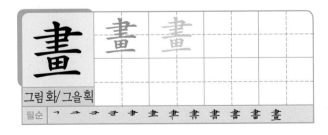

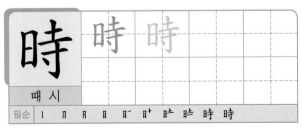

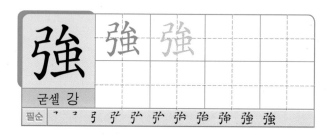

強
굳셀 강
필순 ㄱ ㄱ 弓 弘 弘 弘 強 強 強 強

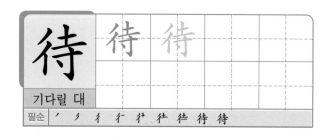

待
기다릴 대
필순 ノ ノ イ イ 什 什 件 待 待

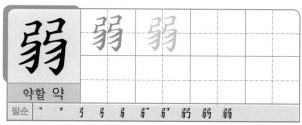

弱
약할 약
필순 ㄱ ㄱ 弓 弓 弓 弱 弱 弱 弱 弱

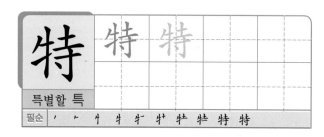

特
특별할 특
필순 ノ ノ ゛ 牛 牛 牜 牜 牜 特 特

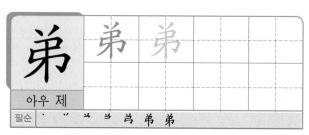

弟
아우 제
필순 ゛ ゛ ᅶ ᅶ ᅼ 弟 弟

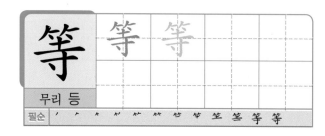

等
무리 등
필순 ノ ノ ゛ 竹 竹 竹 竺 竺 竿 等 等

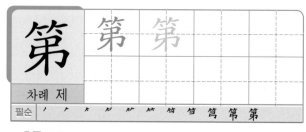

第
차례 제
필순 ノ ノ ゛ 竹 竹 竹 竻 第 第 第

:: **13** 과

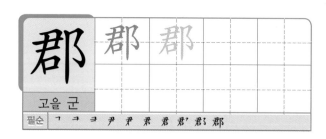

郡
고을 군
필순 ㄱ ㄱ ㅋ 尹 尹 君 君 君' 郡 郡

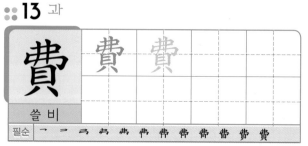

費
쓸 비
필순 ㄱ ㄱ ᄅ 弗 弗 弗 弗 弗 費 費 費

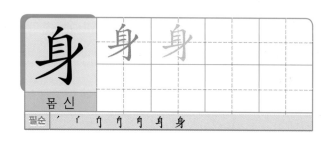

身
몸 신
필순 ノ ノ 竹 月 自 身 身

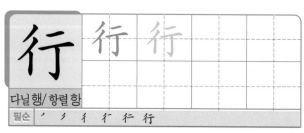

行
다닐 행 / 항렬 항
필순 ノ ノ ゛ 彳 彳 行

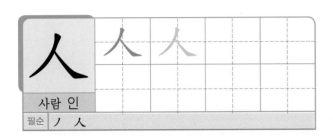

人
사람 인
필순 丿 人

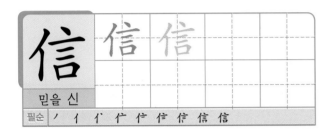

信
믿을 신
필순 丿 亻 亻 亻 信 信 信 信 信

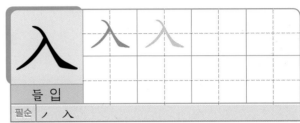

入
들 입
필순 丿 入

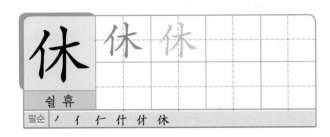

休
쉴 휴
필순 丿 亻 亻 什 什 休

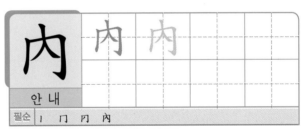

內
안 내
필순 丨 冂 内 内

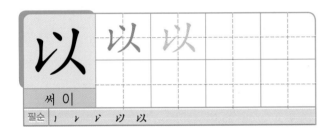

以
써 이
필순 丨 丨 以 以 以

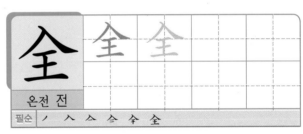

全
온전 전
필순 丿 入 仝 仝 全 全

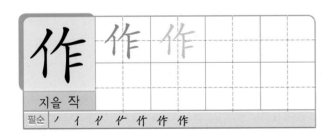

作
지을 작
필순 丿 亻 亻 亻 竹 作 作

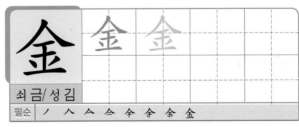

金
쇠 금/ 성 김
필순 丿 入 仝 仝 仐 余 金 金

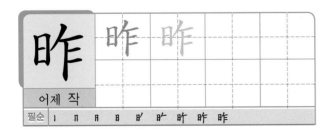

昨
어제 작
필순 丨 冂 日 日 旷 昨 昨 昨 昨

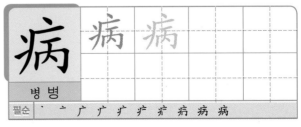

病
병 병
필순 丶 亠 广 广 广 疒 疒 病 病 病

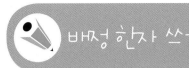
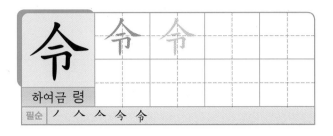

令
하여금 령
필순 ノ ㅅ 스 今 令

今
이제 금
필순 ノ ㅅ 스 今

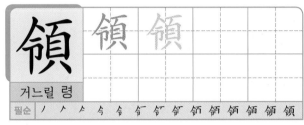

領
거느릴 령
필순 ノ ㅅ ㅅ 今 今 令 領 領 領 領 領 領 領 領

::14 과

念
생각 념
필순 ノ ㅅ 人 今 今 念 念 念 念

冷
찰 랭
필순 丶 冫 冫 冫 冷 冷 冷 冷

合
합할 합
필순 ノ ㅅ 스 合 合 合

命
목숨 명
필순 ノ ㅅ 人 人 命 命 命 命

給
줄 급
필순 幺 幺 幺 幺 幺 系 糸 紒 紒 給 給 給

序
차례 서
필순 丶 亠 广 庐 庐 序 序

答
대답 답
필순 ノ ト ト ᅡᄼ ᅡᅩ ᅡᅩ 产 产 产 答 答 答

野
들 야
필순 丶 口 曰 曰 目 甲 里 野 野 野 野

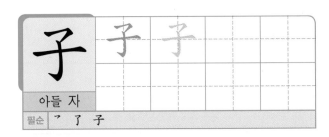

子
아들 자
필순 ㄱ 了 子

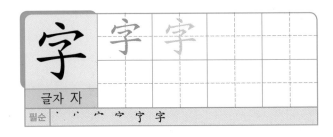

字
글자 자
필순 丶 丷 宀 宁 字

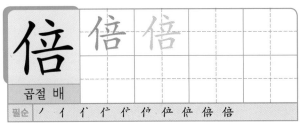

倍
곱절 배
필순 ノ 亻 亻 乜 仟 仡 位 倍 倍 倍

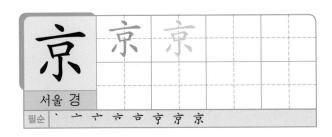

京
서울 경
필순 丶 亠 六 宀 亩 亨 京 京

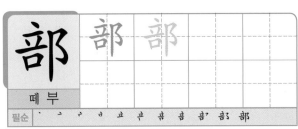

部
떼 부
필순 丶 亠 ㅗ 立 立 音 音 咅 咅ʼ 部 部

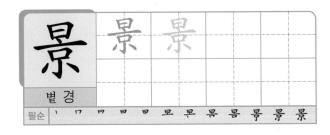

景
볕 경
필순 丨 冂 日 日 旦 昦 昦 昦 景 景 景 景

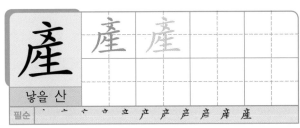

産
낳을 산
필순 丶 亠 亠 产 立 产 产 产 産 産 産

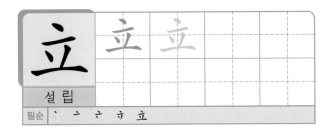

立
설 립
필순 丶 亠 六 立 立

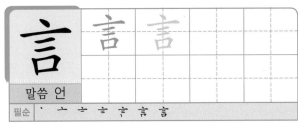

言
말씀 언
필순 丶 亠 亠 言 言 言 言

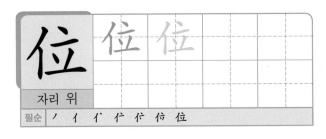

位
자리 위
필순 ノ 亻 亻 仢 化 位 位

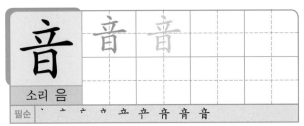

音
소리 음
필순 丶 亠 ㅗ 立 立 音 音 音 音

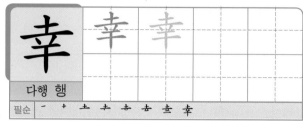

▪▪ **15** 과

幸	幸	幸			
다행 행					
필순	一 十 土 土 幸 幸 幸 幸				

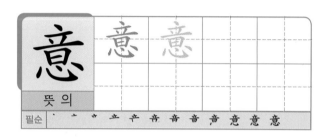

意
뜻 의
필순 丶 亠 亠 立 产 音 音 音 音 意 意

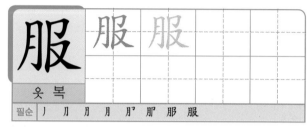

服
옷 복
필순 丿 刀 月 月 肝 肘 服 服

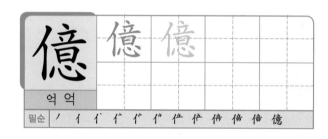

億
억 억
필순 丿 亻 亻 亻 亻 忄 伫 伫 倍 倍 倍 億

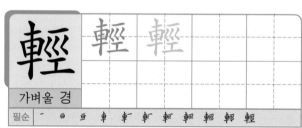

輕
가벼울 경
필순 一 亡 亘 車 車 軒 軒 輕 輕 輕 輕

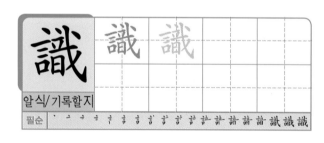

識
알식/기록할지
필순 丶 亠 言 言 言 言 訳 訳 訳 識 識 識 識 識

川
내 천
필순 丿 刂 川

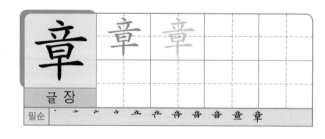

章
글 장
필순 丶 亠 亠 立 产 音 音 音 章 章

州
고을 주
필순 丶 丿 小 州 州 州

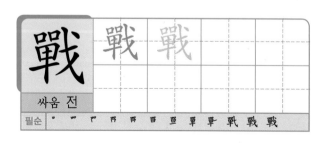

戰
싸움 전
필순 丷 严 严 単 単 単 単 戰 戰 戰

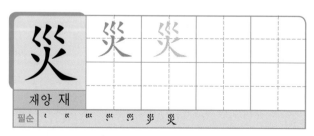

災
재앙 재
필순 丶 巛 巛 災 災 災 災

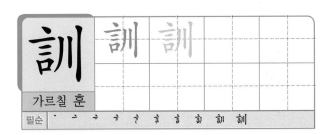

訓 訓 訓
가르칠 훈
필순 `丶亠亖言言言言訂訓

順 順 順
순할 순
필순 丿丿川川順順順順順順順順

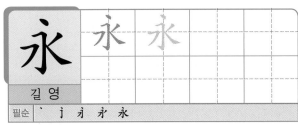

永 永 永
길 영
필순 `丿永永永

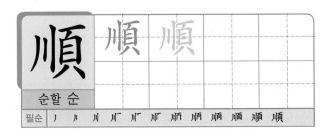

救 救 救
구원할 구
필순 一十寸寸求求求求救救救

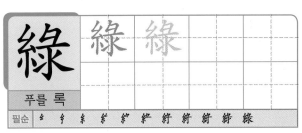

綠 綠 綠
푸를 록
필순 乡乡糸糸約紗紵紵綿綿綠

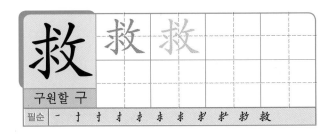

球 球 球
공/옥경 구
필순 一二千王王玗玞玞球球球

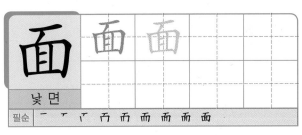

面 面 面
낯 면
필순 一ㄱ丆丙而而而面面

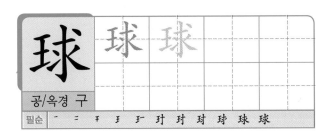

水 水 水
물 수
필순 丿기水水

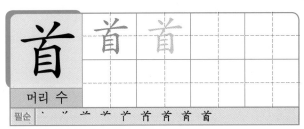

首 首 首
머리 수
필순 `丷丷一并芦首首首

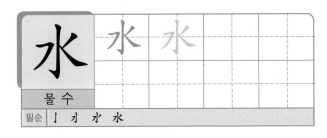

氷 氷 氷
얼음 빙
필순 丿기기氷氷

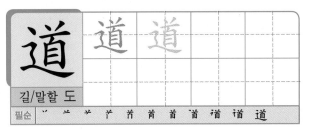

道 道 道
길/말할 도
필순 丷丷一芦首首首道道道道

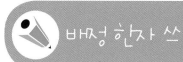 
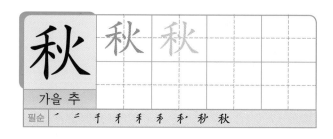

秋 가을 추
필순 ノ 二 千 禾 禾 禾 秒 秋 秋

類 무리 류
필순 ʻ ˇ ㅗ ᅶ 半 类 类 类 类 类 斷 類 類

歷 지날 력
필순 一 厂 厂 厂 厂 厤 厤 麻 麻 歷 歷 歷

夏 여름 하
필순 一 一 厂 ਗ਼ 百 頁 百 頁 夏 夏

番 차례 번
필순 ノ 二 二 平 平 平 采 采 番 番 番 番

術 재주 술
필순 ノ ノ 彳 彳 彳 彳 彳 徘 術 術 術

老 늙을 로
필순 一 十 土 耂 耂 老

:: **16** 과

和 화할 화
필순 ノ 二 千 禾 禾 禾 和 和

考 생각할 고
필순 一 十 土 耂 耂 考

利 이할 리
필순 ノ 二 千 禾 禾 利 利

孝 효도 효
필순 一 十 土 耂 耂 孝 孝

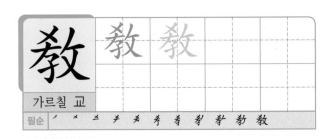

教 가르칠 교
필순 ノ メ ナ チ 夫 孝 考 教 教 教

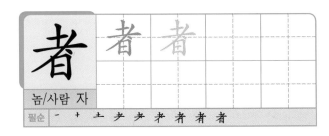

者 놈/사람 자
필순 一 十 土 耂 夬 耂 者 者 者

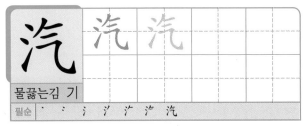

汽 물끓는김 기
필순 丶 丶 氵 氵 汽 汽 汽

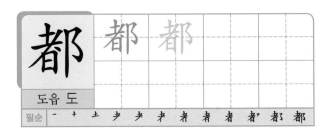

都 도읍 도
필순 一 十 土 耂 夬 耂 者 者 者 都 都 都

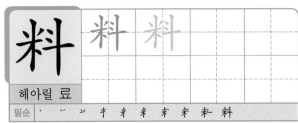

料 헤아릴 료
필순 丶 丶 ナ 二 半 米 米 米 料 料

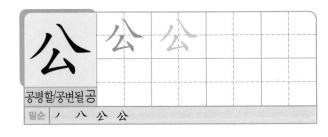

公 공평할/공변될 공
필순 ノ 八 公 公

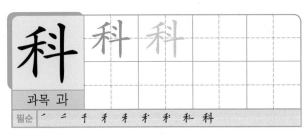

科 과목 과
필순 一 二 千 矛 禾 禾 科 科 科

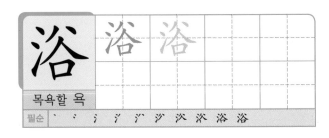

浴 목욕할 욕
필순 丶 丶 氵 氵 氵 沙 浴 浴 浴 浴

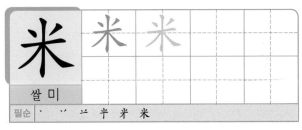

米 쌀 미
필순 丶 丷 二 半 米 米

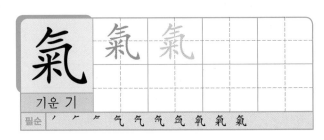

氣 기운 기
필순 ノ ノ ケ 气 气 气 気 氣 氣 氣

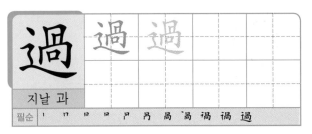

過 지날 과
필순 ヿ 冂 冎 冎 咼 咼 咼 渦 渦 過

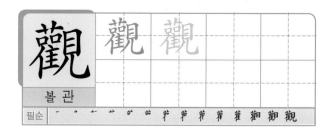

觀
볼 관
필순 ノ ナ サ ゲ 莒 荁 荁 莑 莑 莑 莑 莑 觀 觀 觀

關
관계할/빗장 관
필순 丨 冂 冂 冂 門 門 門 閞 閞 閼 閼 閼 關 關

集
모을 집
필순 ノ イ イ ゲ ゲ 住 住 隹 隹 隻 集 集

17 과

樂
즐길 락/노래 악/좋아할 요
필순 ノ ノ ノ 白 白 伯 伯 綯 綯 綸 樂 樂 樂 樂

舊
예 구
필순 一 丄 丄 艹 茾 茾 萑 萑 萑 萑 萑 萑 舊 舊 舊

藥
약 약
필순 一 丄 丄 丱 艹 艹 茾 苢 茵 茵 茵 蒞 藥

曜
빛날 요
필순 丨 冂 日 日 日 旷 昭 昭 昭 曜 曜 曜 曜 曜 曜

孫
손자 손
필순 フ 了 孑 孑 孑 孫 孫 孫 孫 孫

雄
수컷 웅
필순 一 ナ ナ ナ ナ ナ 材 材 材 雄 雄 雄

變
변할 변
필순 言 言 結 結 結 結 結 綯 綯 變 變 變

島
섬 도
필순 ノ ノ イ 户 户 户 自 鸟 鸟 島 島 島

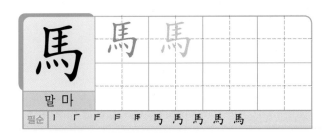

馬
말 마
필순 ㅣ ㄷ ㄷ ㅌ ㅌ 馬 馬 馬 馬

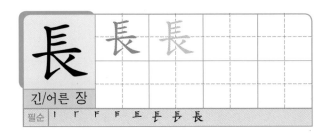

長
긴/어른 장
필순 ㅣ ㄷ ㄷ ㅌ 토 토 長 長

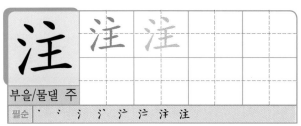

注
부을/물댈 주
필순 丶 丶 氵 氵 氵 氵 注 注

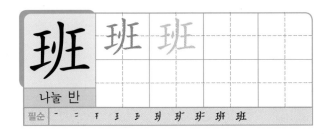

班
나눌 반
필순 ㄧ ㄧ ㅣ ㅣ ㅣ 玔 玨 玨 班 班

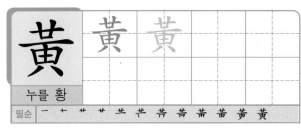

黃
누를 황
필순 一 十 十 卄 丗 芏 苦 菩 菩 苗 黃 黃

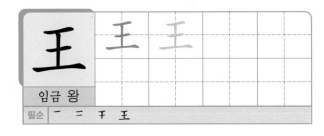

王
임금 왕
필순 一 ㄧ 千 王

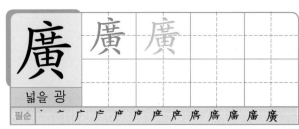

廣
넓을 광
필순 丶 广 广 广 产 庐 庐 庐 庐 庐 廣

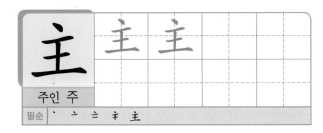

主
주인 주
필순 丶 ㅗ ㅗ 主 主

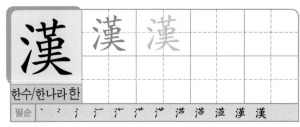

漢
한수/한나라 한
필순 丶 丶 氵 氵 氵 泮 泮 潼 漢 漢 漢 漢

:::18 과

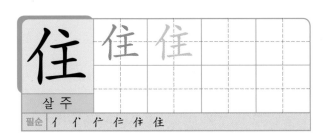

住
살 주
필순 亻 亻 亻 住 住 住

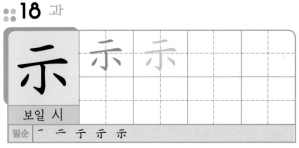

示
보일 시
필순 一 二 〒 亓 示

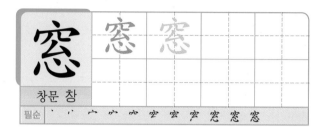

窓
창문 창
필순 丶 ⺍ ⼧ 宀 空 空 宏 宏 窓 窓 窓

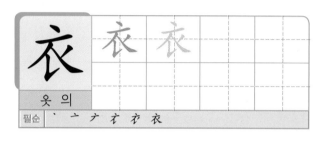

衣
옷 의
필순 丶 一 ㇆ 亍 亍 衣 衣

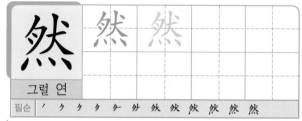

然
그럴 연
필순 丿 ㇆ 夕 夕 夕 妕 妖 然 然 然 然 然

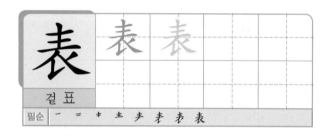

表
겉 표
필순 一 二 ㆒ 主 丰 耂 耒 表 表

父
아비/아버지 부
필순 丶 丷 八 父

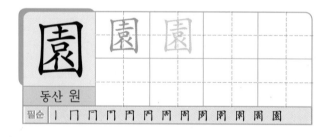

園
동산 원
필순 丨 冂 冋 冋 門 門 周 周 周 園 園 園 園

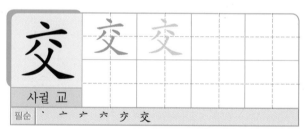

交
사귈 교
필순 丶 一 亠 六 亣 交

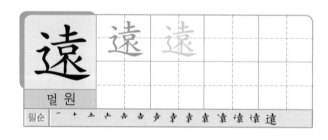

遠
멀 원
필순 一 十 土 士 吉 吉 声 幸 袁 袁 袁 遠 遠 遠

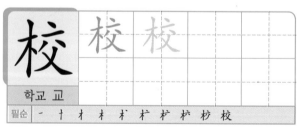

校
학교 교
필순 一 十 才 木 木 朼 杧 栌 栌 校

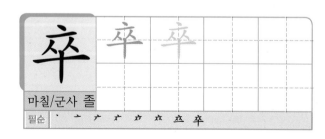

卒
마칠/군사 졸
필순 丶 一 亠 广 疒 灰 灰 卒 卒

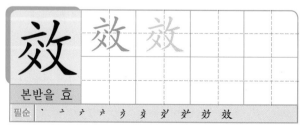

效
본받을 효
필순 丶 一 亠 六 亣 交 文 効 効 效

文
글월 문
필순 `丶 亠 亣 文`

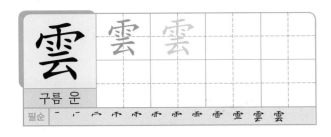

雲
구름 운
필순 `一 厂 厅 币 币 示 雨 雩 雩 雲 雲`

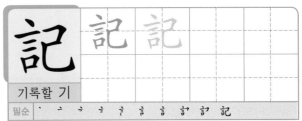

記
기록할 기
필순 `丶 亠 亖 言 言 言 言 記 記 記`

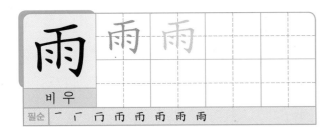

雨
비 우
필순 `一 厂 厅 币 雨 雨 雨 雨`

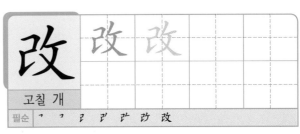

改
고칠 개
필순 `フ コ 己 己 改 改 改`

19 과

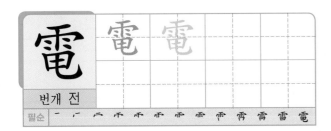

電
번개 전
필순 `一 厂 厅 币 币 雨 雨 雩 雩 雷 雷 電`

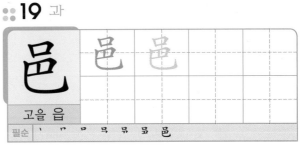

邑
고을 읍
필순 `丶 口 口 吕 吕 吕 邑`

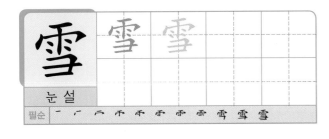

雪
눈 설
필순 `一 厂 厅 币 币 雨 雨 雩 雪 雪 雪`

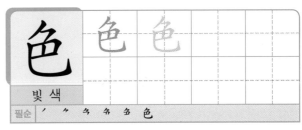

色
빛 색
필순 `ノ 夕 夕 刍 刍 色`

己
몸 기
필순 `フ コ 己`

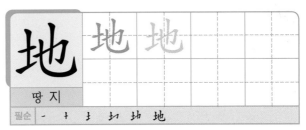

地
땅 지
필순 `一 十 土 圵 坩 地`

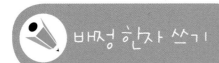

母		
어미/어머니 모		
필순 ㄴ ㄲ 母 母 母		

他		
다를 타		
필순 ノ 亻 仈 他 他		

每		
매양 매		
필순 ノ ㇒ 仁 乍 듀 每 每		

女		
계집 녀		
필순 く 女 女		

海		
바다 해		
필순 丶 丶 氵 氵 汇 汇 海 海 海 海		

安		
편안 안		
필순 丶 丶 宀 宀 安 安		

方		
모 방		
필순 丶 一 宁 方		

案		
책상 안		
필순 丶 丶 宀 宀 安 安 安 案 案 案		

放		
놓을 방		
필순 丶 二 宁 方 方 方 放 放		

要		
요긴할 요		
필순 一 一 一 币 西 西 要 要 要		

族		
겨레 족		
필순 丶 二 方 方 方 扩 扩 㢺 族 族		

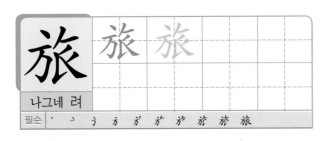

旅
나그네 려
필순 丶 亠 方 方 方 扩 扩 旅 旅 旅

:: **20** 과

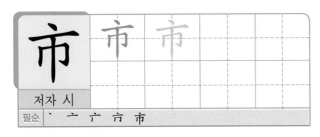

市
저자 시
필순 丶 亠 广 产 市

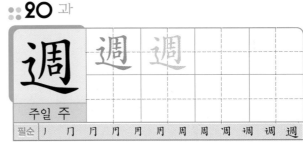

週
주일 주
필순 丿 冂 月 冃 月 周 周 周 调 调 週

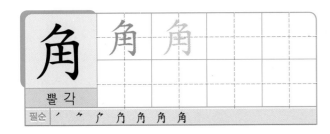

角
뿔 각
필순 丿 ク 广 角 角 角 角

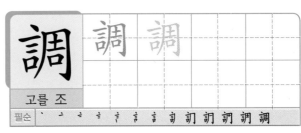

調
고를 조
필순 丶 亠 宀 言 言 言 訂 訂 訂 調 調 調

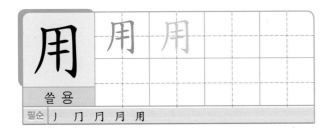

用
쓸 용
필순 丿 冂 月 月 用

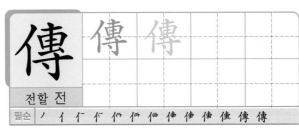

傳
전할 전
필순 丿 亻 亻 仁 们 俌 俌 俥 俥 俥 傳 傳

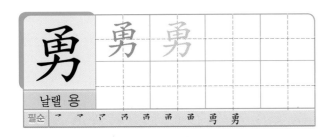

勇
날랠 용
필순 ⺦ マ マ 予 丙 甬 甬 甬 勇 勇

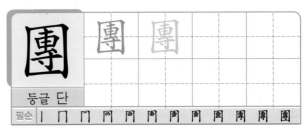

團
둥글 단
필순 丨 冂 冂 冋 同 同 同 同 同 同 團 團 團 團

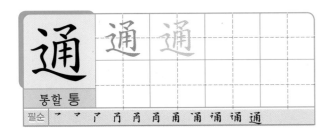

通
통할 통
필순 ⺦ マ ア 丙 甬 甬 甬 涌 涌 涌 通

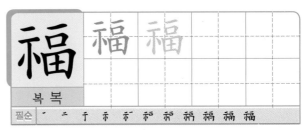

福
복 복
필순 丶 亠 亍 示 礻 祠 祠 福 福 福 福

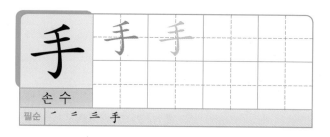

手
손 수
필순 一 二 三 手

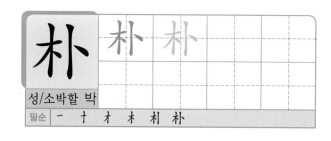

朴
성/소박할 박
필순 一 十 才 木 朴 朴

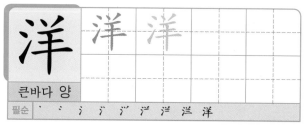

洋
큰바다 양
필순 丶 丶 氵 汁 浐 泮 洋 洋

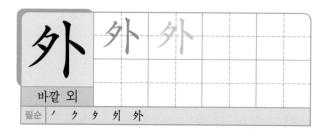

外
바깥 외
필순 丿 夕 夕 外 外

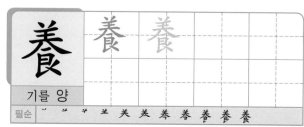

養
기를 양
필순 丷 丷 羊 羊 美 养 养 養 養 養

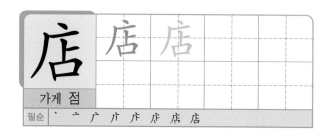

店
가게 점
필순 丶 亠 广 广 庄 店 店 店

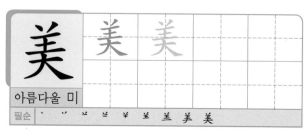

美
아름다울 미
필순 丶 丷 丷 半 半 美 美 美 美

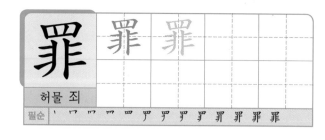

罪
허물 죄
필순 丶 冖 罒 罒 罒 胃 胃 胃 罪 罪 罪 罪

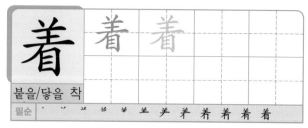

着
붙을/닿을 착
필순 丶 丷 丷 半 半 着 着 着 着 着

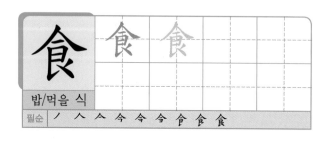

食
밥/먹을 식
필순 丿 人 人 今 今 今 倉 食 食

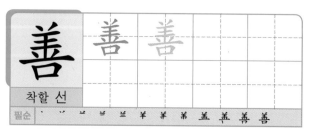

善
착할 선
필순 丶 丷 丷 半 半 羊 羊 羊 盖 善 善 善

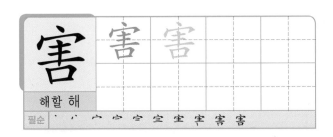

害 해할 해
필순 丶 宀 宀 宀 宇 実 宔 害 害

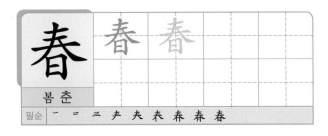

春 봄 춘
필순 一 二 三 声 夫 表 春 春 春

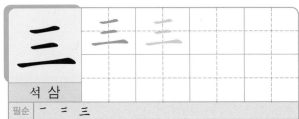

三 석 삼
필순 一 二 三

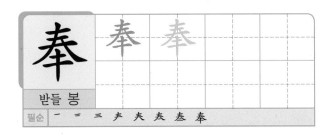

奉 받들 봉
필순 一 二 三 声 夫 表 表 奉

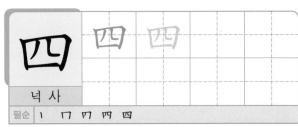

四 넉 사
필순 丨 冂 冂 四 四

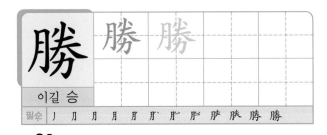

勝 이길 승
필순 丿 刀 月 月 肝 肝 肝 胖 胖 胖 勝 勝

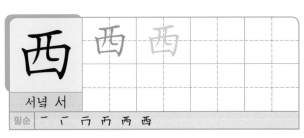

西 서녘 서
필순 一 冂 冂 两 两 西

:: **21** 과

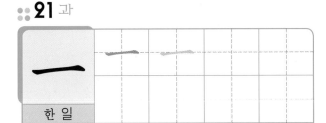

一 한 일
필순 一

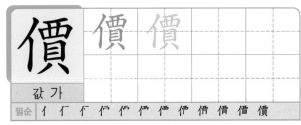

價 값 가
필순 亻 亻 俨 俨 俨 價 價 價 價 價

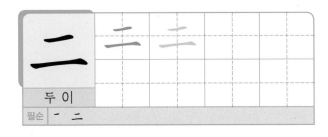

二 두 이
필순 一 二

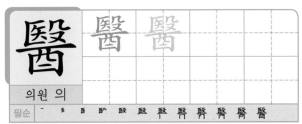

醫 의원 의
필순 一 万 芬 医 医 殹 殹 殹 殹 醫 醫 醫

八	八 八
여덟 팔	
필순	ノ 八

五	五 五
다섯 오	
필순	一 丁 五 五

分	分 分
나눌 분	
필순	ノ 八 今 分

語	語 語
말씀 어	
필순	、 一 二 言 言 言 言 訂 誣 語 語

九	九 九
아홉 구	
필순	ノ 九

六	六 六
여섯 륙	
필순	、 一 六 六

十	十 十
열 십	
필순	一 十

七	七 七
일곱 칠	
필순	一 七

計	計 計
셀 계	
필순	、 一 二 言 言 言 言 計

切	切 切
끊을 절/온통 체	
필순	一 ± 切 切

南	南 南
남녘 남	
필순	一 十 广 冂 内 内 南 南 南

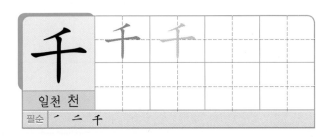

千
일천 천
필순 ノ 一 千

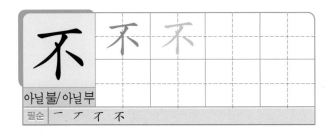

不
아닐 불/아닐 부
필순 一 ナ 不 不

:: 22 과

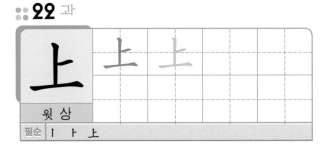

上
윗 상
필순 I 卜 上

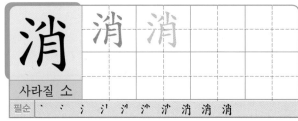

消
사라질 소
필순 丶 冫 氵 沪 洅 洮 消 消 消

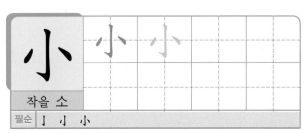

小
작을 소
필순 ┃ 小 小

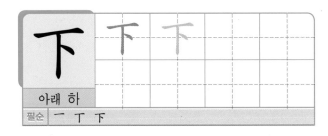

下
아래 하
필순 一 丁 下

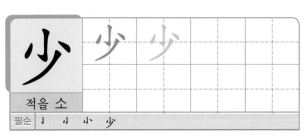

少
적을 소
필순 ┃ 小 小 少

民
백성 민
필순 フ ㄱ ₹ 戸 民

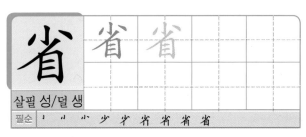

省
살필 성/덜 생
필순 ┃ 小 小 少 少 省 省 省 省

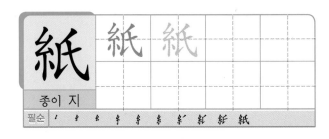

紙
종이 지
필순 ∠ ∠ ₺ 幺 幺 糸 紅 紅 紙 紙

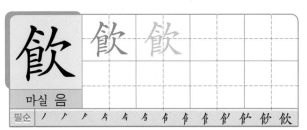

飮
마실 음
필순 ノ ㅅ ≙ 今 今 今 食 食 食 飮 飮 飮

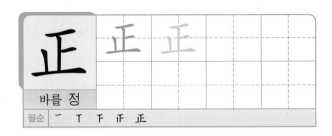

正 바를 정
필순 一 丁 下 正 正

赤 붉을 적
필순 一 十 土 ナ 亦 亦 赤

定 정할 정
필순 ` ` 宀 宀 宁 宁 定 定

生 날 생
필순 ノ ト ヒ 牛 生

足 발 족
필순 ` ロ ロ ロ ア 足 足

性 성품 성
필순 ` ` ↑ ↑ 忄 忙 性 性

姓 성 성
필순 ㄑ ㄑ 女 女 女 姓 姓 姓

題 제목 제
필순 日 目 早 뮤 是 是 是 題 題 題 題

止 그칠 지
필순 丨 卜 止 止

先 먼저 선
필순 ノ ト ㅂ 生 步 先

洗 씻을 세
필순 ` ` ; ; シ 汁 洗 洗 洗

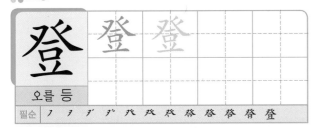

登
오를 등
필순 ﾉ ﾖ ﾖ' ﾖ'' 癶 癶 癶 啓 啓 啓 登

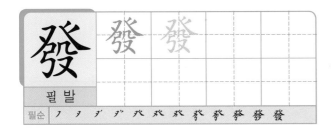

發
필 발
필순 ﾉ ﾖ ﾖ' ﾖ'' 癶 癶 癶 癶 癸 癹 發

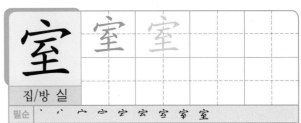

室
집/방 실
필순 ﾍ ﾍﾍ ﾍﾍﾍ 宀 宀 宀 宏 室 室 室

冬
겨울 동
필순 ﾉ ﾊ 夂 冬 冬

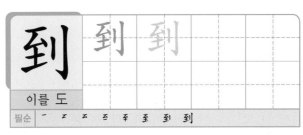

到
이를 도
필순 一 ﾏ ﾏ 至 至 至 到 到

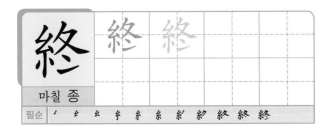

終
마칠 종
필순 ﾄ ﾄﾄ 幺 幺 糸 糸 糸 紋 終 終 終

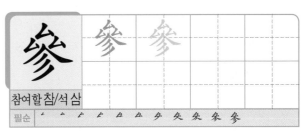

參
참여할 참/석 삼
필순 ﾍ ﾍ ﾍ ﾍ ﾍ 夂 夂 夵 叅 參

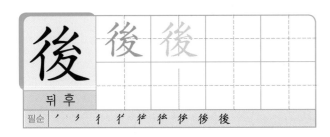

後
뒤 후
필순 ﾉ ﾉ ﾍ ﾍ ﾍ 彳 彳 彳 後 後

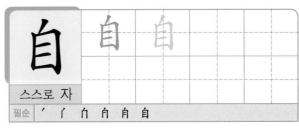

自
스스로 자
필순 ﾉ ﾍ ﾍ 自 自 自

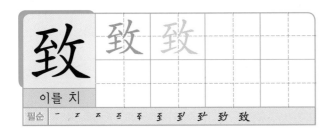

致
이를 치
필순 一 ﾏ ﾏ 至 至 至 至 致 致 致

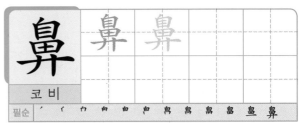

鼻
코 비
필순 ﾉ ﾍ ﾍ 白 白 自 鼻 鼻 鼻 鼻 鼻 鼻

배정한자 쓰기

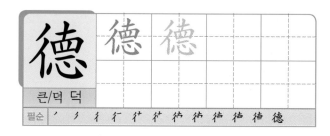

德 큰/덕 덕
필순 ノ ク 彳 彳 彳 彳 德 德 德 德 德

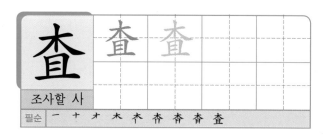

查 조사할 사
필순 一 十 オ 木 木 杏 杏 香 查

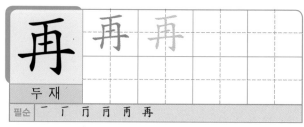

再 두 재
필순 一 一 万 円 再 再

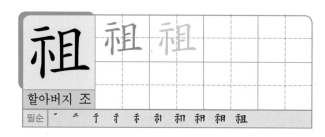

祖 할아버지 조
필순 ` 二 子 子 示 市 和 和 和 祖 祖

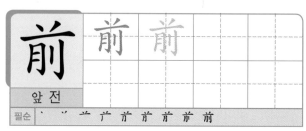

前 앞 전
필순 ` ソ 产 广 产 前 前 前 前

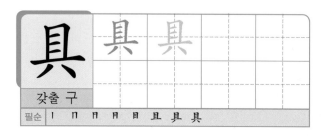

具 갖출 구
필순 丨 冂 冂 月 目 且 具 具

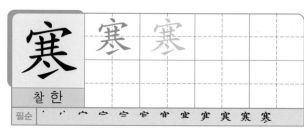

寒 찰 한
필순 ` ` 宀 宀 宇 宇 軍 軍 実 実 寒 寒

∷ **24** 과

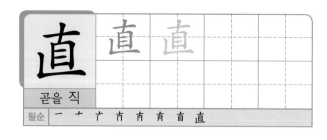

直 곧을 직
필순 一 十 广 冇 方 直 直 直

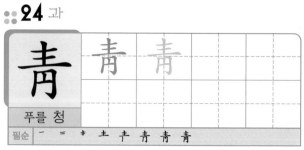

青 푸를 청
필순 一 二 キ 主 丰 青 青 青

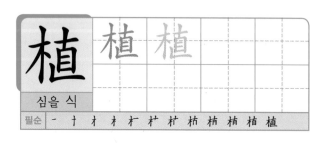

植 심을 식
필순 一 十 才 木 木 栌 枯 枯 柏 植 植 植

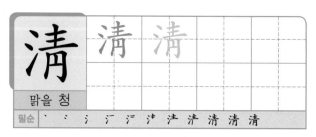

淸 맑을 청
필순 ` ` ` ` ` ` ` ` ` 淸 淸

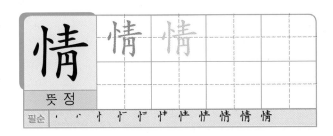

情
뜻 정
필순 ` ` ` 忄 忄 忄 忙 忙 情 情 情

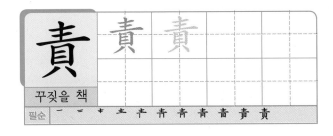

責
꾸짖을 책
필순 一 二 丰 圭 丰 青 青 青 責 責 責

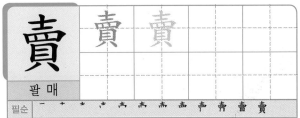

賣
팔 매
필순 一 十 士 士 吉 声 壽 壱 声 壱 賣 賣

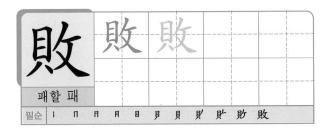

敗
패할 패
필순 丨 冂 冂 月 目 目 貝 貝 貯 敗 敗

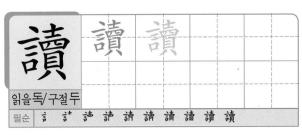

讀
읽을독/구절두
필순 言 言 言 詰 詰 詰 讀 讀 讀 讀 讀

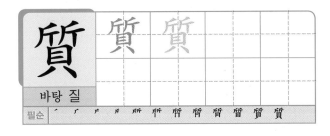

質
바탕 질
필순 ´ 厂 斤 斤 所 所 所 質 質 質 質 質

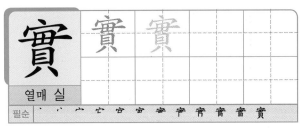

實
열매 실
필순 ` ` 宀 宀 宁 宫 宫 宵 實 實 實 實

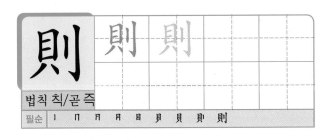

則
법칙 칙/곧 즉
필순 丨 冂 冂 月 目 目 貝 貝 則 則

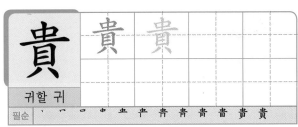

貴
귀할 귀
필순 ` ´ 口 中 虫 声 声 青 青 貴 貴 貴

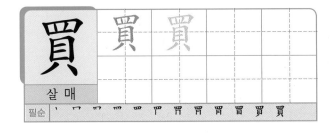

買
살 매
필순 ` ´ 冖 罒 罒 罒 門 胃 胃 胃 買 買

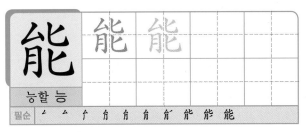

能
능할 능
필순 ㄥ ㄥ 宀 争 自 自 自 能 能 能 能

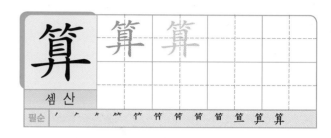

算
셈 산
필순 ㇑ ㇑ ㇑ ㇑ 竹 竹 竹 竹 竹 算 算 算 算

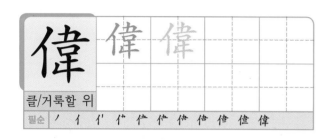

偉
클/거룩할 위
필순 ノ 亻 亻 亻 伊 伊 伊 倖 偉 偉 偉

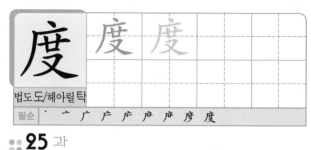

度
법도 도/헤아릴 탁
필순 ㇏ ㇐ 广 户 户 户 序 度 度

:: 25 과

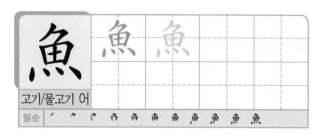

魚
고기/물고기 어
필순 ノ ㇆ ㇆ 刍 刍 角 角 魚 魚 魚 魚

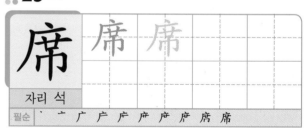

席
자리 석
필순 ㇏ ㇐ 广 户 户 户 序 序 席 席

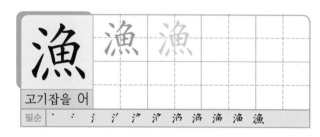

漁
고기잡을 어
필순 ㇏ ㇏ 氵 氵 汿 汿 汭 漁 漁 漁 漁

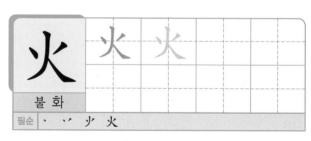

火
불 화
필순 ㇏ ㇜ 少 火

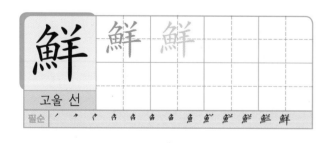

鮮
고울 선
필순 ノ ㇆ ㇆ 刍 刍 角 角 魚 魚 魚 鮮 鮮 鮮 鮮

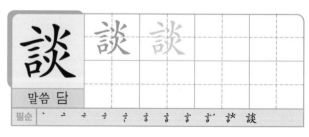

談
말씀 담
필순 ㇏ ㇐ 言 言 言 言 言 言 談 談 談

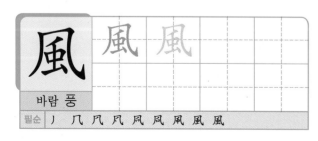

風
바람 풍
필순 ノ 几 凡 凡 凤 凨 風 風 風

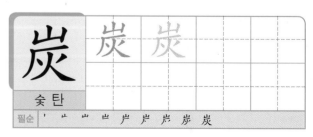

炭
숯 탄
필순 ノ 屵 屵 屵 屵 炭 炭 炭 炭

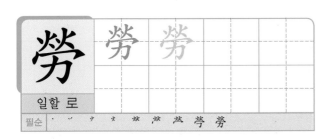

勞
일할 로
필순 丶 丶 丷 ⺌ 炒 炒 燃 勞 勞

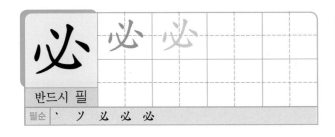

必
반드시 필
필순 丶 丿 必 必 必

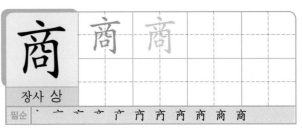

商
장사 상
필순 丶 一 一 亠 产 产 商 商 商 商 商

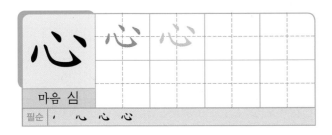

心
마음 심
필순 丶 心 心 心

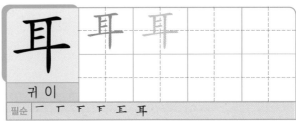

耳
귀 이
필순 一 厂 厂 匚 耳 耳

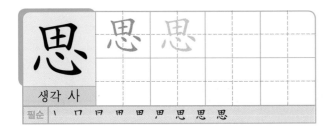

思
생각 사
필순 丨 冂 冂 田 田 思 思 思 思

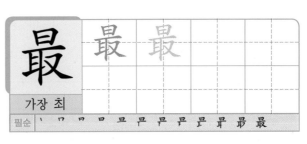

最
가장 최
필순 丶 冂 冂 日 旦 早 异 鼻 冐 最 最

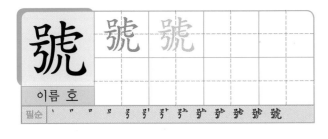

號
이름 호
필순 丶 丷 口 므 号 号 号 虎 虎 號 號 號

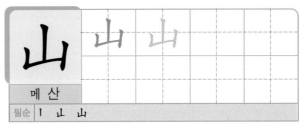

山
메 산
필순 丨 凵 山

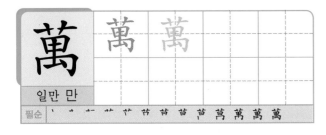

萬
일만 만
필순 丶 丷 丗 艹 节 苩 苩 芦 萬 萬 萬 萬

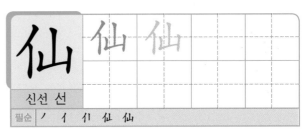

仙
신선 선
필순 丿 亻 仳 仙 仙

凶	凶	凶				
흉할 흉						

필순 ノ ㄨ 凶 凶

業	業	業			
업 업					

필순 丨 丨 丬 丬 业 业 丵 丵 丵 堂 業 業 業

數	數	數			
셈 수/자주 삭/촘촘할 촉					

필순 丶 口 口 曰 ...

對	對	對			
대할 대					

필순 丨 丨 丬 业 业 业 业 业 丵 堂 堂 對 對

惡	惡	惡			
악할 악/미워할 오					

필순 一 一 一 千 千 千 亞 亞 亞 惡 惡 惡

26과

巾	巾	巾			
수건 건					

필순 丨 冂 巾

犬	犬	犬			
개 견					

필순 一 ノ 大 犬

刀	刀	刀			
칼 도					

필순 ノ 刀

毛	毛	毛			
터럭 모					

필순 ノ 二 三 毛

步	步	步			
걸음 보					

필순 丨 丨 止 止 步 步 步

詩	詩	詩			
시 시					

필순 丶 二 二 言 言 言 言 訁 訁 詩 詩 詩

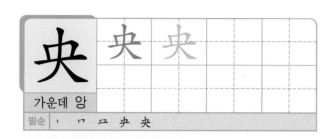

央 가운데 앙
필순 ﾉ 冂 冂 央 央

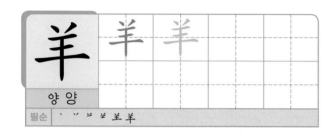

羊 양 양
필순 ﾟ ﾞ ﾗ ﾖ 羊 羊

玉 구슬 옥
필순 一 二 干 王 玉

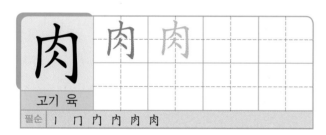

肉 고기 육
필순 丿 冂 內 內 內 肉

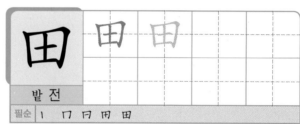

田 밭 전
필순 丨 冂 日 田 田

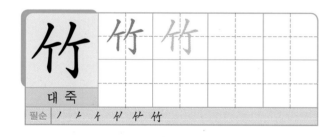

竹 대 죽
필순 丿 ﾉ 亻 亻 竹 竹

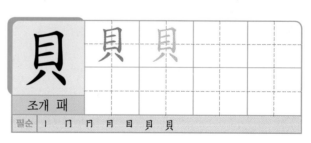

貝 조개 패
필순 丨 冂 日 月 目 貝 貝

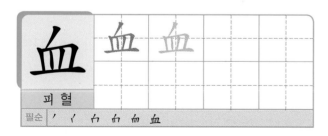

血 피 혈
필순 丿 亻 石 冇 血 血

MEMO

5급 한자 기본 익히기

한자 기본 익히기

한자의 3요소

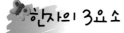

한자는 우리말과 달리 글자마다 고유한 모양〔形〕과 소리〔音〕와 뜻〔義〕을 가지고 있는데, 이를 한자의 3요소라고 한다. 따라서, 한자를 익힐 때는 3요소를 함께 익혀야 한다.

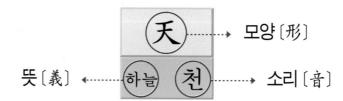

육서 (六書)

육서란 한자가 어떻게 만들어졌고 어떤 짜임새를 갖고 있는가에 대한 이론이다. 즉 한자가 만들어진 여섯 가지 원리를 말한다.

① 상형문자(象形文字) : 사물의 모양을 있는 그대로 본떠 만든 글자이다.

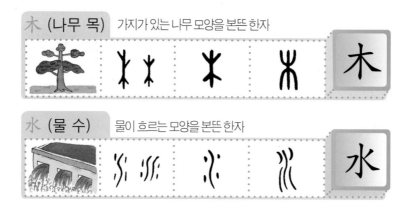

② 지사문자(指事文字) : 무형(無形)의 추상적인 개념을 상징적인 부호로 표시하여 일종의 약속으로 사용하는 글자이다.

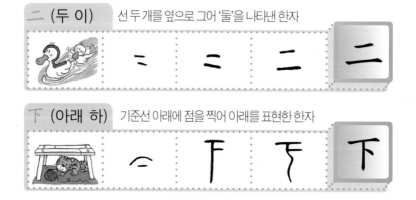

③ 회의문자(會意文字) : 두 개 이상의 상형문자나 지사문자가 합쳐져, 완전히 새로운 의미를 만들어내는 글자이다.

好 (좋아할 호) 여인〔女〕이 아이〔子〕를 안고 좋아하는 모습에서 '좋다'를 뜻함.

男 (사내 남) 밭〔田〕에서 힘〔力〕을 쓰며 열심히 일하는 사람에서 '사내'를 뜻함.

④ 형성문자(形聲文字) : 뜻을 나타내는 부분과 음을 나타내는 부분이 합쳐져 만들어진 글자이다.

清 (맑을 청) 물이 맑다는 데서 물〔氵〕의 뜻과 청(青)의 음이 합쳐진 한자

聞 (들을 문) 뜻을 나타내는 귀〔耳〕와 문〔門〕의 음이 합쳐진 한자

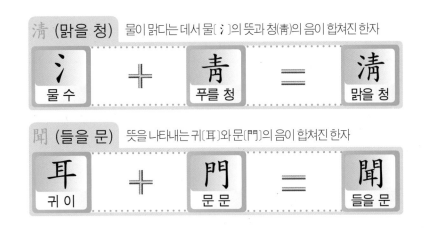

⑤ 전주문자(轉注文字) : 본래의 의미가 확대되어 완전히 새로운 뜻과 음으로 만들어진 글자이다.

한자	본래의 의미		새로운 의미	
	뜻	음	뜻	음
樂	풍류	악	즐길 / 좋아할	락 / 요
更	고칠	경	다시	갱
惡	악할	악	미워할	오

⑥ 가차문자(轉注文字) : 뜻을 나타내는 한자가 없을 때, 뜻과 관계없이 비슷한 음이나 모양을 가진 글자를 빌려 쓰는 글자이다.

Asia ⇨	亞細亞(아세아)	비슷한 음역을 빌려 쓴 한자
Dollar($) ⇨	弗(불)	달러 화폐 모양과 비슷해서 빌려 쓴 한자
India ⇨	印度(인도)	비슷한 음역을 빌려 쓴 한자

 한자 기본 익히기

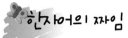 한자어의 짜임

1 주술관계 (主述關係)　　주어와 서술어로 이루어진 짜임

□ ‖ □
月 ‖ 明　　(월명 : 달이 밝다.)
春 ‖ 來　　(춘래 : 봄이 오다.)

2 술목관계 (述目關係)　　서술어와 목적어로 이루어진 짜임

□ | □
立 | 志　　(입지 : 뜻을 세우다.)
植 | 木　　(식목 : 나무를 심다.)

3 술보관계 (述補關係)　　서술어와 보어로 이루어진 짜임

□ / □
入 / 學　　(입학 : 학교에 들어가다.)
有 / 益　　(유익 : 이익이 있다.)

4 수식관계 (修飾關係)　　앞의 한자가 뒤의 한자를 꾸며 주는 짜임

□ □
忠 臣 (충신 : 충성스런 신하)　　青 山 (청산 : 푸른 산)

5 병렬관계 (竝列關係)　　같은 성분의 한자끼리 연이어 결합한 짜임

□ = □
(1) 유사관계 : 서로 뜻이 같거나 비슷한 글자끼리 이루어진 한자어
土 = 地 (토지 : 땅)　　家 = 屋 (가옥 : 집)

□ ↔ □
(2) 대립관계 : 서로 의미가 반대되는 한자로 이루어진 한자어
上 ↔ 下 (상하 : 위아래)　　内 ↔ 外 (내외 : 안과 밖)

□ ― □
(3) 대등관계 : 서로 의미가 대등한 한자로 이루어진 한자어
草 ― 木 (초목 : 풀과 나무)　　日 ― 月 (일월 : 해와 달)

한자의 필순

한자는 점과 획이 다양하게 교차하여 하나의 글자가 만들어져 쓰기가 까다롭다. 그래서 한자를 쓰는 기본적인 순서를 익히면 한자의 구조를 이해할 수 있어 좀더 쉽게 한자를 쓸 수 있다.

1 위에서 아래로 쓴다.

三 ➡ 一 二 三

2 왼쪽에서 오른쪽으로 쓴다.

川 ➡ 丿 川 川

3 가로획을 먼저 쓰고, 세로획은 나중에 쓴다.

木 ➡ 一 十 才 木

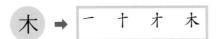

4 좌우가 대칭일 때는 가운데를 먼저 쓴다.

山 ➡ 丨 山 山

※ 예외 : 火 ➡ 丶 丷 火 火

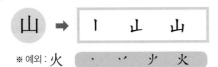

5 꿰뚫는 획은 나중에 쓴다.

(1) 세로로 뚫는 경우

中 ➡ 丨 口 口 中

(2) 가로로 뚫는 경우

女 ➡ 𡿨 女 女

※ 예외 : 世 ➡ 一 十 廿 廿 世

6 꿰뚫는 획이 밑이 막히면 먼저 쓴다.

土 ➡ 一 十 土

7 삐침(丿)은 파임(㇏)보다 먼저 쓴다.

父 ➡ 丿 八 父 父

8 몸과 안으로 이루어진 글자는 몸을 먼저 쓴다.

同 ➡ 丨 冂 冂 同 同 同

※ 예외 : 臣 ➡ 一 丅 臣 臣 臣 臣

9 오른쪽 위에 있는 점은 나중에 찍는다.

代 ➡ 丿 亻 代 代 代

10 辶(辶)과 廴 받침은 맨 나중에 한다.

近 ➡ 斤 斤 斤 斤 近 近 近 近

建 ➡ 聿 聿 聿 聿 聿 聿 建 建 建

한자 기본 익히기

부수의 위치와 명칭

★ 머리·두(頭·冠) : 부수가 글자 윗부분에 위치한다.

亠	돼지해머리	亡(망할 망)	交(사귈 교)	京(서울 경)
宀	갓머리(집 면)	守(지킬 수)	室(집 실)	官(벼슬 관)
艹	초두머리(풀 초)	花(꽃 화)	苦(쓸 고)	英(꽃부리 영)
竹	대나무 죽	第(차례 제)	筆(붓 필)	答(대답 답)
冖	민갓머리	冠(갓 관)	冥(어두울 명)	冤(원통할 원)
癶	필발머리	登(오를 등)	發(필 발)	癸(북방 계)

★ 변(邊) : 부수가 글자 왼쪽 부분에 위치한다.

亻	사람인변	仁(어질 인)	代(대신할 대)	件(물건 건)
彳	두인변(자축거릴 척, 걸을 척)	往(갈 왕)	役(부릴 역)	後(뒤 후)
忄	심방변(마음 심)	忙(바쁠 망)	性(성품 성)	快(쾌할 쾌)
禾	벼 화	科(과목 과)	秋(가을 추)	私(사사 사)
冫	이수변(얼음 빙)	冷(찰 랭)	凍(얼 동)	冰(얼음 빙)
扌	재방변(손 수)	技(재주 기)	打(칠 타)	推(밀 추)
犭	개사슴록(개 견)	狐(여우 호)	獨(홀로 독)	猛(사나울 맹)
氵	삼수변(물 수)	江(강 강)	法(법 법)	決(결단할 결)

★ 방(傍) : 부수가 글자 오른쪽 부분에 위치한다.

刂	선칼도방(칼 도)	利(이할 리)	刊(새길 간)	初(처음 초)
阝	우부방(고을 읍)	都(도읍 도)	邦(나라 방)	郡(고을 군)
卩	병부절	卯(토끼 묘)	印(도장 인)	卵(알 란)
欠	하품 흠	次(버금 차)	歌(노래 가)	欺(속일 기)

★ 발·다리(脚) : 부수가 글자 아랫부분에 위치한다.

儿	어진사람 인	光(빛 광)	元(으뜸 원)	兄(형 형)
廾	스무입발(받들 공)	弁(고깔 변)	弄(희롱할 롱)	弊(폐단 폐)
灬	연화발(불 화)	無(없을 무)	烏(까마귀 오)	熱(더울 열)
皿	그릇 명	益(더할 익)	盛(성할 성)	盡(다할 진)

✷ 엄(广) : 부수가 글자의 위와 왼쪽 부분에 위치한다.

厂	민엄호(줄바위 엄)	原(근원 원)	厄(액 액)	厚(두터울 후)
尸	주검 시	尺(자 척)	局(판 국)	屋(집 옥)
广	엄호(집 엄)	府(마을 부)	序(차례 서)	度(법도 도)
疒	병질엄(병들 녁)	痛(아플 통)	病(병 병)	疲(피곤할 피)

✷ 받침(繞) : 부수가 글자의 왼쪽과 아랫부분에 위치한다.

廴	민책받침(길게걸을 인)	建(세울 건)	延(늘일 연)	廷(조정 정)
辶	책받침(쉬엄쉬엄갈 착)	近(가까울 근)	逆(거스릴 역)	連(이을 련)
走	달아날 주	赴(다다를 부)	起(일어날 기)	超(뛰어넘을 초)

✷ 몸(構) : 부수가 글자 둘레를 에워싸고 있는 부분에 위치한다.

囗	큰입구몸(에운 담)	四(넉 사)	囚(가둘 수)	國(나라 국)
匸	감출 혜	匹(짝 필)	區(지경 구)	匿(숨길 닉)
凵	위튼입구몸(그릇/입버릴 감)	凶(흉할 흉)	出(날 출)	凹(오목할 요)
門	문 문	開(열 개)	間(사이 간)	閉(닫을 폐)
行	다닐 행	術(재주 술)	街(거리 가)	衛(막을 위)

✷ 제부수 : 부수가 한 글자 전체를 구성한다.

木	나무 목
水	물 수

金	쇠 금
女	계집 녀

火	불 화
山	메 산

기본 부수와 변형된 부수

기본자		변형자	기본자		변형자
人 (사람 인)	➡	亻(仁)	犬 (개 견)	➡	犭(狗)
刀 (칼 도)	➡	刂(別)	玉 (구슬 옥)	➡	王(珠)
川 (내 천)	➡	巛(巠)	示 (보일 시)	➡	礻(礼)
心 (마음 심)	➡	忄·㣺(性·慕)	老 (늙을 로)	➡	耂(考)
手 (손 수)	➡	扌(打)	肉 (고기 육)	➡	月(肝)
攴 (칠 복)	➡	攵(改)	艸 (풀 초)	➡	艹(花)
水 (물 수)	➡	氵·氺(江·泰)	衣 (옷 의)	➡	衤(被)
火 (불 화)	➡	灬(烈)	辶 (쉬엄쉬엄갈 착)	➡	辶(近)
爪 (손톱 조)	➡	爫(爭)	邑 (고을 읍)	➡	阝(우부방)(郡)
歹 (뼈앙상할 알)	➡	歺(死)	阜 (언덕 부)	➡	阝(좌부방)(防)

歌曲(가곡) : 歌(노래 가) = 曲(굽을/가락 곡)   勞力(노력) : 勞(일할 로) = 力(힘   력)

可能(가능) : 可(옳을 가) = 能(능할 능)   談話(담화) : 談(말씀 담) = 話(말씀 화)

家屋(가옥) : 家(집   가) = 屋(집   옥)   道路(도로) : 道(길   도) = 路(길   로)

歌唱(가창) : 歌(노래 가) = 唱(부를 창)   到着(도착) : 到(이를 도) = 着(붙을/닿을 착)

家宅(가택) : 家(집   가) = 宅(집   택)   圖畫(도화) : 圖(그림 도) = 畫(그림 화)

江河(강하) : 江(강   강) = 河(물/강 하)   等級(등급) : 等(무리 등) = 級(등급 급)

決定(결정) : 決(결단할 결) = 定(정할 정)   明白(명백) : 明(밝을 명) = 白(흰   백)

競爭(경쟁) : 競(다툴 경) = 爭(다툴 쟁)   文章(문장) : 文(글월 문) = 章(글   장)

計量(계량) : 計(셀   계) = 量(헤아릴 량)   方正(방정) : 方(모   방) = 正(바를 정)

計算(계산) : 計(셀   계) = 算(셀   산)   法式(법식) : 法(법   법) = 式(법   식)

告白(고백) : 告(고할 고) = 白(흰/말할 백)   法典(법전) : 法(법   법) = 典(법   전)

公平(공평) : 公(공평할 공) = 平(평평할 평)   變化(변화) : 變(변할 변) = 化(될   화)

過去(과거) : 過(지날 과) = 去(갈   거)   兵士(병사) : 兵(병사 병) = 士(선비/병사 사)

果實(과실) : 果(실과 과) = 實(열매 실)   兵卒(병졸) : 兵(병사 병) = 卒(군사 졸)

過失(과실) : 過(지날 과) = 失(잃을 실)   部落(부락) : 部(떼   부) = 落(마을 락)

教訓(교훈) : 教(가르칠 교) = 訓(가르칠 훈)   思考(사고) : 思(생각 사) = 考(생각할 고)

郡邑(군읍) : 郡(고을 군) = 邑(고을 읍)   思念(사념) : 思(생각 사) = 念(생각 념)

貴重(귀중) : 貴(귀할 귀) = 重(무거울 중)   死亡(사망) : 死(죽을 사) = 亡(망할 망)

規則(규칙) : 規(법   규) = 則(법칙 칙)   生産(생산) : 生(날   생) = 産(낳을 산)

根本(근본) : 根(뿌리 근) = 本(근본 본)   善良(선량) : 善(착할 선) = 良(어질 량)

急速(급속) : 急(급할 급) = 速(빠를 속)   選別(선별) : 選(가릴 선) = 別(나눌 별)

基質(기질) : 基(터   기) = 質(바탕 질)   消失(소실) : 消(사라질 소) = 失(잃을 실)

技術(기술) : 技(재주 기) = 術(재주 술)   樹林(수림) : 樹(나무 수) = 林(수풀 림)

樹木(수목) : 樹(나무 수) = 木(나무 목)

順序(순서) : 順(순할 순) = 序(차례 서)

始初(시초) : 始(비로소 시) = 初(처음 초)

身體(신체) : 身(몸 신) = 體(몸 체)

實果(실과) : 實(열매 실) = 果(실과 과)

室堂(실당) : 室(집 실) = 堂(집 당)

心情(심정) : 心(마음 심) = 情(뜻 정)

兒童(아동) : 兒(아이 아) = 童(아이 동)

安全(안전) : 安(편안 안) = 全(온전 전)

愛好(애호) : 愛(사랑 애) = 好(좋을 호)

養育(양육) : 養(기를 양) = 育(기를 육)

言語(언어) : 言(말씀 언) = 語(말씀 어)

年歲(연세) : 年(해 년) = 歲(해 세)

練習(연습) : 練(익힐 련) = 習(익힐 습)

永遠(영원) : 永(길 영) = 遠(멀 원)

英特(영특) : 英(꽃부리 영) = 特(특별할 특)

完全(완전) : 完(완전할 완) = 全(온전 전)

偉大(위대) : 偉(클 위) = 大(큰 대)

衣服(의복) : 衣(옷 의) = 服(옷 복)

意思(의사) : 意(뜻 의) = 思(생각 사)

自己(자기) : 自(스스로 자) = 己(몸 기)

展開(전개) : 展(펼 전) = 開(열 개)

戰爭(전쟁) : 戰(싸움 전) = 爭(다툴 쟁)

節約(절약) : 節(마디 절) = 約(맺을 약)

停止(정지) : 停(머무를 정) = 止(그칠 지)

正直(정직) : 正(바를 정) = 直(곧을 직)

定着(정착) : 定(정할 정) = 着(붙을 착)

調和(조화) : 調(고를 조) = 和(화할 화)

終末(종말) : 終(마칠 종) = 末(끝 말)

終止(종지) : 終(마칠 종) = 止(그칠 지)

罪惡(죄악) : 罪(허물 죄) = 惡(악할 악)

重要(중요) : 重(무거울 중) = 要(요긴할 요)

知識(지식) : 知(알 지) = 識(알 식)

質問(질문) : 質(바탕 질) = 問(물을 문)

集合(집합) : 集(모을 집) = 合(합할 합)

唱歌(창가) : 唱(부를 창) = 歌(노래 가)

村落(촌락) : 村(마을 촌) = 落(마을 락)

充實(충실) : 充(채울 충) = 實(열매 실)

太初(태초) : 太(클/처음 태) = 初(처음 초)

土地(토지) : 土(흙 토) = 地(따/땅 지)

敗亡(패망) : 敗(패할 패) = 亡(망할 망)

便利(편리) : 便(편할 편) = 利(이할 리)

表示(표시) : 表(겉 표) = 示(보일 시)

河川(하천) : 河(물/강 하) = 川(내 천)

河海(하해) : 河(물/강 하) = 海(바다 해)

寒冷(한랭) : 寒(찰 한) = 冷(찰 랭)

合同(합동) : 合(합할 합) = 同(한가지 동)

海洋(해양) : 海(바다 해) = 洋(큰바다 양)

幸福(행복) : 幸(다행 행) = 福(복 복)

會社(회사) : 會(모일 회) = 社(모일 사)

凶惡(흉악) : 凶(흉할 흉) = 惡(악할 악)

5급 상대자·반대자

江山(강산) : 江(강 강) ↔ 山(메 산)	都農(도농) : 都(도읍 도) ↔ 農(농사 농)
強弱(강약) : 強(강할 강) ↔ 弱(약할 약)	東西(동서) : 東(동녘 동) ↔ 西(서녘 서)
去來(거래) : 去(갈 거) ↔ 來(올 래)	賣買(매매) : 賣(팔 매) ↔ 買(살 매)
輕重(경중) : 輕(가벼울 경) ↔ 重(무거울 중)	名實(명실) : 名(이름 명) ↔ 實(열매 실)
古今(고금) : 古(예 고) ↔ 今(이제 금)	問答(문답) : 問(물을 문) ↔ 答(대답 답)
苦樂(고락) : 苦(쓸/괴로울고) ↔ 樂(즐길 락)	物心(물심) : 物(물건 물) ↔ 心(마음 심) *물질적 *정신적
曲直(곡직) : 曲(굽을 곡) ↔ 直(곧을 직)	發着(발착) : 發(필/떠날 발) ↔ 着(붙을/닿을 착)
功過(공과) : 功(공 공) ↔ 過(지날/허물과)	本末(본말) : 本(근본 본) ↔ 末(끝 말)
敎學(교학) : 敎(가르칠 교) ↔ 學(배울 학)	父子(부자) : 父(아비 부) ↔ 子(아들 자)
吉凶(길흉) : 吉(길할 길) ↔ 凶(흉할 흉)	氷炭(빙탄) : 氷(얼음 빙) ↔ 炭(숯 탄)
男女(남녀) : 男(사내 남) ↔ 女(계집 녀)	死活(사활) : 死(죽을 사) ↔ 活(살 활)
南北(남북) : 南(남녘 남) ↔ 北(북녘 북)	山水(산수) : 山(메 산) ↔ 水(물 수)
內外(내외) : 內(안 내) ↔ 外(바깥 외)	山川(산천) : 山(메 산) ↔ 川(내 천)
勞使(노사) : 勞(일할 로) ↔ 使(부릴 사) *노동자 *사용자	山河(산하) : 山(메 산) ↔ 河(물/강 하)
老少(노소) : 老(늙을 로) ↔ 少(젊을 소)	山海(산해) : 山(메 산) ↔ 海(바다 해)
多少(다소) : 多(많을 다) ↔ 少(적을 소)	上下(상하) : 上(윗 상) ↔ 下(아래 하)
當落(당락) : 當(마땅 당) ↔ 落(떨어질 락)	善惡(선악) : 善(착할 선) ↔ 惡(악할 악)
大小(대소) : 大(큰 대) ↔ 小(작을 소)	先後(선후) : 先(먼저 선) ↔ 後(뒤 후)

成敗(성패) : 成(이룰 성) ↔ 敗(패할 패)

自他(자타) : 自(스스로 자) ↔ 他(다를 타)

手足(수족) : 手(손 수) ↔ 足(발 족)

昨今(작금) : 昨(어제 작) ↔ 今(이제 금)

水火(수화) : 水(물 수) ↔ 火(불 화)

長短(장단) : 長(긴 장) ↔ 短(짧을 단)

勝敗(승패) : 勝(이길 승) ↔ 敗(패할 패)

前後(전후) : 前(앞 전) ↔ 後(뒤 후)

始終(시종) : 始(비로소 시) ↔ 終(마칠 종)

朝夕(조석) : 朝(아침 조) ↔ 夕(저녁 석)

新舊(신구) : 新(새 신) ↔ 舊(예 구)

祖孫(조손) : 祖(할아비 조) ↔ 孫(손자 손)

心身(심신) : 心(마음 심) ↔ 身(몸 신)

朝野(조야) : 朝(아침 조) ↔ 野(들 야)
　　　　　　　*조정　　　　　　　*민간

愛惡(애오) : 愛(사랑 애) ↔ 惡(미워할 오)

左右(좌우) : 左(왼 좌) ↔ 右(오른 우)

言行(언행) : 言(말씀 언) ↔ 行(다닐 행)

主客(주객) : 主(주인 주) ↔ 客(손 객)

溫冷(온랭) : 溫(따뜻할 온) ↔ 冷(찰 랭)

晝夜(주야) : 晝(낮 주) ↔ 夜(밤 야)

遠近(원근) : 遠(멀 원) ↔ 近(가까울 근)

着發(착발) : 着(붙을/닿을 착) ↔ 發(필/떠날 발)

有無(유무) : 有(있을 유) ↔ 無(없을 무)

天地(천지) : 天(하늘 천) ↔ 地(땅 지)

陸海(육해) : 陸(뭍 륙) ↔ 海(바다 해)

春秋(춘추) : 春(봄 춘) ↔ 秋(가을 추)

利害(이해) : 利(이할 리) ↔ 害(해할 해)

出入(출입) : 出(날 출) ↔ 入(들 입)

因果(인과) : 因(인할 인) ↔ 果(실과/결과 과)

兄弟(형제) : 兄(형 형) ↔ 弟(아우 제)

日月(일월) : 日(날/해 일) ↔ 月(달 월)

黑白(흑백) : 黑(검을 흑) ↔ 白(흰 백)

子女(자녀) : 子(아들 자) ↔ 女(계집 녀)

5급 읽기 어려운 한자

1 두음 법칙(頭音法則) : 우리말에서, 단어의 첫소리에 어떤 소리가 오는 것을 꺼리는 현상.

※ 한자음 '녀, 뇨, 뉴, 니'가 단어 첫머리에 올 때는 두음 법칙에 따라 '여, 요, 유, 이'로 씀.

女(계집 녀)	女子(여자)	年(해 년)	年金(연금)	念(생각 념)	念願(염원)

※ 한자음 '라, 래, 로, 뢰, 루, 르'가 단어 첫머리에 올 때는 두음 법칙에 따라 '나, 내, 노, 뇌, 누, 느'로 씀.

落(떨어질 락)	落葉(낙엽)	來(올 래)	來日(내일)	老(늙을 로)	老人(노인)
樂(즐길 락)	樂園(낙원)	冷(찰 랭)	冷待(냉대)	路(길 로)	路線(노선)
朗(밝을 랑)	朗讀(낭독)	勞(일할 로)	勞苦(노고)	綠(푸를 록)	綠色(녹색)

※ 한자음 '랴, 려, 례, 료, 류, 리'가 단어 첫머리에 올 때는 두음 법칙에 따라 '야, 여, 예, 요, 유, 이'로 씀.

旅(나그네 려)	旅行(여행)	令(하여금 령)	令孫(영손)	料(헤아릴 료)	料金(요금)
力(힘 력)	力道(역도)	領(거느릴 령)	領空(영공)	流(흐를 류)	流行(유행)
歷(지날 력)	歷代(역대)	例(법식 례)	例示(예시)	類(무리 류)	類別(유별)
練(익힐 련)	練習(연습)	禮(예도 례)	禮物(예물)	陸(뭍 륙)	陸軍(육군)
利(이할 리)	利害(이해)	理(다스릴 리)	理致(이치)	林(수풀 림)	林山(임산)
李(오얏 리)	李朝(이조)	里(마을 리)	里長(이장)	立(설 립)	立法(입법)

② 동자이음어(同字異音語)

車 수레 차 : 車道(차도)
　 수레 거 : 人力車(인력거)

金 쇠 　금 : 金賞(금상)
　 성 　김 : 金氏(김씨)

度 법도 도 : 速度(속도)
　 헤아릴 탁 : 度地(탁지)

讀 읽을 독 : 讀書(독서)
　 구절 두 : 句讀(구두)

北 북녘 북 : 北海(북해)
　 달아날 배 : 敗北(패배)

樂 즐길 락 : 安樂(안락)
　 노래 악 : 音樂(음악)
　 좋아할 요 : 樂山(요산)

不 아닐 불 : 不敗(불패)
　 아닐 부 : 不動(부동)
※ '不'은 'ㄷ·ㅈ' 앞에서는 '부'로 발음함.

省 살필 성 : 反省(반성)
　 덜 　생 : 省略(생략)

識 알 　식 : 知識(지식)
　 기록할 지 : 標識(표지)

惡 악할 악 : 善惡(선악)
　 미워할 오 : 惡寒(오한)

切 끊을 절 : 切望(절망)
　 온통 체 : 一切(일체)

參 참여할 참 : 參席(참석)
　 석 　삼 : 參萬(삼만)

便 편할 편 : 便安(편안)
　 똥오줌 변 : 便所(변소)

畫 그림 화 : 畫家(화가)
　 그을 획 : 畫順(획순)

5급 약자 · 속자

본자	약자	뜻	음	급수
價	価	값	가	5급
擧	拳	들	거	5급
輕	軽	가벼울	경	5급
關	関	관계할	관	5급
觀	観	볼	관	5급
廣	広	넓을	광	5급
敎	教	가르칠	교	8급
區	区	구분할	구	6급
舊	旧	예	구	5급
國	国	나라	국	8급
氣	気	기운	기	7급
團	団	둥글	단	5급
當	当	마땅	당	5급
對	対	대할	대	6급
圖	図	그림	도	6급
獨	独	홀로	독	5급
讀	読	읽을	독	6급

본자	약자	뜻	음	급수
樂	楽	즐길	락	6급
來	来	올	래	7급
禮	礼(礼)	예도	례	6급
勞	労	일할	로	5급
萬	万	일만	만	8급
賣	売	팔	매	5급
無	无	없을	무	5급
發	発	필	발	6급
變	変	변할	변	5급
寫	写	베낄	사	5급
船	舩	배	선	5급
數	数	셈	수	7급
實	実	열매	실	5급
兒	児	아이	아	5급
惡	悪	악할	악	5급
藥	薬	약	약	6급
溫	温	따뜻할	온	6급

본자	약자	뜻	음	급수
遠	遠	멀	원	6급
醫	医	의원	의	6급
爭	争	다툴	쟁	5급
傳	伝	전할	전	5급
戰	戦	싸움	전	6급
定	㝎	정할	정	6급
卒	卆	마칠	졸	5급
晝	昼	낮	주	6급
質	質	바탕	질	5급
參	参	참여할	참	5급
鐵	鉄	쇠	철	5급
體	体	몸	체	6급
學	学	배울	학	8급
號	号	이름	호	6급
畫	画	그림	화	6급
會	会	모일	회	6급

價格 (가격)	물건이 지니고 있는 가치를 돈으로 나타낸 것.
可能 (가능)	할 수 있거나 될 수 있음.
可望 (가망)	가능성 있는 희망.
加速 (가속)	속도를 더함.
各別 (각별)	종류가 다름. 특별함.
間食 (간식)	군음식을 먹음, 또는 그 음식.
感情 (감정)	어떤 현상이나 일에 대한 마음이나 느끼는 기분.
強要 (강요)	강제로 요구함.
改良 (개량)	나쁜 점을 보완하여 더 좋게 고침.
開放 (개방)	문 같은 것을 열어 놓음. 숨김없이 터놓음.
改善 (개선)	좋게 고침.
開始 (개시)	처음으로 시작함.
開場 (개장)	어떤 장소를 공개함.
改正 (개정)	주로 문서의 내용 따위를 고쳐 바르게 함.
開化 (개화)	사람의 지혜가 열리고 사상과 풍속이 진보함.
客地 (객지)	자기 집을 떠나 임시로 있는 곳.
擧手 (거수)	손을 위로 들어올림.
建物 (건물)	사람이 들어 살거나, 일을 하거나, 물건을 넣어 두기 위한 집.
格式 (격식)	격에 맞는 법식.
見聞 (견문)	보고 들음.
見本 (견본)	전체 상품의 품질, 효용 등을 알리기 위한 소량의 본보기 상품.
結末 (결말)	일을 맺는 끝. 끝장.
決心 (결심)	할 일에 대하여 분명하게 정함.
決定 (결정)	행동이나 태도를 분명하게 정함.

結束 (결속)	덩이가 되게 묶음. 뜻이 같은 사람이 서로 결합함.
景氣 (경기)	매매나 거래에 나타나는 호황과 불황 따위의 경제 활동 상태.
輕量 (경량)	가벼운 무게.
敬語 (경어)	공경하는 뜻을 나타내는 말. 높임말.
競爭 (경쟁)	같은 목적에 관하여 서로 겨루어 다툼.
告發 (고발)	피해자가 아닌 사람이 범죄 사실을 신고하는 일.
考案 (고안)	연구하여 새로운 안을 생각해 냄.
固定 (고정)	일정한 곳에 있어 움직이지 않음.
固體 (고체)	일정한 모양과 부피가 있으며 쉽게 변형되지 않는 물질의 상태.
曲調 (곡조)	음악이나 가사의 가락.
空間 (공간)	모든 방향으로 퍼져 있는 빈 곳. 건물에 쓰지 않는 빈 곳.
過勞 (과로)	지나치게 일하여 고달픔.
過速 (과속)	일정한 표준에서 지나친 속도.
課題 (과제)	부과된 문제. 제목.
觀望 (관망)	한발 물러나서 형세를 바라봄.
關心 (관심)	마음에 두고 잊지 아니함. 마음에 끌림.
廣告 (광고)	세상에 널리 알림.
廣大 (광대)	크고 넓음.
廣野 (광야)	텅 비고 아득히 넓은 들.
救急 (구급)	위급한 상황에서 구하여 냄.
救命 (구명)	사람의 목숨을 구함.
區分 (구분)	따로 따로 갈라 나눔.
舊習 (구습)	옛날 습관. 예부터 내려오는 낡은 습관.
九重 (구중)	아홉 겹. 구중궁궐.

局面 (국면)	어떤 일이 벌어진 장면이나 형편.
貴下 (귀하)	상대편을 높여 이름 다음에 붙여 쓰거나 상대를 높여 쓰는 인칭 대명사.
規約 (규약)	서로 지키도록 협의하여 정해 놓은 규칙.
期間 (기간)	어느 일정한 시기부터 다른 일정한 시기까지의 사이.
基金 (기금)	어떤 목적을 위하여 모아서 준비해 놓은 자금.
汽船 (기선)	증기력으로 추진, 운행하는 배.
吉運 (길운)	좋은 운수.
吉日 (길일)	운이 좋거나 상서로운 날.

落島 (낙도)	육지에서 멀리 떨어진 외딴섬.
落下 (낙하)	높은 데서 낮은 데로 떨어짐.
朗讀 (낭독)	소리 내어 읽음.
冷待 (냉대)	푸대접. 차갑게 대접함.
冷水 (냉수)	차가운 물.
勞苦 (노고)	힘들여 수고하고 애씀.
勞使 (노사)	노동자와 사용자.
綠地 (녹지)	초목이 푸르게 자란 땅.

多福 (다복)	복이 많음.
團結 (단결)	많은 사람이 마음과 힘을 한 데 뭉침.
短命 (단명)	명이 짧음.
團束 (단속)	주의를 기울여 단단히 다잡거나 보살핌.
當面 (당면)	일이 눈앞에 당함.
當番 (당번)	번 드는 차례에 당함.
對談 (대담)	마주 대하고 말함.

德談 (덕담)	잘 되기를 비는 말.
德性 (덕성)	어질고 너그러운 성질.
都賣 (도매)	물건을 낱개로 팔지 않고 모개로 파는 것.
都心 (도심)	도회의 중심.
圖案 (도안)	장식에 쓰이는 의장이나 생각을 설계 표현한 그림.
圖表 (도표)	그림과 표.
讀者 (독자)	책, 신문 등 출판물을 읽는 사람.
洞里 (동리)	마을.
頭角 (두각)	여럿 중에서 특히 뛰어난 학식.
等級 (등급)	높고 낮음의 차이를 여러 층으로 구분한 단계.
登記 (등기)	민법상의 권리나 사실의 존재를 공시하기 위해 일정 사항을 등기부에 기재하는 일.

萬能 (만능)	모든 일에 다 능통함.
末期 (말기)	정해진 기간이나 일의 끝 무렵.
亡身 (망신)	자기의 지위, 명예, 체면 따위를 망침.
每事 (매사)	일마다. 모든 일.
賣買 (매매)	물건을 팔고 사는 일.
賣店 (매점)	어떤 기관이나 단체 안에서 물건을 파는 작은 가게.
面談 (면담)	서로 만나서 이야기함.
名馬 (명마)	이름난 말.
名物 (명물)	유명한 사물. 그 지방의 특유의 이름난 물건.
無能 (무능)	능력이나 재능이 없음.
無形 (무형)	형상이나 형체가 없음.
物品 (물품)	쓸만한 값어치가 있는 물건.
米飮 (미음)	쌀 등을 끓여 체에 거른 음식.
民間 (민간)	일반 백성들 사이.

發育 (발육) →	발달하여 크게 자람.
放心 (방심) →	마음을 다잡지 않고 놓아 버림. 정신을 차리지 않음.
方位 (방위) →	어떤 방향의 위치.
放任 (방임) →	간섭하지 아니하고 내버려 둠.
倍加 (배가) →	갑절로 늘어남.
法規 (법규) →	법률과 규칙.
變質 (변질) →	성질이 달라지거나 물질의 질이 변함.
變化 (변화) →	사물의 모양·성질·상태 등이 달라짐.
兵法 (병법) →	군사를 지휘하여 전쟁하는 방법.
病患 (병환) →	병의 높임말.
福利 (복리) →	행복과 이익을 아울러 이르는 말.
本店 (본점) →	영업의 본거지가 되는 점포.
奉養 (봉양) →	부모나 조부모와 같은 웃어른을 받들어 모심.
奉祝 (봉축) →	공경하는 마음으로 축하함.
分家 (분가) →	가족의 일부가 딴 집에 나가 딴 살림을 차림.
不良 (불량) →	행실이나 성품이 나쁨.
費用 (비용) →	물건을 사거나 어떤 일을 하는 데 드는 돈.
比重 (비중) →	다른 것과 비교할 때 차지하는 중요도.
氷上 (빙상) →	얼음판의 위.
氷板 (빙판) →	얼음이 깔린 길바닥.
思考 (사고) →	생각하고 궁리함.
士氣 (사기) →	선비의 꿋꿋한 기개.
士大夫 (사대부) →	문벌이 높은 사람.

史料 (사료) →	역사 연구에 필요한 문헌이나 유물, 기록, 건축 등을 이름.
死別 (사별) →	죽어서 이별함.
寫生 (사생) →	실물이나 실경을 꼭 그대로 그림.
査定 (사정) →	조사하거나 심사하여 결정함.
死活 (사활) →	죽느냐 사느냐의 갈림.
産母 (산모) →	아기를 갓 낳은 여자.
産地 (산지) →	산출지.
相談 (상담) →	문제를 해결하거나 궁금증을 풀기 위하여 서로 의논함.
上流 (상류) →	물의 근원이 되는 곳.
相反 (상반) →	서로 어긋남. 서로 반대됨.
商船 (상선) →	상업상 목적에 쓰이는 선박.
商業 (상업) →	상품을 사고파는 행위를 통하여 이익을 얻는 일.
相通 (상통) →	서로 막힘없이 길이 트임. 서로 마음과 뜻이 통함.
商品 (상품) →	팔고 사는 물품.
賞品 (상품) →	상으로 주는 물건.
生界 (생계) →	살아나갈 방도.
書信 (서신) →	편지로 전하는 소식.
善良 (선량) →	행실이나 성질이 착함.
線路 (선로) →	열차나 전차의 바퀴가 굴러가는 레일 길. 궤도.
鮮明 (선명) →	산뜻하고 밝음. 조촐하고 깨끗함.
選別 (선별) →	가려서 따로 나눔.
善行 (선행) →	착하고 어진 행실.
雪景 (설경) →	눈 내리는 경치. 눈이 쌓인 경치.
說敎 (설교) →	다른 사람이 수긍하도록 타일러서 가르침.
成果 (성과) →	이루어진 결과.
性急 (성급) →	성미가 팔팔하고 급함.
洗手 (세수) →	손이나 얼굴을 씻음.

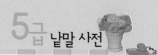

歲月 (세월)	흘러가는 시간.
速度 (속도)	빠른 정도. 운동 물체가 단위 시간에 통과하는 거리.
速成 (속성)	빨리 이룸.
首都 (수도)	한 나라의 중앙 정부가 있는 도시.
首席 (수석)	맨 윗자리. 성적 따위의 제1위.
宿所 (숙소)	집을 떠난 사람이 임시로 묵는 곳.
宿題 (숙제)	미리 내주어 해오게 하거나 해결하게 하는 문제.
宿患 (숙환)	오래 묵은 병.
順理 (순리)	순한 이치나 도리.
順産 (순산)	산모가 아무 탈없이 순조롭게 아이를 낳음.
習字 (습자)	글자 쓰기를 익힘.
勝利 (승리)	겨루어 이김.
時價 (시가)	어느 일정한 시기의 물건 값.
始終 (시종)	처음과 끝.
識別 (식별)	분별하여 알아봄.
食費 (식비)	식사의 비용. 식대.
食飮 (식음)	먹고 마심.
信念 (신념)	굳게 믿는 마음.
神童 (신동)	재주와 슬기가 남달리 뛰어난 아이.
信奉 (신봉)	믿고 받듦.
實技 (실기)	실제의 기능이나 기술.
實事 (실사)	사실로 있는 일.
實習 (실습)	실제로 해보고 익힘.
實用 (실용)	실제로 씀.
惡德 (악덕)	도덕에 어긋나는 나쁜 마음이나 나쁜 짓.
案件 (안건)	토의하거나 조사해야 할 사실.

案內 (안내)	어떤 내용을 소개하여 알려줌.
夜景 (야경)	밤의 경치.
約數 (약수)	어떤 수나 식을 묶을 수 있는 수, 또는 식.
藥效 (약효)	약의 효험.
良識 (양식)	뛰어난 식견이나 건전한 판단.
養成 (양성)	길러 냄.
量産 (양산)	많이 만들어 냄.
陽地 (양지)	볕이 바로 드는 땅.
魚物 (어물)	물고기. 가공하여 말린 해산물.
漁業 (어업)	물고기, 조개 등을 잡거나 기르는 산업.
旅費 (여비)	여행 비용. 노자.
旅行 (여행)	볼일이나 유람의 목적으로 다른 고장이나 외국에 가는 일.
歷史 (역사)	인류 사회의 과거에 있어서의 변천, 흥망의 기록.
熱氣 (열기)	뜨거운 기운.
念頭 (염두)	생각의 시초. 마음속.
領空 (영공)	영토나 영해 위의 하늘.
英雄 (영웅)	지력과 재능, 담력 등에 뛰어나서 대업을 성취하는 사람.
例文 (예문)	예로서 드는 문장.
禮物 (예물)	사례의 뜻으로 주는 물건.
完結 (완결)	완전하게 끝맺음.
完工 (완공)	공사를 완성함.
外界 (외계)	바깥 세계.
要件 (요건)	필요한 조건.
要因 (요인)	사물, 사건의 성립 또는 발현에 직접적인 원인이 되는 요소.
勇兵 (용병)	용감한 병사.
友愛 (우애)	형제 사이의 정.
雨期 (우기)	일 년 중 비가 많이 오는 시기.
牛黃 (우황)	소의 쓸개에 병적으로 뭉친 물건.

雲集 (운집) •• 구름처럼 많이 모임.

雲海 (운해) •• 구름이 덮인 바다.

原理 (원리) •• 사물의 근본이 되는 이치.

願書 (원서) •• 청원하는 뜻을 기록한 서면.

元首 (원수) •• 국가의 최고 통치권을 가진 사람. 곧, 임금 또는 대통령.

原始 (원시) •• 처음. 시초. 자연 그대로 사람의 손이 가해지지 않음.

遠洋 (원양) •• 육지에서 멀리 떨어진 넓은 바다.

原油 (원유) •• 유전에서 퍼낸 그대로, 정제되지 않은 석유.

元祖 (원조) •• 첫 대의 조상. 어떤 일을 시작한 사람.

有利 (유리) •• 이익이 있음.

流行 (유행) •• 옷, 화장, 사상 등의 양식이 일시적으로 널리 퍼지는 현상.

六書 (육서) •• 한자의 구조 및 사용에 관한 여섯 가지의 구별 명칭. 곧 상형(象形), 지사(指事), 회의(會意), 형성(形聲), 전주(轉注), 가차(假借).

陸地 (육지) •• 땅.

偉人 (위인) •• 뛰어나고 훌륭한 사람.

銀河水 (은하수) •• 밤하늘의 은하계를 강에 비유한 말.

音質 (음질) •• 음의 좋고 나쁜 상태.

以內 (이내) •• 일정한 범위나 한도의 안.

耳順 (이순) •• 어떤 말을 들어도 귀에 거슬리지 않는 나이인 예순을 일컬음.

因習 (인습) •• 이전부터 전하여 내려오는 습관.

任期 (임기) •• 임무를 맡아 보는 일정한 기간.

林野 (임야) •• 삼림과 원야.

入場 (입장) •• 장내로 들어감.

子午線 (자오선) •• 어떤 지점에서 정북과 정남을 통해 천구(天球)에 상상으로 이은 선. 시각의 기준이 됨.

作成 (작성) •• 만들어 이룸.

昨夜 (작야) •• 어젯밤.

長成 (장성) •• 자라서 어른이 됨.

長點 (장점) •• 좋은 점. 보다 뛰어난 점.

再考 (재고) •• 다시 생각함. 고쳐 생각함.

財物 (재물) •• 돈이나 그 밖의 값 나가는 모든 물건.

在野 (재야) •• 벼슬길에 오르지 않고 민간에 있음.

再唱 (재창) •• 다시 노래를 부름.

災害 (재해) •• 재앙으로 인하여 받은 피해.

貯金 (저금) •• 돈을 모아 둠.

赤色 (적색) •• 짙은 붉은 색.

傳記 (전기) •• 전하여 듣고 기록함.

展望 (전망) •• 멀리 바라봄.

戰術 (전술) •• 전쟁의 방법.

展示 (전시) •• 펴서 봄. 또는 보임.

全集 (전집) •• 한 사람, 또는 같은 종류나 시대의 저작을 모은 출판물.

切望 (절망) •• 간절히 바람.

節電 (절전) •• 전기를 아껴 씀.

停電 (정전) •• 전기가 한때 끊어짐.

定着 (정착) •• 한 곳에 자리 잡아 떠나지 않음.

操心 (조심) •• 잘못이나 실수가 없도록 말이나 행동에 마음을 씀.

調和 (조화) •• 이것저것을 서로 잘 어울리게 함.

族長 (족장) •• 한 부족의 우두머리.

卒業 (졸업) •• 규정된 교과, 학과 과정을 마침.

終結 (종결) •• 일을 끝냄.

種目 (종목) •• 여러 가지 종류에 따라 나눈 항목.

種別 (종별) •• 종류에 따라 나눔.

左手 (좌수) •• 왼손.

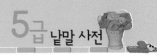

罪惡 (죄악) ··· 중죄가 될 만한 악행.

罪責 (죄책) ··· 잘못을 저지른 데 대한 책임.

晝間 (주간) ··· 낮. 낮 동안.

週間 (주간) ··· 월요일부터 일요일까지 한 주일 동안.

知己 (지기) ··· 자기의 속마음을 참되게 알아주는 친구.

紙物 (지물) ··· 종이의 총칭.

直結 (직결) ··· 직접적인 연결.

質問 (질문) ··· 모르거나 의심나는 점을 물음.

質朴 (질박) ··· 꾸민 데가 없이 수수함.

着工 (착공) ··· 공사를 시작함.

着服 (착복) ··· 옷을 입음. 남의 금품을 부당하게 자기 것으로 함.

參觀 (참관) ··· 어떤 자리에 직접 나아가서 봄.

唱歌 (창가) ··· 곡조에 맞추어 노래를 부름.

責望 (책망) ··· 허물을 들어 꾸짖음.

責任 (책임) ··· 맡아서 해야 할 임무나 의무.

天氣 (천기) ··· 하늘에 나타난 조짐.

天才 (천재) ··· 선천적으로 타고난 재주, 또는 그런 재능을 가진 사람.

鐵板 (철판) ··· 쇠를 얄팍하게 늘여 만든 판.

鐵則 (철칙) ··· 변경하거나 어길 수 없는 굳은 규칙.

體面 (체면) ··· 남을 대하기에 떳떳한 도리나 얼굴.

體重 (체중) ··· 몸무게.

初級 (초급) ··· 맨 처음 또는 최저의 등급이나 단계.

草原 (초원) ··· 풀이 난 들.

最高 (최고) ··· 가장 높음. 가장 나음.

最上 (최상) ··· 맨 위.

祝歌 (축가) ··· 축하의 뜻을 담은 노래.

出仕 (출사) ··· 벼슬하여 관아에 나아감.

出席 (출석) ··· 어떤 모임에 나가 참여함.

出他 (출타) ··· 집에 있지 않고 다른 곳에 나감.

充當 (충당) ··· 모자라는 것을 채워 메움.

致命 (치명) ··· 죽을 지경에 이름.

致死 (치사) ··· 죽음에 이르게 함.

親善 (친선) ··· 친하여 사이가 좋음.

親庭 (친정) ··· 시집간 여자의 본집.

他國 (타국) ··· 자기 나라가 아닌 남의 나라.

他人 (타인) ··· 다른 사람.

打算 (타산) ··· 이해 관계를 따져 셈하여 봄.

打作 (타작) ··· 곡식의 이삭을 떨어 알곡을 거두는 일.

卓見 (탁견) ··· 두드러진 의견이나 견해.

宅地 (택지) ··· 집터.

通院 (통원) ··· 병원 등에 치료 받으러 다님.

特技 (특기) ··· 특별한 기능.

特命 (특명) ··· 특별한 명령.

敗北 (패배) ··· 싸움에서 짐.

敗色 (패색) ··· 싸움에 질 기미.

表示 (표시) ··· 겉으로 드러내 보임.

品貴 (품귀) ··· 물건을 구하기 어려움.

品種 (품종) ··· 물품의 종류.

必讀 (필독) ··· 반드시 읽어야 함.

必勝 (필승) ··· 반드시 이김.

筆記 (필기) ··· 글씨를 씀.

筆順 (필순) ··· 글씨를 쓸 때의 획의 순서.

河口 (하구) ·· 강의 어귀.

寒氣 (한기) ·· 추운 기운.

寒害 (한해) ·· 추위로 입는 피해.

合格 (합격) ·· 어떤 조건, 격식에 적합함. 자격 시험에 급제함.

合宿 (합숙) ·· 여럿이 한 곳에서 먹고 자며 지냄.

海流 (해류) ·· 일정 방향을 거의 일정 속도로 이동하는 바닷물의 흐름.

害惡 (해악) ·· 해로움과 악함을 아울러 이르는 말.

現金 (현금) ·· 현재 가지고 있는 돈. 통용하는 화폐.

形局 (형국) ·· 형세와 국면.

形式 (형식) ·· 겉모습. 격식.

形質 (형질) ·· 형태와 성질. 생긴 모양과 그 바탕.

火急 (화급) ·· 매우 급함.

化身 (화신) ·· 어떤 추상적인 특질이 구체화 된 것.

花園 (화원) ·· 꽃을 심은 동산.

患苦 (환고) ·· 근심 때문에 생기는 고통.

患部 (환부) ·· 병이나 상처가 난 자리.

效能 (효능) ·· 효험을 나타내는 능력.

效用 (효용) ·· 효험. 용도.

凶惡 (흉악) ·· 성질이 악하고 고약함.

凶作 (흉작) ·· 농작물의 소출이 적음.

黑心 (흑심) ·· 음흉하고 부정한, 욕심 많은 마음. 검은 마음.

黑字 (흑자) ·· 수입이 지출보다 많아 잉여 이익이 생기는 일.

8급 배정 한자

教 (가르칠 교)	白 (흰 백)	二 (두 이)
校 (학교 교)	父 (아비 부)	人 (사람 인)
九 (아홉 구)	北 (북녘 북)	日 (날 일)
國 (나라 국)	四 (넉 사)	一 (한 일)
軍 (군사 군)	山 (메 산)	長 (긴 장)
金 (쇠 금)	三 (석 삼)	弟 (아우 제)
南 (남녘 남)	生 (날 생)	中 (가운데 중)
女 (계집 녀)	西 (서녘 서)	青 (푸를 청)
年 (해 년)	先 (먼저 선)	寸 (마디 촌)
大 (큰 대)	小 (작을 소)	七 (일곱 칠)
東 (동녘 동)	水 (물 수)	土 (흙 토)
六 (여섯 륙)	室 (집 실)	八 (여덟 팔)
萬 (일만 만)	十 (열 십)	學 (배울 학)
母 (어미 모)	五 (다섯 오)	韓 (한국 한)
木 (나무 목)	王 (임금 왕)	兄 (형 형)
門 (문 문)	外 (바깥 외)	火 (불 화)
民 (백성 민)	月 (달 월)	

男 (사내 남)	子 (아들 자)	上 (위 상)
下 (아래 하)	口 (입 구)	

7급 배정 한자

歌(노래 가)	同(한가지 동)	山(메 산)	外(바깥 외)	直(곧을 직)
家(집 가)	登(오를 등)	算(셈 산)	右(오른 우)	川(내 천)
間(사이 간)	來(올 래)	三(석 삼)	月(달 월)	千(일천 천)
江(강 강)	力(힘 력)	上(윗 상)	有(있을 유)	天(하늘 천)
車(수레 거)	老(늙을 로)	色(빛 색)	育(기를 육)	靑(푸를 청)
空(빌 공)	六(여섯 륙)	生(날 생)	邑(고을 읍)	草(풀 초)
工(장인 공)	里(마을 리)	西(서녘 서)	二(두 이)	寸(마디 촌)
敎(가르칠 교)	林(수풀 림)	夕(저녁 석)	人(사람 인)	村(마을 촌)
校(학교 교)	立(설 립)	先(먼저 선)	日(날 일)	秋(가을 추)
九(아홉 구)	萬(일만 만)	姓(성 성)	一(한 일)	春(봄 춘)
口(입 구)	每(매양 매)	世(인간 세)	入(들 입)	出(날 출)
國(나라 국)	面(낯 면)	所(바 소)	字(글자 자)	七(일곱 칠)
軍(군사 군)	命(목숨 명)	小(작을 소)	自(스스로 자)	土(흙 토)
金(쇠 금)	名(이름 명)	少(적을 소)	子(아들 자)	八(여덟 팔)
記(기록할 기)	母(어미 모)	水(물 수)	長(긴 장)	便(편할 편)
旗(기 기)	木(나무 목)	數(셈 수)	場(마당 장)	平(평평할 평)
氣(기운 기)	文(글월 문)	手(손 수)	電(번개 전)	下(아래 하)
南(남녘 남)	門(문 문)	時(때 시)	前(앞 전)	夏(여름 하)
男(사내 남)	問(물을 문)	市(저자 시)	全(온전 전)	學(배울 학)
內(안 내)	物(물건 물)	食(밥 식)	正(바를 정)	韓(한국 한)
女(계집 녀)	民(백성 민)	植(심을 식)	弟(아우 제)	漢(한수 한)
年(해 년)	方(모 방)	室(집 실)	祖(할아비 조)	海(바다 해)
農(농사 농)	百(일백 백)	心(마음 심)	足(발 족)	兄(형 형)
答(대답 답)	白(흰 백)	十(열 십)	左(왼 좌)	話(말씀 화)
大(큰 대)	夫(사나이 부)	安(편안 안)	住(살 주)	火(불 화)
道(길 도)	父(아비 부)	語(말씀 어)	主(주인 주)	活(살 활)
冬(겨울 동)	北(북녘 북)	然(그럴 연)	中(가운데 중)	花(꽃 화)
洞(골 동)	不(아닐 불)	午(낮 오)	重(무거울 중)	孝(효도 효)
東(동녘 동)	四(넉 사)	五(다섯 오)	地(땅 지)	後(뒤 후)
動(움직일 동)	事(일 사)	王(임금 왕)	紙(종이 지)	休(쉴 휴)

犬(개 견)	馬(말 마)	牛(소 우)	羊(양 양)	魚(물고기 어)
己(몸 기)	玉(구슬 옥)	石(돌 석)	耳(귀 이)	目(눈 목)

6급 배정 한자

어문회

ㄱ	歌	家	各	角	間	感	江	強
	노래 가	집 가	각각 각	뿔 각	사이 간	느낄 감	강 강	강할 강
開	車	京	計	界	高	苦	古	功
열 개	수레 거/차	서울 경	셀 계	지경 계	높을 고	쓸 고	예 고	공 공
公	空	工	共	科	果	光	敎	交
공평할 공	빌 공	장인 공	한가지 공	과목 과	실과 과	빛 광	가르칠 교	사귈 교
校	球	區	九	口	國	軍	郡	近
학교 교	공 구	구분할 구	아홉 구	입 구	나라 국	군사 군	고을 군	가까울 근
根	金	今	急	級	旗	記	氣	ㄴ
뿌리 근	쇠 금/성 김	이제 금	급할 급	등급 급	기 기	기록할 기	기운 기	
南	男	內	女	年	農	ㄷ	多	短
남녘 남	사내 남	안 내	계집 녀	해 년	농사 농		많을 다	짧을 단
答	堂	待	代	對	大	圖	道	度
대답 답	집 당	기다릴 대	대신할 대	대할 대	큰 대	그림 도	길 도	법도 도
讀	冬	洞	東	童	動	同	頭	等
읽을 독	겨울 동	골 동	동녘 동	아이 동	움직일 동	한가지 동	머리 두	무리 등
登	ㄹ	樂	來	力	例	禮	路	老
오를 등		즐길 락/노래 악	올 래	힘 력	법식 례	예도 례	길 로	늙을 로

綠	六	理	里	李	利	林	立	口
푸를 록	여섯 륙	다스릴 리	마을 리	오얏/성 리	이할 리	수풀 림	설 립	
萬	每	面	命	明	名	母	木	目
일만 만	매양 매	낯 면	목숨 명	밝을 명	이름 명	어미 모	나무 목	눈 목
文	聞	門	問	物	米	美	民	日
글월 문	들을 문	문 문	물을 문	물건 물	쌀 미	아름다울 미	백성 민	
朴	班	反	半	發	放	方	百	白
성/소박할박	나눌 반	돌이킬 반	반 반	필 발	놓을 방	모 방	일백 백	흰 백
番	別	病	服	本	部	夫	父	北
차례 번	다를/나눌별	병 병	옷 복	근본 본	떼 부	사나이 부	아비 부	북녘 북
分	不	入	四	社	事	死	使	山
나눌 분	아닐 불		넉 사	모일 사	일 사	죽을 사	하여금/부릴사	메 산
算	三	上	色	生	書	西	石	席
셈 산	석 삼	윗 상	빛 색	날 생	글 서	서녘 서	돌 석	자리 석
夕	先	線	雪	省	姓	成	世	所
저녁 석	먼저 선	줄 선	눈 설	살필성/덜생	성 성	이룰 성	인간 세	바 소
消	小	少	速	孫	樹	水	數	手
사라질 소	작을 소	적을 소	빠를 속	손자 손	나무 수	물 수	셈 수	손 수
術	習	勝	時	始	市	食	式	植
재주 술	익힐 습	이길 승	때 시	비로소 시	저자 시	밥 식	법 식	심을 식

神	身	信	新	失	室	心	十	ㅇ
귀신 신	몸 신	믿을 신	새 신	잃을 실	집 실	마음 심	열 십	
安	愛	野	夜	藥	弱	陽	洋	語
편안 안	사랑 애	들 야	밤 야	약 약	약할 약	볕 양	큰바다 양	말씀 어
言	業	然	永	英	午	五	溫	王
말씀 언	업 업	그럴 연	길 영	꽃부리 영	낮 오	다섯 오	따뜻할 온	임금 왕
外	勇	用	右	運	園	遠	月	油
바깥 외	날랠 용	쓸 용	오른 우	옮길 운	동산 원	멀 원	달 월	기름 유
由	有	育	銀	飮	音	邑	意	衣
말미암을유	있을 유	기를 육	은 은	마실 음	소리 음	고을 읍	뜻 의	옷 의
醫	二	人	日	一	入	ㅈ	字	者
의원 의	두 이	사람 인	날 일	한 일	들 입		글자 자	놈 자
自	子	昨	作	章	長	場	在	才
스스로 자	아들 자	어제 작	지을 작	글 장	긴 장	마당 장	있을 재	재주 재
電	戰	前	全	庭	正	定	弟	題
번개 전	싸움 전	앞 전	온전 전	뜰 정	바를 정	정할 정	아우 제	제목 제
第	朝	祖	族	足	左	晝	注	住
차례 제	아침 조	할아비 조	겨레 족	발 족	왼 좌	낮 주	부을/물댈주	살 주
主	中	重	地	紙	直	集	ㅊ	窓
주인 주	가운데 중	무거울 중	땅 지	종이 지	곧을 직	모을 집		창문 창

川	千	天	淸	靑	體	草	寸	村
내 천	일천 천	하늘 천	맑을 청	푸를 청	몸 체	풀 초	마디 촌	마을 촌
秋	春	出	親	七	ㅌ	太	土	通
가을 추	봄 춘	날 출	친할 친	일곱 칠		클 태	흙 토	통할 통
特	ㅍ	八	便	平	表	風	ㅎ	下
특별할 특		여덟 팔	편할 편	평평할 평	겉 표	바람 풍		아래 하
夏	學	韓	漢	合	海	行	幸	向
여름 하	배울 학	한국 한	한수 한	합할 합	바다 해	다닐 행	다행 행	향할 향
現	形	兄	號	畫	花	話	火	和
나타날 현	모양 형	형 형	이름 호	그림 화	꽃 화	말씀 화	불 화	화할 화
活	黃	會	孝	後	訓	休		
살 활	누를 황	모일 회	효도 효	뒤 후	가르칠 훈	쉴 휴		

犬	馬	牛	羊	魚	玉	己	耳
개 견	말 마	소 우	양 양	물고기 어	구슬 옥	몸 기	귀 이

ㄱ	家 집 가	歌 노래 가	價 값 가	可 옳을 가	加 더할 가	角 뿔 각	各 각각 각	間 사이 간	感 느낄 감	江 강 강
	強 강할 강	開 열 개	改 고칠 개	客 손 객	車 수레 거	擧 들 거	去 갈 거	建 세울 건	件 물건 건	健 굳셀 건	格 격식 격
	見 볼 견	決 결단할 결	結 맺을 결	京 서울 경	敬 공경 경	景 볕 경	輕 가벼울 경	競 다툴 경	界 지경 계	計 셀 계	高 높을 고
	苦 쓸 고	古 예 고	告 고할 고	考 생각할 고	固 굳을 고	曲 굽을 곡	工 장인 공	空 빌 공	公 공평할 공	功 공 공	共 한가지 공
	科 과목 과	果 실과 과	課 공부할 과	過 지날 과	關 관계할 관	觀 볼 관	光 빛 광	廣 넓을 광	校 학교 교	敎 가르칠 교	交 사귈 교
	橋 다리 교	九 아홉 구	口 입 구	球 공 구	區 구분할 구	舊 예 구	具 갖출 구	救 구원할 구	國 나라 국	局 판 국	軍 군사 군
	郡 고을 군	貴 귀할 귀	規 법 규	根 뿌리 근	近 가까울 근	金 쇠 금	今 이제 금	急 급할 급	級 등급 급	給 줄 급	氣 기운 기
	記 기록할 기	旗 기 기	己 몸 기	基 터 기	技 재주 기	汽 물끓는김 기	期 기약할 기	吉 길할 길	ㄴ	南 남녘 남	男 사내 남
	內 안 내	女 계집 녀	年 해 년	念 생각 념	農 농사 농	能 능할 능	ㄷ	多 많을 다	短 짧을 단	團 둥글 단	壇 단 단
	談 말씀 담	答 대답 답	堂 집 당	當 마땅 당	大 큰 대	代 대신할 대	對 대할 대	待 기다릴 대	德 큰 덕	道 길 도	圖 그림 도
	度 법도 도	到 이를 도	島 섬 도	都 도읍 도	讀 읽을 독	獨 홀로 독	東 동녘 동	動 움직일 동	洞 골 동	同 한가지 동	冬 겨울 동
	童 아이 동	頭 머리 두	登 오를 등	等 무리 등	ㄹ	樂 즐길 락	落 떨어질 락	朗 밝을 랑	來 올 래	冷 찰 랭	良 어질 량

量	旅	力	歷	練	領	令	例	禮	老	路
헤아릴량	나그네려	힘 력	지날력	익힐련	거느릴령	하여금령	법식 례	예도 례	늙을로	길 로
勞	綠	料	類	流	六	陸	里	理	利	李
일할로	푸를록	헤아릴료	무리류	흐를류	여섯륙	뭍륙	마을리	다스릴리	이할리	오얏리
林	立	口	馬	萬	末	望	亡	每	賣	買
수풀림	설 립		말 마	일만만	끝 말	바랄망	망할망	매양매	팔 매	살 매
面	名	命	明	母	木	目	無	門	文	問
낯 면	이름명	목숨명	밝을명	어미모	나무목	눈 목	없을무	문 문	글월문	물을문
聞	物	米	美	民	日	朴	反	半	班	發
들을문	물건물	쌀 미	아름다울미	백성민		성 박	돌이킬반	반 반	나눌반	필 발
方	放	倍	白	百	番	法	變	別	病	兵
모 방	놓을방	곱 배	흰 백	일백백	차례번	법 법	변할변	다를별	병 병	병사병
服	福	本	奉	父	夫	部	北	分	不	比
옷 복	복 복	근본본	받들봉	아비부	지아비부	떼 부	북녘북	나눌분	아닐불	견줄비
鼻	費	氷	入	四	事	社	使	死	仕	士
코비	쓸 비	얼음빙		넉 사	일 사	모일사	하여금사	죽을사	섬길사	선비사
史	思	寫	查	山	算	産	三	上	相	商
사기사	생각사	베낄사	조사할사	메 산	셈 산	낳을산	석 삼	윗 상	서로상	장사상
賞	色	生	西	書	序	夕	石	席	先	線
상줄상	빛 색	날 생	서녘서	글 서	차례서	저녁석	돌 석	자리석	먼저선	줄 선
仙	鮮	善	船	選	雪	說	姓	成	省	性
신선선	고울선	착할선	배 선	가릴선	눈 설	말씀설	성 성	이룰성	살필성	성품성
世	歲	洗	小	少	所	消	速	束	孫	水
인간세	해 세	씻을세	작을소	적을소	바 소	사라질소	빠를속	묶을속	손자손	물 수
手	數	樹	首	宿	順	術	習	勝	市	時
손 수	셈 수	나무수	머리수	잘 숙	순할순	재주술	익힐습	이길승	저자시	때 시

始	示	食	植	式	識	信	身	新	神	臣
비로소 시	보일 시	밥 식	심을 식	법 식	알 식	믿을 신	몸 신	새 신	귀신 신	신하 신
室	失	實	心	十	ㅇ	兒	惡	安	案	愛
집 실	잃을 실	열매 실	마음 심	열 십		아이 아	악할 악	편안 안	책상 안	사랑 애
野	夜	弱	藥	約	洋	陽	養	語	魚	漁
들 야	밤 야	약할 약	약 약	맺을 약	큰바다 양	볕 양	기를 양	말씀 어	고기 어	고기잡을 어
億	言	業	然	熱	葉	英	永	五	午	屋
억 억	말씀 언	업 업	그럴 연	더울 열	잎 엽	꽃부리 영	길 영	다섯 오	낮 오	집 옥
溫	完	王	外	要	曜	浴	勇	用	右	雨
따뜻할 온	완전할 완	임금 왕	바깥 외	요긴할 요	빛날 요	목욕할 욕	날랠 용	쓸 용	오른(쪽) 우	비 우
友	牛	運	雲	雄	園	遠	元	願	原	院
벗 우	소 우	옮길 운	구름 운	수컷 웅	동산 원	멀 원	으뜸 원	원할 원	언덕 원	집 원
月	偉	位	有	由	油	育	銀	音	飮	邑
달 월	클 위	자리 위	있을 유	말미암을 유	기름 유	기를 육	은 은	소리 음	마실 음	고을 읍
意	醫	衣	二	以	耳	人	因	一	日	任
뜻 의	의원 의	옷 의	두 이	써 이	귀 이	사람 인	인할 인	한 일	날 일	맡길 임
入	ㅈ	自	子	字	者	昨	作	長	場	章
들 입		스스로 자	아들 자	글자 자	놈 자	어제 작	지을 작	긴 장	마당 장	글 장
才	在	財	材	災	再	爭	貯	的	赤	電
재주 재	있을 재	재물 재	재목 재	재앙 재	두 재	다툴 쟁	쌓을 저	과녁 적	붉을 적	번개 전
全	前	戰	典	傳	展	節	絶	店	正	庭
온전 전	앞 전	싸움 전	법 전	전할 전	펼 전	마디 절	끊을 절	가게 점	바를 정	뜰 정
定	情	停	弟	第	題	祖	朝	調	操	足
정할 정	뜻 정	머무를 정	아우 제	차례 제	제목 제	할아비 조	아침 조	고를 조	잡을 조	발 족
族	卒	種	終	左	罪	主	住	注	晝	週
겨레 족	마칠 졸	씨 종	마칠 종	왼 좌	허물 죄	주인 주	살 주	부을 주	낮 주	주일 주

州	中	重	紙	地	知	止	直	質	集	ㅊ
고을 주	가운데 중	무거울 중	종이 지	땅 지	알 지	그칠 지	곧을 직	바탕 질	모을 집	
着	參	窓	唱	責	川	千	天	鐵	青	清
붙을 착	참여할 참	창 창	부를 창	꾸짖을 책	내 천	일천 천	하늘 천	쇠 철	푸를 청	맑을 청
體	草	初	寸	村	最	秋	祝	春	出	充
몸 체	풀 초	처음 초	마디 촌	마을 촌	가장 최	가을 추	빌 축	봄 춘	날 출	채울 충
致	則	親	七	ㅌ	打	他	卓	炭	太	宅
이를 치	법칙 칙	친할 친	일곱 칠		칠 타	다를 타	높을 탁	숯 탄	클 태	집 택
土	通	特	ㅍ	板	八	敗	便	平	表	品
흙 토	통할 통	특별할 특		널 판	여덟 팔	패할 패	편할 편	평평할 평	겉 표	물건 품
風	必	筆	ㅎ	下	夏	河	學	韓	漢	寒
바람 풍	반드시 필	붓 필		아래 하	여름 하	물 하	배울 학	한국 한	한수 한	찰 한
合	海	害	幸	行	向	許	現	兄	形	號
합할 합	바다 해	해할 해	다행 행	다닐 행	향할 향	허락할 허	나타날 현	형 형	모양 형	이름 호
湖	火	話	花	和	畵	化	患	活	黃	會
호수 호	불 화	말씀 화	꽃 화	화할 화	그림 화	될 화	근심 환	살 활	누를 황	모일 회
孝	效	後	訓	休	凶	黑				
효도 효	본받을 효	뒤 후	가르칠 훈	쉴 휴	흉할 흉	검을 흑				

巾	犬	刀	毛	步	詩	央	羊	玉	肉	田
수건 건	개 견	칼 도	터럭 모	걸음 보	시 시	가운데 앙	양 양	구슬 옥	고기 육	밭 전
竹	貝	血								
대 죽	조개 패	피 혈								

실전예상모의고사

1 다음 漢字語의 讀音을 쓰세요. (1~35)

> 例 : 讀音 → 독음

(1) 感情 (　　　)　　(2) 凶惡 (　　　)　　(3) 擧國 (　　　)

(4) 效能 (　　　)　　(5) 許可 (　　　)　　(6) 決定 (　　　)

(7) 曲線 (　　　)　　(8) 出馬 (　　　)　　(9) 商店 (　　　)

(10) 過勞 (　　　)　　(11) 期待 (　　　)　　(12) 卓見 (　　　)

(13) 雲集 (　　　)　　(14) 參考 (　　　)　　(15) 當然 (　　　)

(16) 質量 (　　　)　　(17) 明朗 (　　　)　　(18) 調和 (　　　)

(19) 福利 (　　　)　　(20) 節約 (　　　)　　(21) 産業 (　　　)

(22) 序頭 (　　　)　　(23) 因習 (　　　)　　(24) 落選 (　　　)

(25) 知識 (　　　)　　(26) 災害 (　　　)　　(27) 格式 (　　　)

(28) 親舊 (　　　)　　(29) 着陸 (　　　)　　(30) 浴室 (　　　)

(31) 任命 (　　　)　　(32) 發展 (　　　)　　(33) 操作 (　　　)

(34) 週番 (　　　)　　(35) 宿所 (　　　)

2 다음 漢字의 訓과 音을 쓰세요. (36~58)

> 例 : 字 → 글자 자

(36) 特 (　　　)　　(37) 族 (　　　)　　(38) 昨 (　　　)

(39) 品 (　　　)　　(40) 奉 (　　　)　　(41) 亡 (　　　)

(42) 景 ( ) (43) 念 ( ) (44) 同 ( )

(45) 費 ( ) (46) 冷 ( ) (47) 思 ( )

(48) 首 ( ) (49) 夜 ( ) (50) 植 ( )

(51) 衣 ( ) (52) 材 ( ) (53) 屋 ( )

(54) 充 ( ) (55) 鐵 ( ) (56) 夏 ( )

(57) 德 ( ) (58) 種 ( )

3 다음 밑줄 친 漢字語를 漢字로 쓰세요. (59~73)

[例 : 한자 → 漢字]

(59) 아침 조회 때 항상 <u>교가</u>를 부릅니다. ⋯⋯⋯⋯⋯⋯ ( )

(60) 바람의 힘을 <u>풍력</u>이라고 합니다. ⋯⋯⋯⋯⋯⋯⋯⋯ ( )

(61) 허물없는 친구끼리는 종종 이름 대신 <u>별명</u>을 부릅니다. ( )

(62) <u>실수</u>를 두려워하면 발전이 없습니다. ⋯⋯⋯⋯⋯⋯⋯ ( )

(63) 겨울방학에 <u>동해</u>로 일출을 보러갑니다. ⋯⋯⋯⋯⋯⋯ ( )

(64) 나는 세계<u>지도</u>를 보며 꿈을 키웁니다. ⋯⋯⋯⋯⋯⋯ ( )

(65) <u>야간</u> 운전은 항상 조심해야 합니다. ⋯⋯⋯⋯⋯⋯⋯ ( )

(66) 사치스런 <u>예물</u>은 서로의 마음을 불편하게 합니다. ⋯⋯ ( )

(67) 책장 정리를 하다가 오래된 <u>고서</u> 한 권을 찾았습니다. ⋯ ( )

(68) 친구가 아파서 병원으로 <u>문병</u>을 갑니다. ⋯⋯⋯⋯⋯⋯ ( )

(69) <u>개학</u>을 맞아 시골에 가 있던 학생들이 서울로 올라왔습니다.( )

(70) 어머니께서 해주시는 <u>음식</u>은 언제 먹어도 맛있습니다. ⋯ ( )

(71) 스스로 공부해야만 실력이 향상됩니다. _____ ( )

(72) 마을에서 생기는 어려운 문제는 동장님과 상의하 시오. ( )

(73) 훈이가 좋아하는 과목은 미술입니다. _____ ( )

4 다음 訓과 音에 맞는 漢字를 쓰세요. (74~78)

[例 : 글자자 ➡ 字]

(74) 뿌리 근 ( )　　　(75) 뜻 의 ( )　　　(76) 앞 전 ( )

(77) 동산 원 ( )　　　(78) 오를 등 ( )

5 다음 漢字와 소리는 같으나 뜻이 다른 漢字를 例에서 골라 그 번호를 쓰세요. (79~81)

[例 : ①黑 ②火 ③再 ④都 ⑤石 ⑥査]

(79) 死 - ( )　　　(80) 才 - ( )　　　(81) 道 - ( )

6 다음 漢字와 뜻이 상대 또는 반대되는 漢字를 쓰세요. (82~84)

[例 : 天 ↔ 地]

(82) ( ) ↔ 外　　　(83) 朝 ↔ ( )　　　(84) 去 ↔ ( )

7 다음 漢字와 뜻이 같거나 비슷한 漢字를 例에서 골라 그 번호를 쓰세요. (85~87)

[例 : ①家 ②始 ③養 ④停 ⑤服 ⑥思]

(85) ( ) - 宅　　　(86) ( ) - 初　　　(87) ( ) - 止

8 다음 ( ) 안에 들어갈 漢字를 例에서 골라 그 번호를 쓰세요. (88~91)

[例 : ① 大 ② 敎 ③ 下 ④ 今 ⑤ 千 ⑥ 貴 ⑦ 言 ⑧ 數]

(88) 百年(　　　)計　　　　　　　　(89) 天(　　　)第一

(90) (　　　)萬多幸　　　　　　　　(91) 一口二(　　　)

9 다음 뜻에 맞는 漢字語를 例에서 골라 그 번호를 쓰세요. (92~94)

[例 : ① 高等 ② 速成 ③ 善行 ④ 善良 ⑤ 速記 ⑥ 高空]

(92) 높은 공중. → (　　　)　　　(93) 행실이나 성질이 착함. → (　　　)

(94) 빨리 이룸. → (　　　)

10 다음 漢字의 略字(획을 줄여 쓴 漢字)를 쓰세요. (95~97)

[例 : 國 → 国]

(95) 團 → (　　　)　　　(96) 圖 → (　　　)　　　(97) 會 → (　　　)

11 다음 漢字의 筆順을 밝히세요. (98~100)

(98) 共자에서 삐침(丿)은 몇 번째에 쓰는 지 번호로 답하세요. (　　　)

(99) 太자에서 점(丶)은 몇 번째에 쓰는 지 번호로 답하세요. (　　　)

(100) 立자를 순대로 구별하여 쓰세요. (　　　)

1 다음 漢字語의 讀音을 쓰세요. (1~35)

> 例 : 讀音 ➜ 독음

(1) 告發 (   )   (2) 汽車 (   )   (3) 質問 (   )

(4) 固定 (   )   (5) 參加 (   )   (6) 情談 (   )

(7) 再活 (   )   (8) 以內 (   )   (9) 元祖 (   )

(10) 島民 (   )   (11) 熱氣 (   )   (12) 實利 (   )

(13) 責任 (   )   (14) 良識 (   )   (15) 勞使 (   )

(16) 商店 (   )   (17) 比重 (   )   (18) 變化 (   )

(19) 幸福 (   )   (20) 始末 (   )   (21) 法則 (   )

(22) 住宅 (   )   (23) 落馬 (   )   (24) 寫本 (   )

(25) 仙女 (   )   (26) 吉運 (   )   (27) 冷水 (   )

(28) 賞金 (   )   (29) 順位 (   )   (30) 美德 (   )

(31) 公約 (   )   (32) 漁業 (   )   (33) 屋外 (   )

(34) 寒流 (   )   (35) 人材 (   )

2 다음 漢字의 訓과 音을 쓰세요. (36~58)

> 例 : 字 ➜ 글자 자

(36) 效 (   )   (37) 祝 (   )   (38) 必 (   )

(39) 鐵 (   )   (40) 調 (   )   (41) 展 (   )

(42) 洗 (　　　　　)　　(43) 術 (　　　　　)　　(44) 願 (　　　　　)

(45) 買 (　　　　　)　　(46) 溫 (　　　　　)　　(47) 番 (　　　　　)

(48) 班 (　　　　　)　　(49) 領 (　　　　　)　　(50) 價 (　　　　　)

(51) 考 (　　　　　)　　(52) 規 (　　　　　)　　(53) 獨 (　　　　　)

(54) 充 (　　　　　)　　(55) 算 (　　　　　)　　(56) 億 (　　　　　)

(57) 凶 (　　　　　)　　(58) 操 (　　　　　)

3 다음 밑줄 친 漢字語를 漢字로 쓰세요. (59~73)

[例 : 한자 ➡ 漢字]

(59) <u>자습</u>하는 습관이 학습 능력을 높입니다. ──────── (　　　　　)

(60) 초대장에는 시간과 <u>장소</u>를 꼭 써야 합니다. ──────── (　　　　　)

(61) 과목에 따라 공부하는 <u>방식</u>을 달리 해야 합니다. ──── (　　　　　)

(62) 자신의 감정을 <u>분명</u>히 말해야 합니다. ─────────── (　　　　　)

(63) 우리 나라는 <u>석유</u>가 나오는 유전이 없습니다. ───── (　　　　　)

(64) 대공원에는 여러 종류의 <u>동물</u>들이 많습니다. ────── (　　　　　)

(65) 학교 옆에 아파트 <u>공사</u>가 한창입니다. ───────── (　　　　　)

(66) 영희 아버지의 직업은 <u>동화</u> 작가입니다. ──────── (　　　　　)

(67) 여름 철새는 가을이면 <u>강남</u>으로 돌아갑니다. ────── (　　　　　)

(68) 우리 큰 형은 올해 말에 <u>공군</u>으로 입대합니다. ───── (　　　　　)

(69) 민서는 부모님께 감사의 마음을 전하기 위해 <u>편지</u>를 썼습니다. (　　　　　)

(70) 대한민국 인삼은 세계에서 제일 <u>유명</u>합니다. ────── (　　　　　)

(71) <u>서당</u>에서는 한문을 통해 예절과 인성을 교육합니다. ─── (   )

(72) <u>초록색</u>은 사람들에게 안정감을 줍니다. ─────── (   )

(73) <u>태평양</u>은 오대양 중 하나입니다. ───────── (   )

4 다음 訓과 音에 맞는 漢字를 쓰세요. (74~78)

[例 : 글자 자 ➡ 字]

(74) 뿔   각 (   )   (75) 기록할 기 (   )   (76) 의원 의 (   )

(77) 줄   선 (   )   (78) 특별할 특 (   )

5 다음 漢字와 뜻이 상대 또는 반대되는 漢字를 쓰세요. (79~81)

[例 : 男 ↔ 女]

(79) 昨 ↔ (   )   (80) 敗 ↔ (   )   (81) 因 ↔ (   )

6 다음 漢字語와 소리는 같으나 뜻이 다른 漢字語를 例에서 골라 그 번호를 쓰세요. (82~84)

[例 : ①歷史 ②洞里 ③古代 ④土地 ⑤前集 ⑥高度]

(82) 全集 - (   )   (83) 苦待 - (   )   (84) 力士 - (   )

7 다음 漢字와 뜻이 같거나 비슷한 漢字를 例에서 골라 그 번호를 쓰세요. (85~87)

[例 : ①路 ②淸 ③同 ④東 ⑤火 ⑥長]

(85) 合 - (   )   (86) 成 - (   )   (87) 道 - (   )

8 다음 ( ) 안에 들어갈 漢字를 例에서 골라 그 번호를 쓰세요. (88~91)

例 : ①具 ②母 ③知 ④立 ⑤直 ⑥競 ⑦子 ⑧天

(88) 聞一( )十   (89) 靑( )白日

(90) 父傳( )傳   (91) 安心( )命

9 다음 밑줄 친 단어에 맞는 漢字語를 例에서 골라 그 번호를 쓰세요. (92~94)

例 : ①別味 ②夜景 ③停止 ④夜行 ⑤停電 ⑥別世

(92) 태풍으로 인해 온 마을이 정전되었습니다. ─────── ( )

(93) 서울 남산의 야경은 참 아름답습니다. ─────── ( )

(94) 추석에 먹는 송편은 별미입니다. ─────── ( )

10 다음 漢字의 略字(획을 줄여 쓴 漢字)를 쓰세요. (95~97)

例 : 國 → 国

(95) 萬 → ( )   (96) 藥 → ( )   (97) 禮 → ( )

11 다음 漢字의 筆順을 밝히세요. (98~100)

(98) 北 자의 5번 획은 몇 번째에 쓰는 지 답하세요. ( )

(99) 用자에서 중간의 丨자는 몇 번째로 쓰는 지 번호로 답하세요. ( )

(100) 交자를 필순대로 구별하여 쓰세요. ( )

1 다음 漢字語의 讀音을 쓰세요. (1~35)

[例 : 讀音 → 독음]

(1) 流通 (   )   (2) 所任 (   )   (3) 領土 (   )

(4) 漁業 (   )   (5) 都邑 (   )   (6) 物價 (   )

(7) 査定 (   )   (8) 原油 (   )   (9) 旅客 (   )

(10) 奉安 (   )   (11) 魚族 (   )   (12) 末期 (   )

(13) 汽船 (   )   (14) 凶計 (   )   (15) 效用 (   )

(16) 言爭 (   )   (17) 鐵路 (   )   (18) 筆記 (   )

(19) 卓子 (   )   (20) 朝鮮 (   )   (21) 最善 (   )

(22) 停車 (   )   (23) 料金 (   )   (24) 着工 (   )

(25) 責望 (   )   (26) 養分 (   )   (27) 洗禮 (   )

(28) 畫板 (   )   (29) 選出 (   )   (30) 當局 (   )

(31) 見習 (   )   (32) 實質 (   )   (33) 課外 (   )

(34) 識別 (   )   (35) 念頭 (   )

2 다음 漢字의 訓과 音을 쓰세요. (36~58)

[例 : 字 → 글자 자]

(36) 壇 (   )   (37) 活 (   )   (38) 寒 (   )

(39) 晝 (   )   (40) 比 (   )   (41) 雄 (   )

(42) 銀 (　　　　　)　(43) 災 (　　　　　)　(44) 消 (　　　　　)

(45) 要 (　　　　　)　(46) 席 (　　　　　)　(47) 戰 (　　　　　)

(48) 具 (　　　　　)　(49) 旗 (　　　　　)　(50) 橋 (　　　　　)

(51) 決 (　　　　　)　(52) 湖 (　　　　　)　(53) 救 (　　　　　)

(54) 待 (　　　　　)　(55) 炭 (　　　　　)　(56) 醫 (　　　　　)

(57) 費 (　　　　　)　(58) 浴 (　　　　　)

3 다음 밑줄 친 漢字語를 漢字로 쓰세요. (59~73)

[例 : 한자 → 漢字]

(59) 사람의 키를 <u>신장</u>이라고 합니다. ……………………… (　　　　　)

(60) 저는 <u>표현</u>력이 조금 부족한 편입니다. ……………… (　　　　　)

(61) 올 겨울은 <u>작년</u>보다 따뜻합니다. ……………………… (　　　　　)

(62) 이 본드는 초<u>강력</u> 접착제입니다. ……………………… (　　　　　)

(63) 친구가 입원한 <u>병실</u>로 문병을 갔습니다. ………… (　　　　　)

(64) 그는 내가 힘들 때마다 <u>용기</u>를 주는 사람입니다. … (　　　　　)

(65) 이번 <u>음악</u>시간에는 새로운 동요를 배울 예정입니다. … (　　　　　)

(66) 명심보감에는 좋은 <u>명언</u>이 많습니다. ……………… (　　　　　)

(67) 모든 <u>생명</u>은 소중합니다. ………………………………… (　　　　　)

(68) 방학을 이용하여 <u>전국</u>여행을 갔습니다. …………… (　　　　　)

(69) 물이 맑은 <u>개천</u>에는 송사리가 많습니다. ………… (　　　　　)

(70) <u>인도</u>는 사람이 다니는 길입니다. ……………………… (　　　　　)

(71) 휴일을 맞아 형민이는 <u>미술</u>관에 갔습니다. ──────── (   )

(72) 이번 실패를 <u>교훈</u> 삼아 다음에는 성공합시다! ──────── (   )

(73) <u>지구</u>는 태양에서 세 번째로 가까운 행성입니다. ──────── (   )

4 다음 訓과 音에 맞는 漢字를 쓰세요. (74~78)

[例 : 글자 자 ➡ 字]

(74) 가까울 근 (   )　　(75) 믿을 신 (   )　　(76) 모일 사 (   )

(77) 손자 손 (   )　　(78) 약할 약 (   )

5 다음 漢字와 소리는 같으나 뜻이 다른 漢字를 例에서 골라 그 번호를 쓰세요. (79~81)

[例 : ①山 ②先 ③明 ④說 ⑤道 ⑥洞]

(79) 名 - (   )　　　　(80) 島 - (   )　　　　(81) 仙 - (   )

6 다음 漢字와 뜻이 상대 또는 반대되는 漢字를 쓰세요. (82~84)

[例 : 男 ↔ 女]

(82) (   ) ↔ 舊　　(83) (   ) ↔ 過　　(84) (   ) ↔ 終

7 다음 漢字와 뜻이 같거나 비슷한 漢字를 例에서 골라 그 번호를 쓰세요. (85~87)

[例 : ①衣 ②本 ③ ④到 ⑤文 ⑥法]

(85) (   ) - 章　　(86) (   ) - 屋　　(87) (   ) - 服

8 다음 ( ) 안에 들어갈 漢字를 例에서 골라 그 번호를 쓰세요. (88~91)

例 : ① 自 ② 今 ③ 藥 ④ 性 ⑤ 合 ⑥ 心 ⑦ 民 ⑧ 耳

(88) 作(　　　)三日 　　　　　　(89) 知行(　　　)一

(90) 良(　　　)苦口 　　　　　　(91) 馬(　　　)東風

9 다음 뜻에 맞는 漢字語를 例에서 골라 그 번호를 쓰세요. (92~94)

例 : ① 白紙 ② 直線 ③ 曲線 ④ 休紙 ⑤ 書堂 ⑥ 草堂

(92) 글을 가르치는 집. → (　　　) 　　(93) 곧은 줄. → (　　　)

(94) 쓸모없는 종이. → (　　　)

10 다음 漢字의 略字(획을 줄여 쓴 漢字)를 쓰세요. (95~97)

例 : 號 → 号

(95) 醫 → (　　　) 　　(96) 體 → (　　　) 　　(97) 對 → (　　　)

11 다음 漢字의 筆順을 밝히세요. (98~100)

(98) 束자에서 중간의 삐침(丿)은 몇 번째에 쓰는 지 번호로 답하세요. (　　　)

(99) 永 자에서 5번 획은 몇 번째에 쓰는 지 답하세요. 　　(　　　)

(100) 光자를 필순대로 구별하여 쓰세요. (　　　)

1 다음 漢字語의 讀音을 쓰세요. (1~35)

$$\boxed{\text{例: 讀音 → 독음}}$$

(1) 寒流 (   )

(2) 特許 (   )

(3) 材質 (   )

(4) 案件 (   )

(5) 病患 (   )

(6) 健在 (   )

(7) 賣買 (   )

(8) 固着 (   )

(9) 性格 (   )

(10) 洗禮 (   )

(11) 鼻祖 (   )

(12) 首席 (   )

(13) 英雄 (   )

(14) 獨島 (   )

(15) 要領 (   )

(16) 所願 (   )

(17) 理念 (   )

(18) 切親 (   )

(19) 敗北 (   )

(20) 調和 (   )

(21) 競技 (   )

(22) 高原 (   )

(23) 浴室 (   )

(24) 宅地 (   )

(25) 査定 (   )

(26) 敬老 (   )

(27) 倍親 (   )

(28) 團束 (   )

(29) 書店 (   )

(30) 傳說 (   )

(31) 兒童 (   )

(32) 落葉 (   )

(33) 他界 (   )

(34) 祝歌 (   )

(35) 貴重 (   )

2 다음 漢字의 訓과 音을 쓰세요. (36~58)

$$\boxed{\text{例: 字 → 글자 자}}$$

(36) 炭 (   )

(37) 打 (   )

(38) 任 (   )

(39) 院 (   )

(40) 業 (   )

(41) 歷 (   )

(42) 聞 (　　　　　)　　(43) 別 (　　　　　)　　(44) 賞 (　　　　　)

(45) 望 (　　　　　)　　(46) 致 (　　　　　)　　(47) 寫 (　　　　　)

(48) 新 (　　　　　)　　(49) 因 (　　　　　)　　(50) 種 (　　　　　)

(51) 貯 (　　　　　)　　(52) 責 (　　　　　)　　(53) 庭 (　　　　　)

(54) 凶 (　　　　　)　　(55) 害 (　　　　　)　　(56) 唱 (　　　　　)

(57) 幸 (　　　　　)　　(58) 陸 (　　　　　)

3 다음 밑줄 친 漢字語를 漢字로 쓰세요. (59~73)

[例 : 한자 ➡ 漢字]

(59) 할머니께서 어린 손자를 데리고 산책을 하십니다. ⋯⋯⋯⋯⋯ (　　　　　)

(60) 환절기에는 밤과 낮의 기온차이가 심합니다. ⋯⋯⋯⋯⋯⋯ (　　　　　)

(61) 백미보다 현미가 건강에 좋습니다. ⋯⋯⋯⋯⋯⋯⋯⋯⋯⋯ (　　　　　)

(62) 창문 너머로 보이는 경치가 아름답습니다. ⋯⋯⋯⋯⋯⋯⋯ (　　　　　)

(63) 새로 포장한 도로 표면이 매끈합니다. ⋯⋯⋯⋯⋯⋯⋯⋯⋯ (　　　　　)

(64) 어린이는 미래의 주인입니다. ⋯⋯⋯⋯⋯⋯⋯⋯⋯⋯⋯⋯ (　　　　　)

(65) 학생들이 운동장에 집합해 있습니다. ⋯⋯⋯⋯⋯⋯⋯⋯⋯ (　　　　　)

(66) 매일 아침, 선주는 운동을 합니다. ⋯⋯⋯⋯⋯⋯⋯⋯⋯⋯ (　　　　　)

(67) 미연이는 황색 계통의 옷을 제일 좋아합니다. ⋯⋯⋯⋯⋯⋯ (　　　　　)

(68) 무분별한 개발로 인해 서해 갯벌이 사라져 가고 있습니다. (　　　　　)

(69) 그의 갑작스런 출현에 모두 놀랐습니다. ⋯⋯⋯⋯⋯⋯⋯⋯ (　　　　　)

(70) 예전에 비해 농사를 지을 수 있는 논과 밭이 사라졌습니다. ⋯ (　　　　　)

(71) 우리들은 <u>교대</u>로 당번을 맡습니다. .... (　　　　　)

(72) 철민이는 매달 <u>은행</u>에 저축을 하러 갑니다. .... (　　　　　)

(73) <u>가족</u>간의 으뜸은 화목입니다. .... (　　　　　)

4 다음 訓과 音에 맞는 漢字를 쓰세요. (74~78)

> [例 : 글자 자 ➡ 字]

(74) 익힐 습 (　　　　) 　　(75) 마당 장 (　　　　) 　　(76) 그럴 연 (　　　　)

(77) 사랑 애 (　　　　) 　　(78) 기다릴 대 (　　　　)

5 다음 漢字와 뜻이 상대 또는 반대되는 漢字를 쓰세요. (79~81)

> [例 : 男 ↔ 女]

(79) 多 ↔ (　　　　) 　　(80) (　　　　) ↔ 末 　　(81) 遠 ↔ (　　　　)

6 다음 漢字와 뜻이 같거나 비슷한 漢字를 例에서 골라 그 번호를 쓰세요. (82~84)

> [例 : ①共 ②德 ③全 ④式 ⑤正 ⑥戰]

(82) (　　　　) - 爭 　　(83) 完 - (　　　　) 　　(84) 法 - (　　　　)

7 다음 漢字語와 소리는 같으나 뜻이 다른 漢字語를 例에서 골라 그 번호를 쓰세요. (85~87)

> [例 : ①課金 ②商家 ③實數 ④始作 ⑤過去 ⑥節約]

(85) 失手 - (　　　　) 　　(86) 科學 - (　　　　) 　　(87) 上價 - (　　　　)

8 다음 ( ) 안에 들어갈 漢字를 例에서 골라 그 번호를 쓰세요. (88~91)

例 : ①民 ②三 ③見 ④方 ⑤短 ⑥苦 ⑦向 ⑧可

(88) 同( )同樂

(89) 一長一( )

(90) 不問( )知

(91) ( )物生心

9 다음 뜻에 맞는 漢字語를 例에서 골라 그 번호를 쓰세요. (92~94)

例 : ①改善 ②登記 ③救命 ④舊名 ⑤中止 ⑥展示

(92) 사람의 목숨을 구함. → ( )

(93) 좋게 고침. → ( )

(94) 중도에서 그만둠. → ( )

10 다음 漢字의 略字(획을 줄여 쓴 漢字)를 쓰세요. (95~97)

例 : 國 ➡ 国

(95) 區 → ( )

(96) 廣 → ( )

(97) 畫 → ( )

11 다음 漢字의 筆順을 밝히세요. (98~100)

(98) 衣 자의 4번 획은 몇 번째에 쓰는 지 답하세요. ( )

(99) 平자에서 중간의 삐침(丿)은 몇 번째에 쓰는 지 번호로 답하세요. ( )

(100) 公자를 필순대로 구별하여 쓰세요. ( )

5급 정답

5급 정답

01과

1
(1) 다를 별 (2) 더할 가 (3) 물 하 (4) 옳을 가 (5) 쌓을 저 (6) 뜰 정 (7) 맺을 결
(8) 모일 사 (9) 선비 사 (10) 뭍 륙 (11) 머무를 정 (12) 칠 타 (13) 노래 가 (14) 힘 력
(15) 처음 (16) 흙 토 (17) 더울 열 (18) 섬길/벼슬 사 (19) 길할 길 (20) 맡길 임

2
(1) 정차 (2) 저금 (3) 가망 (4) 가곡 (5) 하해 (6) 역도 (7) 가속
(8) 가중 (9) 시초 (10) 별명 (11) 토질 (12) 대륙 (13) 열기 (14) 사병
(15) 출사 (16) 사회 (17) 길일 (18) 결합 (19) 임기 (20) 가정 (21) 육지
(22) 백년하청 (23) 특별활동

3
(1) 5 (2) 2

4
(1) 庭 (2) 別 (3) 任 (4) 初 (5) 結 (6) 加 (7) 吉
(8) 力 (9) 社 (10) 河 (11) 仕 (12) 歌 (13) 士 (14) 可
(15) 熱 (16) 打 (17) 陸 (18) 貯 (19) 土 (20) 停

5
(1) 停電 (2) 貯金 (3) 可能 (4) 校歌 (5) 別名 (6) 陸地

6
(1) 停 (2) 可 (3) 歌 (4) 初

7
(1) 河 (2) 陸 (3) 吉

02과

1
(1) 물건 건 (2) 큰 대 (3) 살 활 (4) 고할고/청할곡 (5) 실과 과 (6) 말씀 화 (7) 다리 교
(8) 반 반 (9) 높을 고 (10) 알 지 (11) 지아비/사나이 부 (12) 집 택/집 댁 (13) 낮 오
(14) 클/처음 태 (15) 소 우 (16) 잃을 실 (17) 허락할 허 (18) 짧을 단 (19) 해 년 (20) 하늘 천

2
(1) 활력 (2) 택지 (3) 허가 (4) 동화 (5) 오후 (6) 우각 (7) 용건
(8) 고백 (9) 고공 (10) 육교 (11) 위대 (12) 우천 (13) 실망 (14) 부인
(15) 지능 (16) 실패 (17) 장단 (18) 결과 (19) 천명 (20) 반도 (21) 고시
(22) 지행합일 (23) 청천백일

3
(1) 7 (2) 네 번째

4
(1) 話 (2) 短 (3) 高 (4) 果 (5) 告 (6) 活 (7) 橋
(8) 牛 (9) 件 (10) 知 (11) 大 (12) 半 (13) 失 (14) 午
(15) 夫 (16) 許 (17) 年 (18) 太 (19) 宅 (20) 天

5
(1) 物件 (2) 陸橋 (3) 午前 (4) 會話 (5) 失望 (6) 結果

6
(1) 宅/屋 (2) 年 (3) 果 (4) 告

7
(1) 높고 귀함. (2) 이루어진 결과. (3) 죽기와 살기라는 뜻으로, 어떤 중대한 문제를 비유적으로 이르는 말.

03과

❶
(1) 동녘 동   (2) 서로 상   (3) 끝 말   (4) 펼 전   (5) 집 가   (6) 빠를 속
(7) 수레 거/ 수레 차   (8) 집 옥   (9) 수풀 림   (10) 공부할/과정 과   (11) 익힐 련
(12) 근본 본   (13) 올 래   (14) 옮길 운   (15) 묶을 속   (16) 판 국   (17) 모양 형   (18) 나무 목
(19) 오얏 리   (20) 군사 군

❷
(1) 운동   (2) 내세   (3) 과외   (4) 형식   (5) 육군   (6) 속도   (7) 동양
(8) 연습   (9) 목수   (10) 이화   (11) 차도   (12) 약속   (13) 화가   (14) 발전
(15) 상반   (16) 말년   (17) 본성   (18) 임야   (19) 거래   (20) 가정   (21) 약국
(22) 동문서답   (23) 마이동풍

❸
(1) 6   (2) ﾌ ﾌ ﾌ 尸 尸 局 局 局

❹
(1) 形   (2) 軍   (3) 相   (4) 屋   (5) 課   (6) 展   (7) 李
(8) 東   (9) 局   (10) 末   (11) 速   (12) 練   (13) 來   (14) 家
(15) 木   (16) 本   (17) 運   (18) 林   (19) 束   (20) 車

❺
(1) 來年   (2) 車道   (3) 展望   (4) 結末   (5) 相談   (6) 速決

❻
(1) 西   (2) 本/始

❼
(1) 차가 다니는 길.   (2) 빨리 이루어짐.   (3) 집안의 가르침.

04과

❶
(1) 이름 명   (2) 공경 경   (3) 날 출   (4) 법식/본보기 례   (5) 법 전   (6) 밤 야
(7) 많을 다   (8) 인할 인   (9) 저녁 석   (10) 손 객   (11) 죽을 사   (12) 입 구   (13) 각각 각
(14) 길 로   (15) 맺을 약   (16) 과녁 적   (17) 떨어질 락   (18) 홀로 독   (19) 그림 도   (20) 격식 격

❷
(1) 노면   (2) 출동   (3) 원인   (4) 약정   (5) 사례   (6) 낙수   (7) 추석
(8) 야간   (9) 인습   (10) 사망   (11) 하구   (12) 명곡   (13) 고전   (14) 합격
(15) 여객   (16) 각종   (17) 다복   (18) 목적   (19) 독신   (20) 경로   (21) 요인
(22) 유명무실   (23) 격물치지

❸
(1) 1   (2) ﾉ ｸ ﾀ 多 多 多

❹
(1) 例   (2) 典   (3) 路   (4) 因   (5) 多   (6) 夜   (7) 各
(8) 夕   (9) 死   (10) 圖   (11) 落   (12) 的   (13) 客   (14) 獨
(15) 口   (16) 出   (17) 名   (18) 約   (19) 格   (20) 敬

❺
(1) 節約   (2) 客地   (3) 敬語   (4) 道路   (5) 獨身   (6) 夜景

❻
(1) 路   (2) 圖   (3) 亡

❼
(1) 밤의 경치.   (2) 유명한 사물.   (3) 홀로 섬.

05과

❶
(1) 물건 품 (2) 다툴 경 (3) 흐를 류 (4) 형/맏 형 (5) 구분할/지경 구 (6) 비로소 시
(7) 따뜻할 온 (8) 인간/세상 세 (9) 집 원 (10) 으뜸 원 (11) 빛 광 (12) 빌 축 (13) 채울 충
(14) 잡을 조 (15) 아이 아 (16) 기를 육 (17) 완전할 완 (18) 말씀 설/ 달랠 세/ 기쁠 열 (19) 잎 엽
(20) 배 선

❷
(1) 온순 (2) 선장 (3) 원수 (4) 형부 (5) 축복 (6) 세계 (7) 품목
(8) 유동 (9) 경매 (10) 교구 (11) 조심 (12) 교육 (13) 시초 (14) 육아
(15) 야광 (16) 낙엽 (17) 병원 (18) 설명 (19) 충분 (20) 완결 (21) 품종
(22) 사해형제 (23) 행운유수

❸
(1) 3 (2) ノ 口 口 尸 兄

❹
(1) 祝 (2) 兄 (3) 院 (4) 始 (5) 育 (6) 品 (7) 競
(8) 船 (9) 元 (10) 兒 (11) 光 (12) 充 (13) 流 (14) 世
(15) 區 (16) 完 (17) 葉 (18) 操 (19) 溫 (20) 說

❺
(1) 始作 (2) 祝歌 (3) 性品 (4) 說敎 (5) 充實 (6) 流行

❻
(1) 冷 (2) 始 (3) 弟

❼
(1) 밤에 빛을 냄. (2) 흐르는 물. (3) 언니의 남편.

06과

❶
(1) 머리 두 (2) 예도 례 (3) 은 은 (4) 법 법 (5) 예 고 (6) 평평할 평 (7) 몸 체
(8) 밝을 랑 (9) 어질/ 좋을 량 (10) 갈 거 (11) 들 거 (12) 쓸 고 (13) 배울 학
(14) 호수 호 (15) 뿌리 근 (16) 나무 수 (17) 베낄 사 (18) 굽을 곡 (19) 굳을 고 (20) 농사 농

❷
(1) 과거 (2) 농악 (3) 가곡 (4) 초근 (5) 체온 (6) 은행 (7) 수림
(8) 법원 (9) 공평 (10) 고물 (11) 체육 (12) 평야 (13) 선거 (14) 곡명
(15) 사생 (16) 선두 (17) 호수 (18) 휴학 (19) 양심 (20) 낭독 (21) 예식
(22) 만고강산 (23) 불문곡직

❸
(1) 一 十 土 去 去 (2) 두 번째

❹
(1) 禮 (2) 苦 (3) 根 (4) 去 (5) 體 (6) 農 (7) 朗
(8) 銀 (9) 曲 (10) 擧 (11) 湖 (12) 頭 (13) 平 (14) 良
(15) 寫 (16) 固 (17) 學 (18) 法 (19) 樹 (20) 古

❺
(1) 歌曲 (2) 體重 (3) 良心 (4) 寫本

❻
(1) 良 (2) 根 (3) 平/共 (4) 樹

❼
(1) 今 (2) 都 (3) 苦 (4) 直

❽
(1) 古 (2) 曲 (3) 兄 (4) 流 (5) 水

07과

❶ (1) 나타날 현   (2) 들을 문   (3) 향할 향   (4) 볼 견/뵈올 현   (5) 집 당   (6) 사이 간   (7) 터 기
(8) 친할 친   (9) 눈 목   (10) 물건/만물 물   (11) 법 규   (12) 상줄 상   (13) 문 문   (14) 물을 문
(15) 기약 기   (16) 기/깃발 기   (17) 마땅 당   (18) 열 개   (19) 한가지 동   (20) 골 동/ 밝을 통

❷ (1) 기지   (2) 문병   (3) 제목   (4) 시기   (5) 당연   (6) 개교   (7) 서당
(8) 표현   (9) 물체   (10) 국기   (11) 신문   (12) 시간   (13) 동장   (14) 문전
(15) 동감   (16) 친구   (17) 견문   (18) 현실   (19) 방향   (20) 특상   (21) 당선
(22) 자문자답   (23) 견물생심

❸ (1) 6   (2) ㉮

❹ (1) 賞   (2) 親   (3) 間   (4) 期   (5) 開   (6) 物   (7) 規
(8) 洞   (9) 同   (10) 目   (11) 基   (12) 堂   (13) 聞   (14) 向
(15) 現   (16) 旗   (17) 門   (18) 當   (19) 問   (20) 見

❺ (1) 表現   (2) 期間   (3) 親舊   (4) 新聞   (5) 物件   (6) 學年   (7) 間食

❻ (1) 當   (2) 答   (3) 心

❼ (1) 군음식을 먹음, 또는 그 음식.   (2) 보고 들음.   (3) 일이 바로 눈앞에 닥침.

08과

❶ (1) 잘 숙/ 별자리 수   (2) 풀 초   (3) 일백 백   (4) 마당 장   (5) 줄 선   (6) 부를 창
(7) 원할 원   (8) 볕 양   (9) 견줄 비   (10) 높을/뛰어날 탁   (11) 언덕 원   (12) 날 일
(13) 흰 백   (14) 한국/나라 한   (15) 단/제터 단   (16) 달 월   (17) 될 화   (18) 익힐 습   (19) 아침 조
(20) 밝을 명

❷ (1) 자백   (2) 대비   (3) 양지   (4) 교단   (5) 화합   (6) 장소   (7) 민원
(8) 독창   (9) 백성   (10) 식탁   (11) 월급   (12) 습성   (13) 조석   (14) 매일
(15) 한복   (16) 초가   (17) 숙소   (18) 고원   (19) 분명   (20) 비례   (21) 백미
(22) 백발백중   (23) 백의민족

❸ (1) ノ イ 仁 化   (2) 3

❹ (1) 化   (2) 壇   (3) 白   (4) 明   (5) 卓   (6) 宿   (7) 百
(8) 比   (9) 習   (10) 線   (11) 草   (12) 朝   (13) 唱   (14) 月
(15) 日   (16) 願   (17) 陽   (18) 韓   (19) 原   (20) 場

❺ (1) 場所   (2) 朝會   (3) 化石   (4) 發明   (5) 日記   (6) 風習

❻ (1) 白   (2) 唱

❼ (1) 夕   (2) 日

❽ (1) 白   (2) 百   (3) 生   (4) 問   (5) 聞

09과

1 (1) 마을 리 (2) 나라 국 (3) 꽃 화 (4) 아이 동 (5) 법 식 (6) 기름 유
(7) 북녘 북/ 달아날 배 (8) 무거울/거듭 중 (9) 사내 남 (10) 다스릴 리 (11) 느낄 감
(12) 이룰 성 (13) 귀신 신 (14) 쇠 철 (15) 지경 계 (16) 마디 절 (17) 말미암을 유 (18) 해 세
(19) 헤아릴/수량 량 (20) 대신할 대

2 (1) 국민 (2) 중량 (3) 남편 (4) 신부 (5) 개화 (6) 경중 (7) 감정
(8) 유래 (9) 유전 (10) 예절 (11) 아동 (12) 세월 (13) 천리 (14) 식순
(15) 도리 (16) 철도 (17) 성장 (18) 대표 (19) 북부 (20) 화초 (21) 세계
(22) 자수성가 (23) 문전성시

3 (1) 6 (2) 5

4 (1) 理 (2) 神 (3) 代 (4) 鐵 (5) 由 (6) 節 (7) 界
(8) 歲 (9) 量 (10) 男 (11) 式 (12) 重 (13) 花 (14) 成
(15) 童 (16) 國 (17) 油 (18) 里 (19) 感 (20) 北

5 (1) 代表 (2) 北部 (3) 神童 (4) 所重 (5) 形式 (6) 節約

6 (1) 約 (2) 重

7 (1) 男 (2) 敗

8 (1) 마을. (2) 꽃이 피는 풀과 나무.

10과

1 (1) 망할 망 (2) 신하 신 (3) 강 강 (4) 가운데 중 (5) 근심 환 (6) 빌 공 (7) 바랄 망
(8) 씨 종 (9) 가릴 선 (10) 모일 회 (11) 결단할 결 (12) 한가지 공 (13) 검을 흑 (14) 사기 사
(15) 하여금/부릴 사 (16) 없을 무 (17) 장인 공 (18) 꽃부리 영 (19) 움직일 동 (20) 공 공

2 (1) 결정 (2) 종류 (3) 중간 (4) 강촌 (5) 동력 (6) 선거 (7) 무식
(8) 사서 (9) 공군 (10) 패망 (11) 회비 (12) 환자 (13) 공사 (14) 공과
(15) 영재 (16) 대신 (17) 개회 (18) 흑심 (19) 가망 (20) 특사 (21) 공용
(22) 공산명월 (23) 언중유골

3 (1) 4 (2) 네 번째

4 (1) 望 (2) 臣 (3) 史 (4) 會 (5) 患 (6) 使 (7) 動
(8) 中 (9) 選 (10) 種 (11) 亡 (12) 黑 (13) 決 (14) 無
(15) 工 (16) 英 (17) 功 (18) 江 (19) 空 (20) 共

5 (1) 宿患 (2) 共同 (3) 英才 (4) 工場

6 (1) 特 (2) 江 (3) 決 (4) 別

7 (1) 뜻을 정하여 굳게 가짐, 또는 그 뜻. (2) 노동자와 사용자. (3) 종류에 따라 나눔, 또는 그 구별.

8 (1) 空 (2) 中 (3) 代 (4) 成

11과

❶ (1) 재목 재 (2) 바 소 (3) 돌 서 (4) 왼 좌 (5) 새 신 (6) 널 판 (7) 오른 우
(8) 재물 재 (9) 편할 편/똥오줌 변 (10) 있을 유 (11) 병사 병 (12) 등급 급 (13) 다툴 쟁
(14) 가까울 근 (15) 벗 우 (16) 재주 재 (17) 있을 재 (18) 재주 기 (19) 돌아올/돌이킬 반
(20) 사랑 애

❷ (1) 병법 (2) 편안 (3) 우수 (4) 판자 (5) 신곡 (6) 근친 (7) 유명
(8) 목석 (9) 급수 (10) 좌방 (11) 우정 (12) 애인 (13) 장소 (14) 현재
(15) 전쟁 (16) 기능 (17) 반문 (18) 흑판 (19) 재질 (20) 재력 (21) 재담
(22) 유구무언 (23) 애국애족

❸ (1) 6 (2) ㉯

❹ (1) 愛 (2) 新 (3) 友 (4) 級 (5) 才 (6) 有 (7) 財
(8) 便 (9) 技 (10) 右 (11) 左 (12) 板 (13) 近 (14) 兵
(15) 反 (16) 在 (17) 材 (18) 所 (19) 爭 (20) 石

❺ (1) 友愛 (2) 競爭 (3) 所感 (4) 級數 (5) 便紙

❻ (1) 士/卒 (2) 安

❼ (1) 舊 (2) 左 (3) 無 (4) 愛

❽ (1) 왼손. (2) 사는 곳.

12과

❶ (1) 그림 화/그을 획 (2) 기다릴 대 (3) 무리 등 (4) 급할 급 (5) 몸 신 (6) 마을 촌
(7) 때 시 (8) 붓 필 (9) 강할 강 (10) 일/섬길 사 (11) 약할 약 (12) 차례 제 (13) 글 서
(14) 마디 촌 (15) 세울 건 (16) 아우 제 (17) 군셀 건 (18) 고을 군 (19) 특별할 특 (20) 낮 주

❷ (1) 급소 (2) 특별 (3) 백주 (4) 강촌 (5) 제일 (6) 필법 (7) 당시
(8) 신분 (9) 건재 (10) 강행 (11) 건국 (12) 대기 (13) 초등 (14) 군민
(15) 삼촌 (16) 제자 (17) 화풍 (18) 서류 (19) 사건 (20) 약소 (21) 강요
(22) 남녀평등 (23) 금시 문

❸ (1) 8 (2) 6

❹ (1) 弟 (2) 郡 (3) 書 (4) 村 (5) 特 (6) 晝 (7) 時
(8) 健 (9) 急 (10) 待 (11) 畫 (12) 第 (13) 事 (14) 寸
(15) 身 (16) 等 (17) 強 (18) 弱 (19) 建 (20) 筆

❺ (1) 三寸 (2) 時計 (3) 特技 (4) 強力 (5) 晝間

❻ (1) 急 (2) 級

❼ (1) 夜 (2) 弱

❽ (1) 有 (2) 石 (3) 男 (4) 身 (5) 始

13과

1
(1) 들 입   (2) 온전 전   (3) 안내   (4) 줄 급   (5) 믿을 신   (6) 쓸 비   (7) 쉴 휴
(8) 대답 답   (9) 쇠 금/성 김   (10) 써 이   (11) 거느릴 령   (12) 어제 작   (13) 병 병   (14) 이제 금
(15) 생각 념   (16) 하여금 령   (17) 사람 인   (18) 지을 작   (19) 합할 합   (20) 다닐 행

2
(1) 행동   (2) 완전   (3) 영공   (4) 장내   (5) 신망   (6) 휴학   (7) 비용
(8) 황금   (9) 이상   (10) 월급   (11) 인품   (12) 병원   (13) 작성   (14) 발령
(15) 합숙   (16) 금주   (17) 기념   (18) 정답   (19) 입학   (20) 작년   (21) 금상
(22) 작심삼일   (23) 자급자족

3
(1) ㅣ ㆍ ㆍ ㅣㅣ 以   (2) 3

4
(1) 信   (2) 作   (3) 答   (4) 領   (5) 費   (6) 金   (7) 入
(8) 行   (9) 合   (10) 以   (11) 內   (12) 休   (13) 給   (14) 令
(15) 昨   (16) 念   (17) 今   (18) 人   (19) 全   (20) 病

5
(1) 全國   (2) 作品   (3) 合宿   (4) 信望   (5) 旅行   (6) 休校

6
(1) 今   (2) 外

7
(1) 쓰는 돈. 경비.   (2) 어젯밤.   (3) 학업을 쉼.

14과

1
(1) 곱 배   (2) 아들 자   (3) 싸움 전   (4) 볕 경   (5) 억 억   (6) 들 야   (7) 찰 랭
(8) 설 립   (9) 떼 부   (10) 말씀 언   (11) 글자 자   (12) 글 장   (13) 서울 경   (14) 낳을 산
(15) 뜻 의   (16) 자리 위   (17) 소리 음   (18) 알 식/기록할 지   (19) 차례 서   (20) 목숨 명

2
(1) 억만   (2) 전사   (3) 배출   (4) 야외   (5) 음악   (6) 생명   (7) 순위
(8) 냉정   (9) 부류   (10) 서곡   (11) 명언   (12) 지식   (13) 경도   (14) 독립
(15) 의견   (16) 산지   (17) 문장   (18) 자손   (19) 자수   (20) 풍경   (21) 승전
(22) 일구이언   (23) 산전수전

3
(1) 3   (2) 여섯 번째

4
(1) 景   (2) 命   (3) 言   (4) 戰   (5) 冷   (6) 倍   (7) 野
(8) 位   (9) 部   (10) 序   (11) 音   (12) 億   (13) 意   (14) 字
(15) 立   (16) 産   (17) 京   (18) 子   (19) 章   (20) 識

5
(1) 知識   (2) 生命   (3) 野外   (4) 名言   (5) 文章

6
(1) 語   (2) 落   (3) 戰/競   (4) 意

7
(1) 溫   (2) 男/子

8
(1) 言   (2) 以   (3) 作   (4) 金   (5) 給

15과

❶
(1) 낯 면 (2) 고을 주 (3) 구원할 구 (4) 물 수 (5) 재주 술 (6) 옷 복 (7) 얼음 빙
(8) 재앙 재 (9) 머리 수 (10) 공/옥경 구 (11) 가벼울 경 (12) 푸를 록 (13) 길/말할 도 (14) 여름 하
(15) 순할 순 (16) 가르칠 훈 (17) 길 영 (18) 무리 류 (19) 내 천 (20) 다행 행

❷
(1) 도덕 (2) 개천 (3) 구국 (4) 수도 (5) 주군 (6) 학술 (7) 행운
(8) 빙하 (9) 경차 (10) 녹색 (11) 유별 (12) 양복 (13) 훈육 (14) 하복
(15) 영생 (16) 화재 (17) 순리 (18) 전구 (19) 장면 (20) 수도 (21) 교훈
(22) 산천 목 (23) 요산요수

❸
(1) 丨 丨 刁 氺 氷 (2) 세 번째

❹
(1) 氷 (2) 道 (3) 順 (4) 首 (5) 球 (6) 服 (7) 川
(8) 類 (9) 幸 (10) 永 (11) 輕 (12) 州 (13) 面 (14) 夏
(15) 救 (16) 災 (17) 綠 (18) 水 (19) 訓 (20) 術

❺
(1) 級訓 (2) 火災 (3) 永遠 (4) 校服 (5) 地球 (6) 順序

❻
(1) 序 (2) 永 (3) 道 (4) 福

❼
(1) 火 (2) 重

❽
(1) 얼음물. (2) 사람의 목숨을 구함.

16과

❶
(1) 이할 리 (2) 공평할/공변될 공 (3) 차례 번 (4) 물끓는김 기 (5) 가르칠 교 (6) 지날 과
(7) 화할 화 (8) 도울 도 (9) 놈 자 (10) 관계할 관 (11) 효도 효 (12) 쌀 미 (13) 가을 추
(14) 목욕할 욕 (15) 늙을 로 (16) 헤아릴 료 (17) 생각할 고 (18) 과목 과 (19) 기운 기 (20) 지날 력

❷
(1) 효친 (2) 과음 (3) 학력 (4) 도매 (5) 추석 (6) 관심 (7) 화답
(8) 공평 (9) 번호 (10) 과거 (11) 사고 (12) 교회 (13) 백미 (14) 노인
(15) 요리 (16) 기차 (17) 기온 (18) 욕실 (19) 이해 (20) 효행 (21) 기자
(22) 불로장생 (23) 추풍낙엽

❸
(1) 4 (2) 세 번째

❹
(1) 米 (2) 番 (3) 孝 (4) 都 (5) 秋 (6) 者 (7) 關
(8) 和 (9) 老 (10) 敎 (11) 公 (12) 浴 (13) 考 (14) 汽
(15) 料 (16) 科 (17) 歷 (18) 利 (19) 氣 (20) 過

❺
(1) 孝子 (2) 敎育 (3) 浴室 (4) 和合 (5) 再考 (6) 米飮

❻
(1) 都 (2) 學 (3) 害

❼
(1) 老 (2) 秋 (3) 公 (4) 者

17과

❶ (1) 부을/물댈 주 (2) 임금 왕 (3) 볼 관 (4) 즐길 락/노래 악/좋아할 요 (5) 한수/한나라 한 (6) 나눌 반
(7) 모을 집 (8) 손자 손 (9) 누를 황 (10) 변할 변 (11) 섬 도 (12) 수컷 웅 (13) 넓을 광
(14) 예 구 (15) 빛날 요 (16) 약 약 (17) 말 마 (18) 주인 주 (19) 긴/어른 장 (20) 살 주

❷ (1) 광야 (2) 영웅 (3) 왕손 (4) 장성 (5) 약국 (6) 요일 (7) 주택
(8) 한강 (9) 주유 (10) 낙원 (11) 마차 (12) 합반 (13) 사변 (14) 주력
(15) 황금 (16) 해도 (17) 구면 (18) 집합 (19) 관광 (20) 왕조 (21) 음악
(22) 황금만능 (23) 교학상장

❸ (1) 8 (2) 2

❹ (1) 住 (2) 注 (3) 主 (4) 樂 (5) 集 (6) 漢 (7) 舊
(8) 班 (9) 曜 (10) 馬 (11) 王 (12) 觀 (13) 雄 (14) 孫
(15) 長 (16) 島 (17) 黃 (18) 廣 (19) 藥 (20) 變

❺ (1) 舊面 (2) 英雄 (3) 班長 (4) 集中 (5) 落島 (6) 觀望

❻ (1) 化 (2) 集 (3) 分

❼ (1) 넓은 마당. (2) 약의 효험. (3) 말이 끄는 수레.

18과

❶ (1) 눈 설 (2) 동산 원 (3) 마칠/군사 졸 (4) 글월 문 (5) 보일 시 (6) 번개 전 (7) 고칠 개
(8) 아비/아버지 부 (9) 그럴 연 (10) 본받을 효 (11) 겉 표 (12) 비 우 (13) 학교 교
(14) 몸 기 (15) 기록할 기 (16) 사귈 교 (17) 구름 운 (18) 창문 창 (19) 멀 원 (20) 옷 의

❷ (1) 교대 (2) 풍우 (3) 동창 (4) 교장 (5) 원대 (6) 훈시 (7) 효능
(8) 낙원 (9) 당연 (10) 개량 (11) 이기 (12) 부녀 (13) 졸병 (14) 의복
(15) 졸업 (16) 청운 (17) 전자 (18) 설산 (19) 일기 (20) 문명 (21) 고시
(22) 백의민족 (23) 전광석화

❸ (1) ㄱ ㄱ ㄹ (2) ㉱

❹ (1) 校 (2) 父 (3) 己 (4) 雨 (5) 表 (6) 卒 (7) 改
(8) 示 (9) 效 (10) 記 (11) 遠 (12) 文 (13) 交 (14) 雲
(15) 窓 (16) 衣 (17) 電 (18) 園 (19) 雪 (21) 然

❺ (1) 校長 (2) 電力 (3) 同窓 (4) 交通 (5) 表現 (6) 本然

❻ (1) 近 (2) 父/母

❼ (1) 萬 (2) 多 (3) 黃 (4) 衣 (5) 石

19과

1
(1) 모 방 (2) 편안 안 (3) 매양 매 (4) 겨레 족 (5) 책상 안 (6) 통할 통 (7) 다를 타
(8) 요긴할 요 (9) 어미/어머니 모 (10) 나그네 려 (11) 따/땅 지 (12) 쓸 용 (13) 바다 해
(14) 빛 색 (15) 저자 시 (16) 고을 읍 (17) 놓을 방 (18) 뿔 각 (19) 날랠 용 (20) 계집 녀

2
(1) 타계 (2) 민족 (3) 용기 (4) 문안 (5) 시장 (6) 모친 (7) 여행
(8) 해수 (9) 중요 (10) 직각 (11) 지위 (12) 도읍 (13) 안전 (14) 매사
(15) 사용 (16) 방향 (17) 여성 (18) 방학 (19) 초안 (20) 원색 (21) 개통
(22) 남녀노소 (23) 인산인해

3
(1) 6 (2) ㉘

4
(1) 要 (2) 旅 (3) 角 (4) 案 (5) 市 (6) 通 (7) 他
(8) 海 (9) 邑 (10) 勇 (11) 地 (12) 族 (13) 母 (14) 放
(15) 用 (16) 色 (17) 方 (18) 女 (19) 安 (20) 每

5
(1) 用法 (2) 地球 (3) 市內 (4) 通風 (5) 家族 (6) 勇氣

6
(1) 全 (2) 海 (3) 望 (4) 方

7
(1) 네모지게 켠 나무. (2) 바닷물. (3) 안부를 물음.

20과

1
(1) 성/소박할 박 (2) 기를 양 (3) 가게 점 (4) 받들 봉 (5) 큰바다 양 (6) 주일 주 (7) 복 복
(8) 밥/먹을 식 (9) 착할 선 (10) 고를 조 (11) 붙을/닿을 착 (12) 해할 해 (13) 이길 승 (14) 바깥 외
(15) 둥글 단 (16) 아름다울 미 (17) 허물 죄 (18) 전할 전 (19) 봄 춘 (20) 손 수

2
(1) 해악 (2) 식당 (3) 매주 (4) 세수 (5) 외교 (6) 미술 (7) 필승
(8) 상점 (9) 조절 (10) 양육 (11) 죄명 (12) 춘심 (13) 질박 (14) 봉축
(15) 복음 (16) 양복 (17) 착지 (18) 선심 (19) 전설 (20) 집단 (21) 공해
(22) 선남선녀 (23) 길흉화복

3
(1) 4 (2) 4

4
(1) 福 (2) 養 (3) 善 (4) 着 (5) 週 (6) 手 (7) 勝
(8) 店 (9) 傳 (10) 食 (11) 洋 (12) 害 (13) 春 (14) 奉
(15) 美 (16) 團 (17) 罪 (18) 外 (19) 朴 (20) 調

5
(1) 書店 (2) 外出 (3) 公害 (4) 幸福 (5) 奉仕

6
(1) 罪 (2) 育

7
(1) 惡 (2) 手 (3) 敗 (4) 發

8
(1) 女 (2) 少 (3) 團 (4) 善 (5) 春

21과

1
(1) 말씀 어 (2) 나눌 분 (3) 서녘 서 (4) 한 일 (5) 두 이 (6) 석 삼 (7) 넉 사
(8) 다섯 오 (9) 여섯 륙 (10) 일곱 칠 (11) 여덟 팔 (12) 아홉 구 (13) 열 십 (14) 셀 계
(15) 남녘 남 (16) 아닐 불/아닐 부 (17) 의원 의 (18) 값 가 (19) 끊을 절/온통 체
(20) 일천 천

2
(1) 가격 (2) 계량 (3) 육법 (4) 삼촌 (5) 일등 (6) 팔도 (7) 칠석
(8) 의약 (9) 언어 (10) 이세 (11) 오복 (12) 남미 (13) 십리 (14) 분교
(15) 부족 (16) 사서 (17) 서향 (18) 친절 (19) 구중 (20) 천리 (21) 불발
(22) 일심동체 (23) 구우일모

3
(1) 2 (2) ㉺

4
(1) 醫 (2) 八 (3) 計 (4) 一 (5) 西 (6) 四 (7) 千
(8) 六 (9) 價 (10) 七 (11) 切 (12) 九 (13) 三 (14) 語
(15) 不 (16) 二 (17) 五 (18) 十 (19) 南 (20) 分

5
(1) 名醫 (2) 親切 (3) 西海 (4) 南部 (5) 分家 (6) 不足

6
(1) 量/算 (2) 語

7
(1) 본교에서 나뉘어진 학교. (2) 남쪽에서 오는 바람. (3) 한 가지 생각.

22과

1
(1) 날 생 (2) 사라질 소 (3) 바를 정 (4) 씻을 세 (5) 정할 정 (6) 아래 하 (7) 성품 성
(8) 제목 제 (9) 작을 소 (10) 살필 성/덜 생 (11) 윗 상 (12) 발 족 (13) 그칠 지
(14) 종이 지 (15) 적을 소 (16) 마실 음 (17) 성 성 (18) 백성 민 (19) 붉을 적 (20) 먼저 선

2
(1) 세차 (2) 자성 (3) 정식 (4) 최상 (5) 생기 (6) 소녀 (7) 대소
(8) 충족 (9) 선친 (10) 하수 (11) 정지 (12) 정답 (13) 성명 (14) 성품
(15) 민주 (16) 지물 (17) 소화 (18) 반성 (19) 음료 (20) 문제 (21) 적색
(22) 공명정대 (23) 화조월석

3
(1) ㄱ ㄱ ㅏ ㅏ 民 (2) 3

4
(1) 民 (2) 止 (3) 定 (4) 消 (5) 飮 (6) 赤 (7) 生
(8) 紙 (9) 先 (10) 性 (11) 小 (12) 上 (13) 下 (14) 正
(15) 足 (16) 少 (17) 題 (18) 洗 (19) 省 (20) 姓

5
(1) 性格 (2) 宿題 (3) 洗車 (4) 生命 (5) 反省 (6) 便紙

6
(1) 産 (2) 着 (3) 消 (4) 正

7
(1) 後 (2) 上

23과

❶
(1) 겨울 동 (2) 갖출 구 (3) 스스로 자 (4) 이를 치 (5) 큰/덕 덕 (6) 참여할 참/석 삼
(7) 오를 등 (8) 조사할 사 (9) 뒤 후 (10) 곧을 직 (11) 집/방 실 (12) 두 재 (13) 할아비 조
(14) 필 발 (15) 심을 식 (16) 마칠 종 (17) 앞 전 (18) 찰 한 (19) 이를 도 (20) 코 비

❷
(1) 한기 (2) 경치 (3) 가구 (4) 화실 (5) 비음 (6) 등교 (7) 도덕
(8) 도착 (9) 고사 (10) 종신 (11) 후기 (12) 조국 (13) 자연 (14) 발생
(15) 동복 (16) 직선 (17) 전기 (18) 참석 (19) 후손 (20) 재현 (21) 식물
(22) 팔방미인 (23) 이목구비

❸
(1) ⺀ ⺁ 夂 冬 冬 (2) 4

❹
(1) 査 (2) 後 (3) 到 (4) 參 (5) 德 (6) 鼻 (7) 自
(8) 植 (9) 祖 (10) 室 (11) 具 (12) 致 (13) 登 (14) 前
(15) 直 (16) 終 (17) 寒 (18) 冬 (19) 發 (20) 再

❺
(1) 參加 (2) 敎室 (3) 自然 (4) 到着 (5) 冬服 (6) 登山

❻
(1) 後 (2) 自 (3) 着

❼
(1) 나무를 심음. (2) 뒷면. (3) 그림 그리는 방.

24과

❶
(1) 열매 실 (2) 법칙 칙/곧 즉 (3) 법도 도/헤아릴 탁 (4) 뜻 정
(5) 클/거룩할 위 (6) 살 매 (7) 팔 매 (8) 귀할 귀 (9) 푸를 청 (10) 고울 선 (11) 바탕 질
(12) 맑을 청 (13) 고기잡을 어 (14) 셈 산 (15) 읽을 독/구절 두 (16) 능할 능
(17) 꾸짖을 책 (18) 고기/물고기 어 (19) 바람 풍 (20) 패할 패

❷
(1) 패망 (2) 위력 (3) 청춘 (4) 매매 (5) 산수 (6) 질문 (7) 속도
(8) 정열 (9) 인어 (10) 다독 (11) 규칙 (12) 책임 (13) 실용 (14) 귀하
(15) 만능 (16) 청풍 (17) 매입 (18) 어부 (19) 신선 (20) 풍차 (21) 결산
(22) 패가망신 (23) 이해타산

❸
(1) 4 (2) 3

❹
(1) 靑 (2) 魚 (3) 買 (4) 情 (5) 風 (6) 實 (7) 賣
(8) 讀 (9) 能 (10) 淸 (11) 鮮 (12) 質 (13) 則 (14) 度
(15) 責 (16) 敗 (17) 算 (18) 偉 (19) 漁 (20) 貴

❺
(1) 漁夫 (2) 質問 (3) 偉大 (4) 讀書 (5) 生鮮 (6) 敗因

❻
(1) 大 (2) 亡 (3) 重 (4) 質

❼
(1) 賣 (2) 敗

25과

①
(1) 대할 대 　(2) 생각 사 　(3) 가장 최 　(4) 불 화 　(5) 귀 이 　(6) 흥할 흥 　(7) 이름 호
(8) 자리 석 　(9) 장사 상 　(10) 일만 만 　(11) 셈 수/자주 삭/촘촘할 촉 　(12) 말씀 담 　(13) 메 산
(14) 반드시 필 　(15) 업 업 　(16) 숯 탄 　(17) 신선 선 　(18) 악할 악/미워할 오 　(19) 일할 로
(20) 마음 심

②
(1) 수량 　(2) 석탄 　(3) 만리 　(4) 흉년 　(5) 상담 　(6) 상업 　(7) 화산
(8) 국호 　(9) 악담 　(10) 본업 　(11) 산하 　(12) 효심 　(13) 출석 　(14) 이순
(15) 최초 　(16) 대면 　(17) 신선 　(18) 사고 　(19) 노력 　(20) 필요 　(21) 화재
(22) 흉악무도 　(23) 견마지로

③
(1) 4 　(2) ㉯

④
(1) 仙 　(2) 業 　(3) 思 　(4) 數 　(5) 談 　(6) 商 　(7) 席
(8) 耳 　(9) 號 　(10) 凶 　(11) 勞 　(12) 山 　(13) 火 　(14) 萬
(15) 惡 　(16) 心 　(17) 對 　(18) 炭 　(19) 最 　(20) 必

⑤
(1) 最善 　(2) 商店 　(3) 必要 　(4) 過勞 　(5) 火災 　(6) 凶年

⑥
(1) 惡 　(2) 話 　(3) 勞 　(4) 思

⑦
(1) 炭 　(2) 無 　(3) 耳 　(4) 凶

실전 예상모의고사 ● ● ●

제 **1** 회

①
(1) 감정 　(2) 흉악 　(3) 거국 　(4) 효능 　(5) 허가 　(6) 결정 　(7) 곡선
(8) 출마 　(9) 상점 　(10) 과로 　(11) 기대 　(12) 탁견 　(13) 운집 　(14) 참고
(15) 당연 　(16) 질량 　(17) 명랑 　(18) 조화 　(19) 복리 　(20) 절약 　(21) 산업
(22) 서두 　(23) 인습 　(24) 낙선 　(25) 지식 　(26) 재해 　(27) 격식 　(28) 친구
(29) 착륙 　(30) 욕실 　(31) 임명 　(32) 발전 　(33) 조작 　(34) 주번 　(35) 숙소

②
(36) 특별할 특 　(37) 겨레 족 　(38) 어제 작 　(39) 물건 품 　(40) 받들 봉 　(41) 망할 망 　(42) 볕 경
(43) 생각 념 　(44) 한가지 동 　(45) 쓸 비 　(46) 찰 랭 　(47) 생각 사 　(48) 머리 수 　(49) 밤 야
(50) 심을 식 　(51) 옷 의 　(52) 재목 재 　(53) 집 옥 　(54) 채울 충 　(55) 쇠 철 　(56) 여름 하
(57) 큰/덕 덕 　(58) 씨 종

③
(59) 校歌 　(60) 風力 　(61) 別名 　(62) 失手 　(63) 東海 　(64) 地圖 　(65) 夜間
(66) 禮物 　(67) 古書 　(68) 問病 　(69) 開學 　(70) 飮食 　(71) 向上 　(72) 洞長
(73) 美術

④
(74) 根 　(75) 意 　(76) 前 　(77) 園 　(78) 登

⑤
(79) ⑥ 　(80) ③ 　(81) ④

⑥
(82) 內 　(83) 夕 　(84) 來

⑦
(85) ① 　(86) ② 　(87) ④

⑧
(88) ① 　(89) ③ 　(90) ⑤ 　(91) ⑦

⑨
(92) ⑥ 　(93) ④ 　(94) ②

⑩
(95) 団 　(96) 図 　(97) 会

⑪
(98) 5 　(99) 4 　(100) 丶 　一 　亠 　氵 　氵

실전예상모의고사 제 **2**회

❶
(1) 고발	(2) 기차	(3) 질문	(4) 고정	(5) 참가	(6) 정답	(7) 재활
(8) 이내	(9) 원조	(10) 도민	(11) 열기	(12) 실리	(13) 책임	(14) 양식
(15) 노사	(16) 상점	(17) 비중	(18) 변화	(19) 행복	(20) 시말	(21) 법칙
(22) 주택	(23) 낙마	(24) 사본	(25) 선녀	(26) 길운	(27) 냉수	(28) 상금
(29) 순위	(30) 미덕	(31) 공약	(32) 어업	(33) 옥외	(34) 한류	(35) 인재

❷
(36) 본받을 효	(37) 빌 축	(38) 반드시 필	(39) 쇠 철	(40) 고를 조	(41) 펼 전	(42) 씻을 세
(43) 재주 술	(44) 원할 원	(45) 살 매	(46) 따뜻할 온	(47) 차례 번	(48) 나눌 반	
(49) 거느릴 령	(50) 값 가	(51) 생각할 고	(52) 법 규	(53) 홀로 독	(54) 채울 충	(55) 셈 산
(56) 억 억	(57) 흥할 흥	(58) 잡을 조				

❸
(59) 自習	(60) 場所	(61) 方式	(62) 分明	(63) 石油	(64) 動物	(65) 工事
(66) 童話	(67) 江南	(68) 空軍	(69) 便紙	(70) 有名	(71) 書堂	(72) 草綠色
(73) 太平洋						

❹
(74) 角	(75) 記	(76) 醫	(77) 線	(78) 特

❺
(79) 今	(80) 勝	(81) 果

❻
(82) ⑤	(83) ③	(84) ①

❼
(85) ③	(86) ⑥	(87) ①

❽
(88) ③	(89) ⑧	(90) ⑦	(91) ④

❾
(92) ⑤	(93) ②	(94) ①

❿
(95) 万	(96) 藥	(97) 礼(礼)

⓫
(98) 네 번째	(99) 5	(100) ` 一 广 六 亦 交

실전예상모의고사 제 **3**회

❶
(1) 유통	(2) 소임	(3) 영토	(4) 어업	(5) 도읍	(6) 물가	(7) 사정
(8) 원유	(9) 여객	(10) 봉안	(11) 어족	(12) 말기	(13) 기선	(14) 흉계
(15) 효용	(16) 언쟁	(17) 철로	(18) 필기	(19) 탁자	(20) 조선	(21) 최선
(22) 정차/정거	(23) 요금	(24) 착공	(25) 책망	(26) 양분	(27) 세례	(28) 화판
(29) 선출	(30) 당국	(31) 견습	(32) 실질	(33) 과외	(34) 식별	(35) 염두

❷
(36) 단/제터 단	(37) 살 활	(38) 찰 한	(39) 낮 주	(40) 견줄 비	(41) 수컷 웅	(42) 은 은
(43) 재앙 재	(44) 사라질 소	(45) 요긴할 요	(46) 자리 석	(47) 싸움 전	(48) 갖출 구	
(49) 기/깃발 기	(50) 다리 교	(51) 결단할 결	(52) 호수 호	(53) 구원할 구	(54) 기다릴 대	(55) 숯 탄
(56) 의원 의	(57) 쓸 비	(58) 목욕할 욕				

❸
(59) 身長	(60) 表現	(61) 昨年	(62) 強力	(63) 病室	(64) 勇氣	(65) 音樂
(66) 名言	(67) 生命	(68) 全國	(69) 開川	(70) 人道	(71) 美術	(72) 教訓
(73) 地球						

❹
(74) 近	(75) 信	(76) 社	(77) 孫	(78) 弱

❺
(79) ③	(80) ⑤	(81) ②

❻
(82) 新	(83) 功	(84) 始

❼
(85) ⑤	(86) ③	(87) ①

❽
(88) ⑥	(89) ⑤	(90) ③	(91) ⑧

❾
(92) ⑤	(93) ②	(94) ④

❿
(95) 医	(96) 体	(97) 对

⓫
(98) 6	(99) 첫 번째	(100) ` 丨 丬 半 光 光

실전예상모의고사 · · ·

①
(1) 한류	(2) 특허	(3) 재질	(4) 안건	(5) 병환	(6) 건재	(7) 매매
(8) 고착	(9) 성격	(10) 세례	(11) 비조	(12) 수석	(13) 영웅	(14) 독도
(15) 요령	(16) 소원	(17) 이념	(18) 절친	(19) 패배	(20) 조화	(21) 경기
(22) 고원	(23) 욕실	(24) 택지	(25) 사정	(26) 경로	(27) 배가	(28) 단속
(29) 서점	(30) 전설	(31) 아동	(32) 낙엽	(33) 타계	(34) 축가	(35) 귀중

②
(36) 숯 탄	(37) 칠 타	(38) 맡길 임	(39) 집/병원 원	(40) 업 업	(41) 지날 력	(42) 들을 문
(43) 다를 별	(44) 상줄 상	(45) 바랄 망	(46) 이를 치	(47) 베낄 사	(48) 새 신	(49) 인할 인
(50) 씨 종	(51) 쌓을 저	(52) 꾸짖을 책	(53) 뜰 정	(54) 흥할 흥	(55) 해할 해	(56) 부를 창
(57) 다행 행	(58) 뭍 륙					

③
(59) 孫子	(60) 氣溫	(61) 白米	(62) 窓門	(63) 表面	(64) 主人	(65) 集合
(66) 運動	(67) 黃色	(68) 西海	(69) 出現	(70) 農事	(71) 交代	(72) 銀行
(73) 家族						

④
| (74) 習 | (75) 場 | (76) 然 | (77) 愛 | (78) 待 |

⑤
| (79) 少 | (80) 本/始 | (81) 近 |

⑥
| (82) ⑥ | (83) ③ | (84) ④ |

⑦
| (85) ③ | (86) ⑤ | (87) ② |

⑧
| (88) ⑥ | (89) ⑤ | (90) ⑧ | (91) ③ |

⑨
| (92) ③ | (93) ① | (94) ⑤ |

⑩
| (95) 区 | (96) 広 | (97) 画 |

⑪
| (98) 여섯 번째 | (99) 2 | (100) ノ 八 公 公 |

MEMO

MEMO

MEMO

MEMO

MEMO

한자능력검정시험 5급

펴 낸 곳 어시스트하모니(주)

펴 낸 이 이정균

등록번호 제2012-000028호

주　　소 서울시 영등포구 선유로 170, 동양빌딩
　　　　　301호

구입문의 02)2088-4242

팩　　스 02)6442-8714

I S B N 979-11-969704-5-7　　63710

● 4500여 한자(漢字)를 같은 모양끼리 모아, 이해
하기 쉽고 지도하기 쉽게 엮은 한 권의 책

● 2000여 한자(漢字)를 공무원 시험이나 각종 고
시에 출제되는 한자를 포함하여 같은 모양끼리
모아 이해하기 쉽게 엮은 책

국가공인
한자능력검정시험
완벽 대비 수험서!

모양별 분류
짧은 시간 내에 많은 한자를 학습할 수 있습니다.

한자의 유래 및 고문 그림
한자의 생성 원리와 시각적 이미지를 통해 확실하게
한자를 머릿속에 기억할 수 있습니다.

쓰기노트
한자를 직접 쓰면서 익힐 수 있습니다.

 한자능력검정시험 대비 한자 급수박사 **시리즈**